IT 트렌드 2023

IT 트렌드 2023

웹3가 바꾸는
미래

김지현 지음

CRETA

차례

프롤로그 드디어 다가온 새 인터넷 시대의 첫발을 바라보며 • 8

PART 1. 변화하는 IT 패러다임

사물 인터넷이 바꾼 제조업의 혁신 — 17
- 인터넷에 연결된 스마트한 기기의 등장 — 18
- 사물 인터넷을 적극적으로 반기는 소비자와 기업 — 21
- 스마트폰에 이은 차세대 VR과 AR — 25
- 제조업을 혁신하는 디지털 트랜스포메이션 — 30

전기차, 모빌리티의 미래가 되다 — 35
- 애플이 만드는 스마트카는? — 36
- 테슬라가 구축한 미래 자동차 — 38
- 차세대 전기차를 제패할 기업은? — 48
- 미래 자동차 시장, 뭉치면 살고 흩어지면 망한다 — 51
- 자동차의 미래는 플랫폼 차 — 54

알파고에서 기회를 찾은 기업들 — 62
- 외면받기 시작한 프런트 AI — 63

- 2세대 AI 에이전트, 메타버스로 부활하다 —— 66
- 기업성장의 바탕은 AI 혁신 —— 72
- AI로 돈 벌기, 쉽지 않아 —— 78

빅데이터와 SNS 세상의 명과 암 —— 82
- 빅데이터가 만들어 가는 세상 그 이후 —— 83
- 기업 데이터와 조직 운영체계 —— 85
- 데이터를 향한 제3의 전쟁 —— 89

PART 2. 웹3 레볼루션이 온다

앞으로의 10년, 새로운 웹3 세상 —— 101
- 새로운 인터넷 가치, 웹3 —— 102
- 기업이 웹3에서 찾은 것 —— 107
- 투자 관점의 웹3 —— 109
- 웹3가 바꾼 인터넷 비즈니스 —— 116
- 인터넷 비즈니스의 새바람, 프로토콜 비즈니스 —— 127
- 웹3에 대비하는 자세 —— 133

다시 돌아보는 블록체인 — 139
- 블록체인의 부활 — 139
- 웹3와 블록체인의 궁합 — 151
- 계약서를 품은 화폐 NFT — 157
- 전통 기업의 성장수단이 된 NFT — 166

웹3의 완성은 프로토콜 비즈니스 — 172
- 프로토콜 비즈니스의 등장과 한계 — 173
- 토큰 이코노미는 웹3의 강력한 축이 될까 — 179
- 프로토콜 비즈니스의 완성, DAO — 189
- 눈여겨볼 국내외 웹3 기업, 그들의 가치에 더 주목하라 — 200

메타버스 시대와 창작자 경제 — 202
- 창작자에 의한, 창작자를 위한, 창작자의 시대 — 203
- 돈 버는 기술, P2E와 C2E — 209
- NFT는 진정 욕망의 화신인가 — 219
- 플랫폼 권력, 웹3와 메타버스가 이어간다 — 223

PART 3. 미래의 웹과 기술

플랫폼 권력에서 벗어난 인터넷의 변화 — 233
- 독점에서 시작한 플랫폼 혁명 — 234
- AI는 미래 인간이 될까 — 244
- 스마트폰은 앞으로 어떤 기기를 더 삼킬까 — 250
- 소프트웨어가 로봇을 만든다 — 255
- 모빌리티 시장의 혁신과 한계 — 262
- 스마트 오피스, 스마트 워크, 스마트 인간 — 269

디지털 트랜스포메이션과 미래 — 278
- 엑스테크의 등장, 혁신을 말하다 — 279
- 프롭테크 뒤의 기술, 혁신의 집약체 — 283
- 하이퍼로컬 서비스의 등장이 바꾼 것은? — 288
- IoT와 모빌리티가 주도하는 배터리 산업 — 295
- 3세대 CPU 시장의 전쟁 — 299
- 재생에너지가 대세, 수소에너지와 수소경제 — 304

에필로그 웹3가 바꾸는 세상을 기대하며 • 310

프롤로그

드디어 다가온
새 인터넷 시대의 첫발을 바라보며

　1990년 초 컴퓨터, 1990년 말 인터넷, 2000년 초 웹, 2000년 말 웹2.0, 2010년 초 모바일과 빅데이터, 2010년 말 IoT와 AI, 2020년 초부터는 블록체인과 NFT가 IT 업계의 화두였다. 아니 IT 시장뿐만 아니라 전 세계 모든 비즈니스에 커다란 영향을 줄 만할 거대한 패러다임의 변화를 야기한 기술들이었다. 그런 최근의 기술 키워드들이 하나로 대동단결하고 있다. 바로 웹3다. 웹3는 지난 20년의 인터넷 기술에 대한 자성과 새로운 변화의 필요성과 함께 대두되고 있다. 웹3를 도와주는 기반 기술이 블록체인이며, 그런 변화를 견인하는 플랫폼이 메타버스다. 이러한 기반 위에 만들어진 세상을 가상경제라 부르고 그런 생태계에서는 프로토콜 비즈니스 모델이라는 새로운 게임의 법칙이 만들어진다. 그런 키워드들이 모여 웹3라는 새로운 인터넷 가치철학이 떠오르고 있다.

웹3는 어느 날 갑자기 이 세상에 출현한 것이 아니다. 오랜 기간 사람들의 기대와 필요 그리고 다양한 기술의 지원하에 숙성되며 만들어지고 있다. 그런 웹3의 세상은 기존의 인터넷 세상과 무엇이 다르며, 어떤 비즈니스의 기회를 만들어갈 수 있을지 궁금했다. 그래서 웹3 관련 기업과 서비스들 그리고 이를 구현해주는 기술에 대해 연구하며 이 시장의 미래를 확신하게 되었다. 그 시작은 로블록스였다.

MZ세대들에겐 익숙한 '로블록스'라는 게임은 이제 더 이상 게임이 아니다. 2021년 기준으로 월 1.5억 명이 사용하고 하루 4천만 명이 접속해, 페이스북 하루 사용 시간보다 많은 7배, 무려 2.6시간을 사용할 만큼 선풍적인 인기를 끌고 있는 서비스다. 로블록스에서 게임을 직접 만드는 창작자는 8백만 명이고, 이들에게 제공된 수익만 2억 달러에 달한다. 상위 3백 명의 창작자는 1억 달러 이상의 수익을 올렸을 정도다. 여기에 쓰이는 자체 화폐가 '로벅스'다. 15년 전 싸이월드의 '도토리'와 같은데, 그 규모와 대상이 커졌다고 보면 된다. 게다가 도토리는 선불 충전 개념으로 싸이월드 내에서 아이템을 구매하는 화폐로만 사용되던 반면, 로벅스는 로블록스에서 아이템 구매뿐만 아니라 돈 버는 용도로도 사용된다. 바꿔 말해 로블록스에서 사용자가 게임이나 아이템을 만들어 이를 다른 사용자에게 판매하고 그 대가로 로벅스를 받는 시스템이다. 미국의 달러, 한국의 원화, 일본의 엔화처럼 로블록스 내에서는 로벅스가 경제활동의 화폐로 사용되는 것이다. 그렇게 메타버스 소셜파티 서비스 '제페토'에서는 '젬'과 '코인'이라는 화폐가 로벅스처럼 사용되고, 메타의 '호라이즌'에서는 '주크벅스'라는 화폐가 통용된다. 한마디로 스타벅스 앱에서 사용하는 스타벅스 페이처럼 특정 서비스 내에서만 통용되는 디지털 화폐가 자리 잡아가고 있다.

그런데 이 화폐에 진화의 조짐이 보인다. 특정 서비스에만 갇힌 것이 아니라 서비스 밖에서도 거래될 수 있도록 열리고, 아이템 구매에만 제한적으로 사용되는 것이 아니라 사용자 간에 재화를 거래하는 수단이자 해당 서비스에 투자하는 도구로도 활용되고 있다. 이렇게 디지털 화폐가 한 단계 도약하기 위해 블록체인 기반의 암호화폐로 거듭나고 있다. 암호화폐를 발행하면 데이터는 서비스를 운영하는 회사의 시스템이 아니라 외부의 블록체인 분산원장을 이용해 공개되기 때문에 투명하게 관리될 수 있다. 한마디로 사용자의 신뢰를 얻을 수 있다. 게다가 그렇게 외부망을 통해 발행한 암호화폐는 언제든 사용자가 원할 때 법정화폐로 환전할 수 있고, 다른 암호화폐로도 교환이 가능하다. 서비스사의 정책을 따르지 않고 사용자가 원할 때, 원하는 만큼 다른 화폐로 자유롭게 교환할 수 있다. 물론 다른 상대에게 송금하는 것도 가능하다. 이것이 바로 웹3의 지향점이다. 웹3는 서비스의 거버넌스, 즉 이용 정책을 기업이 아닌 사용자, 이해관계자에게 돌려주는 것이다. 한마디로 공정하고 공평하게 권한과 이윤을 나누는 것이다. 이때 필요한 것이 암호화폐, 토큰이다.

이런 암호화폐가 다른 서비스들의 암호화폐와 연계되면서 거대한 생태계가 구축될 수 있다. 이것이 웹3라는 지향점으로 구현되는 가상경제다. 우리가 사는 지구에 수많은 국가가 있고 그 국가들이 서로의 자국 화폐로 경제가 운영되고, 지구촌 전체가 이 화폐로 무역 및 재화 거래를 하면서 거대한 실물경제를 구축하는 것처럼, 가상경제는 암호화폐들을 중심으로 서비스 간에 상호 연계되는 거대한 생태계가 만들어지는 것이다.

가상경제는 기존의 인터넷 경제와 무엇이 다를까. 20년간 웹과 모바일 앱은 거대한 인터넷 생태계를 만들었다. 신문지는 포털 뉴스로, 레코드판과 테이프는 스트리밍 음악 앱으로, DVD는 OTT로, 책은 전자책으로 전환하는 데 결정적 역할을 했다. 시장, 백화점, 마트, 레스토랑이 옥션, 쿠팡, 마켓컬리, 배달의민족으로 달라진 것이 인터넷 경제다. 그런 인터넷 경제는 실물경제와 맞닿아 있다. 네이버나 멜론에서 보고 듣는 것은 실물경제 속 신문사와 프로덕션에서 제작한 콘텐츠들이고, 백화점이나 마트, 음식점에 주문한 상품이나 식품은 물론 배달된 상품까지 모두, 실제 현실에 존재하는 곳에서 배송하고, 소비되는 것들이다.

반면 가상경제는 온전히 가상의 세계에서만 존재한다. 현실과 전혀 무관하게 독립적으로 경제활동이 이루어질 수 있다. 옷을 입고 액세서리를 착용하고 사람들과 만나서 놀고 일을 하는 등의 모든 활동을 가상경제계에서만 하는 것이다. 가상경제는 그 자체가 온전히 새로운 완결된 세상이다. 가상경제계에서 돈을 벌고 사람을 만나고 일을 하고 내 아바타를 꾸미고 내 공간에 각종 디지털 굿즈를 채워넣기 위해 디지털 오브젝트나 아이템을 구입하며 소비 활동을 할 수 있다. 가상경제에서 못하는 것은 먹고 싸는 것뿐이다. 놀고 즐기고 사귀고 공부하고 말하고 이야기하고 일하고 돈 버는 모든 것을 온전히 가상경제계에서 할 수 있다. 그렇기에 기존의 실물경제와 무관하게, 연동되지 않고 독자적인 경제계로서 작동될 수 있다. 이 부분이 바로 기존 인터넷 경제와 다른 점이다.

기존의 실물경제와 인터넷 경제(온라인 경제)는 서로 연결되어 존재해 왔다. 하루 24시간 중 컴퓨터와 스마트폰 화면을 보는 시간이 대략 6~7시간이었지만 그 시간은 실물경제와 연결된 시간이었고 잠깐 화면에서 시선을 돌리면 화면 밖 현실계를 볼 수 있었다. 그런데 가상경제는 아예 현실계와는 차원이 다른 동떨어진 세상이다. 가상세계에 머물면서 나라는 존재를 찾고 만들어가며 사람들과 어우러져 생활하면서 내 디지털 자산을 쌓고 경제활동을 할 수 있다. 그런 세상은 마치 게임처럼, 하지만 그보다 차원이 훨씬 깊고 넓은 일상을 경험하게 해줄 것이다. 그런 가상경제를 위한 플랫폼이 메타버스고, 그런 메타버스에서 사용되는 화폐가 토큰, 암호화폐다.

앞으로 메타버스와 블록체인 기반의 토큰으로 인해 새로운 제3의 세계로서 가상경제가 개막될 것이며, 그런 생태계가 지향하는 것을 가리켜 웹3라고 부른다. 이 책을 통해 앞으로 10년의 인터넷을 만들어갈 새로운 패러다임인 웹3를 둘러싼 변화와 혁신을 이해하고 앞으로의 인터넷 비즈니스를 전망해 보았다.

Thanks to. JW ♡ BJ

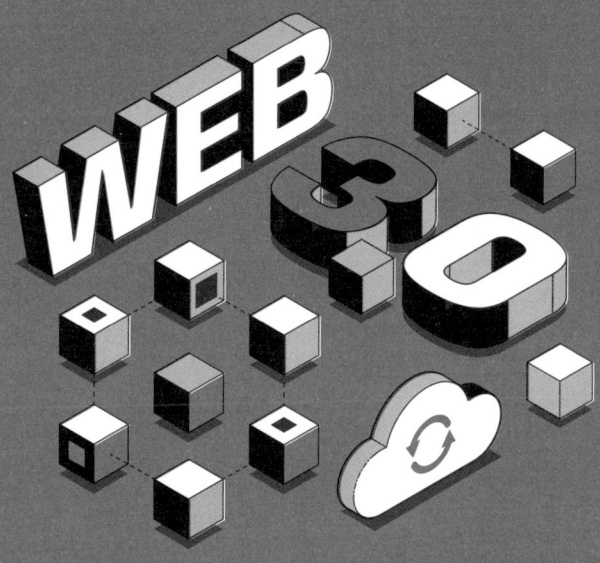

PART 1.

변화하는
IT 패러다임

기업 현장이나 우리 일상에 상당한 영향을 주는 디지털 기술은 크게 보이는 것과 숨겨진 것으로 구분할 수 있다. 보이는 디지털 기술로는 웹, 모바일 등이 있고, 잘 드러나지 않는 숨겨진 디지털 기술로는 AI, 클라우드, 데이터 등이 있다. 웹, 모바일은 2000년대부터 우리 일상을 크게 바꾸어 놓았다. PC로 인해 태동된 웹 그리고 스마트폰 덕분에 시작된 모바일은 우리에게 편리한 삶을 가져다 주었다. 그렇게 PC, 스마트폰에 이어 TV, 시계, 가전기기와 자동차까지 인터넷에 연결되며 또다른 세상의 변화를 만들어 내고 있다. 또한 그렇게 보다 많은 사물이 인터넷에 연결되면서 더 진보된 AI가 필요하고, 그 과정에서 클라우드, 데이터 관련 기술들이 진가를 발휘하고 있다. 이렇게 보이는 디지털 기술과 숨겨진 디지털 기술은 상호 작용하면서 진화 발전하고 있다.

클라우드
스마트 홈
프런트 AI   AI 에이전트
알렉사   스마트 스피커
모빌리티
          애플카   VR   제조 혁신
인더스트리얼 AI
                                    테슬라
AVN   **빅데이터**   태블릿
            디지털 트윈
    AR   **IoT**   **스마트카**
알파고   AI
MaaS   스마트 팩토리   메타버스
                    컴퓨터   **전기차**
                                    스마트폰
        디지털 트랜스포메이션
ICPS   스마트 워치   구글 어시스턴트
                            DDDM
                BMS   구글 홈
아마존   IPTV   구글

IP 카메라

> 사물 인터넷이 바꾼 제조업의 혁신

주변에 있는 사물 중 인터넷에 연결된 것들은 몇 개나 될까? 우선 PC나 노트북, 스마트폰, 태블릿은 당연지사고 TV를 넘어 에어컨이나 냉장고와 같은 백색가전과 로봇 청소기, 오븐 등의 가전기기들도 인터넷에 연결되고 있다. 사무실에 있는 복합기, 보안 카메라, 전등도 인터넷에 연결되기도 한다. 주차장, 신호등, 가로등 등의 다양한 공공시설 내 다양한 사물도 마찬가지다. 그렇게 보다 많은 기기가 인터넷에 연결되는 사물 인터넷[IoT] 시대에 속도가 붙고 있다.

인터넷에 연결된
스마트한 기기의 등장

컴퓨터와 스마트폰은 고성능의 CPU와 메모리, 각종 프로세서와 저장장치가 탑재되어 있다. 가격이 1백만 원은 훌쩍 넘으니 성능이 뛰어날 뿐 아니라 기본적인 입출력 장치가 구비되어 있다. 하지만 인터넷에 연결되는 모든 기기가 그렇게 고성능의 자원을 갖추고 있는 것은 아니다. 공기청정기, 정수기, 로봇 청소기에 키보드나 커다란 디스플레이를 내장할 수 없을뿐더러 CPU나 메모리 등을 넣을 수도 없다. 1만 원도 채 안 되는 전구에 이런저런 반도체를 넣을 수도 없다. 그러니 사물 인터넷 시장이 확대되는 과정에는 이렇게 인터넷에 연결되는 갖가지 사물을 보다 쉽게 제어하고 관리해서 사용할 수 있는 사용자 인터페이스에 대한 고려가 필수다.

각각의 사물별로 스마트폰 앱을 개별 설치해서 사용하는 것은 너무 번거롭고 복잡하다. 그렇다 보니 사물 인터넷이 확산하는 과정에는 기존의 모바일 앱을 넘어선 새로운 사용자 인터페이스가 필요하다. 사용자가 일일이 인터넷에 연결된 사물에 명령을 내리고 제어하는 것이 아니라 사용자의 상황에 맞게 적재적소에 자동화된 서비스가 제공되어야 한다. 외출 후 집에 들어가면 자동으로 거실 전등이 켜지고, 더운 날씨에는 에어컨이, 추운 날씨에는 보일러가 작동되어야 한다. 외출할 때 작동할 필요가 없는 전자기기들의 전원이 자동으로 꺼지고 로봇 청소기가 청소를 해야 한다. 그렇게 인터넷에 연결된 사물들이 주변 상황을 인식해 자동으로 작동되기 위해서는 AI의 도움이 필수다. 한마디로 인공지능이 이들 사물에 연결되어 자동으로 관리, 제어될 수 있도록 해야 한다.

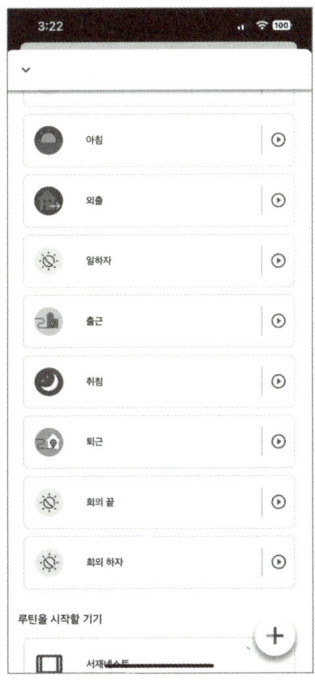

◀ 구글 홈을 이용해 연동한 사물 인터넷 기기들을 자동으로 작동되도록 설정하는 화면

사물 인터넷의 고도화 과정에는 인공지능이 이들 사물을 연결해서 자동으로 관리하는 것이 필수다. 이 과정에서 각각의 사물을 만드는 제조업체가 독자적으로 AI를 만들 수도 없고, 만들었더라도 그렇게 제각각 만든 AI는 따로 작동할 것이므로 사용자 경험도 일관되지 않아 불편할 것이다. 그래서 이들 사물을 하나로 연결해서 운영하고 관리할 수 있는 통합된 AI 플랫폼이 필요하다. 현재 아마존의 알렉사, 구글 어시스턴트, 네이버 클로바, 카카오 AI, SKT의 누구 등이 그 역할을 하고 있다. 또한 제조사별로 규약이 서로 달라 상호 연동이 중요한데, 매터Matter라는 표준 프로토콜이 마련되어 아마존, 구글, 애플과 같은 AI 플랫폼 기업과 삼성전자, 샤오미, 화웨이 등의 세계적인 제조업체가 참여해 사물 인터넷의 호환성을 높이려는 노력을 하고 있다.

▲ 매터의 구성도 (출처: CSA Connectivity Standards Alliance)

사물 인터넷을 적극적으로
반기는 소비자와 기업

　사물이 인터넷에 연결되어 얻을 수 있는 사용자 가치는 무엇일까? 첫째는 제어가 쉽고 편해진다는 것이고, 둘째는 서비스를 연동해서 자동화가 된다는 것, 셋째는 데이터가 수집되어 새로운 부가가치가 창출된다는 점이다.

　침대에 누워 스마트폰을 보다가 막 잠들기 전에 전등을 끄고 선풍기까지 끄려면 여간 번거로운 것이 아니다. 하지만 이들 기기가 AI로 스마트폰과 연결되면 음성만으로 이 기기들을 조작할 수 있다. 또 아침 6시에 알람이 울리면서 자동으로 전등이 켜지고 커튼이 활짝 열리도록 설정할 수도 있다. 그렇게 사물 인터넷 기기는 제어가 편하고 자동으로 작동한다. 기존의 기기들은 조작하기 위해 직접 스위치를 누르거나 리모컨을 이용해야만 했다. 누르지 않으면, 즉 입력이 없으면 작동하지 않는다. 하지만 사물 인터넷은 버튼을 직접 누르지 않아도 원거리에서 스마트폰 앱이나 스마트 스피커 등의 다양한 방식을 이용해 조작할 수 있다. 그만큼 제어가 쉬워진다.

◀ 헤이홈의 스마트폰 앱을 이용해 사물 인터넷이 지원되지 않는 전자기기의 리모컨 기능을 앱으로 제어할 수 있다.

    또한 굳이 조작하지 않아도 자동으로 작동할 수 있다. 1차적으로 사용자가 미리 입력한 루틴에 따라 특정한 조건이 되면 그에 맞춰 기기가 스스로 작동하고, 2차적으로는 완전 자동화가 가능하다. 이미 TV나 에어컨 등에는 예약 설정 기능이 있어 특정 시간이 되면 기기가 자동으로 꺼지거나 켜지게 할 수 있다. 사물 인터넷 기기는 그보다 더 복잡한 설정으로 자동화해서 작동한다. 비가 오는 날 저녁 6시 이후 해가 떨어지면 거실 베란다 쪽 전등이 파란색으로 켜지도록 하거나, 사용자가 별도로 입력한 명령

없이도 아침에 집을 나서면 선풍기나 공기청정기 또는 보일러가 자동으로 꺼지는 동작 역시 AI가 자동으로 상황을 인지해서 사물 인터넷 기기들을 자동으로 조작하는 것이다.

사물 인터넷과 연동된 AI가 이러한 서비스를 제공하면서 수집한 각종 데이터를 이용해 새로운 부가 서비스들이 생겨나 새로운 가치가 탄생할 수 있다. 특히 가정에서 사용되는 수많은 전자기기와 가전기기, 가구를 포함해 각종 사물 인터넷 기기가 AI에 수집하는 데이터는 기존에는 추적조차 불가능했던 것들로 양질의 광범위한 자료다. 지난 20년간 인터넷 산업을 이끌어 온 구글이나 네이버, 카카오톡, 페이스북 같은 서비스는 사용자에게 무료로 인터넷 서비스를 제공하는 대신 그들이 무엇을 궁금해하고, 누구와 친하고, 무슨 생각을 하며, 어떤 것을 사고 싶은지 등에 대한 정보를 수집하고, 이를 활용해 광고, 상품 판매 등 다양한 비즈니스 기회를 얻을 수 있었다. 그런데 이런 데이터들은 사용자가 직접 서비스를 사용하면서 정보를 입력해야만 수집할 수 있다. 반면 사물 인터넷은 사람이 특정 서비스를 이용하면서 직접 정보를 입력하지 않아도 자동으로 데이터가 수집된다. 가정에 어떤 사물들이 있고, 그 사물이 어떻게 작동하는지, 그 과정에서 전기 에너지는 얼마나 소비하는지 등 일상생활에서 사용하는 패턴에 대한 수많은 정보가 수집된다. 특히 자동화된 사물 인터넷 서비스를 제공하기 위해 사용자의 컨텍스트, 이를테면 언제 집에 사람이 있는지, 출퇴근 및 수면 시간 등 여러 일상 속 데이터들이 수집되므로 기존의 인터넷 서비스로는 알기 어렵던 여러 정보를 파악할 수 있다. 검색과 SNS 시장을 지배했던 인터넷 서비스가 지난 20년간 얼마나 큰 비즈니스 가치를 만들어냈는지 목격했듯이, 이렇게 사물 인터넷과 연동된 AI 서비스를 확보한 기업은 향후 10년을 뛰어넘어 20년간 더 큰 비즈니스의 기회를 확보할 수 있게 될 것이다.

▲ 구글의 네스트 사업부에서 만드는 다양한 사물 인터넷 기기 (출처:구글)

스마트폰에 이은 차세대
VR과 AR

  점점 많은 기기가 인터넷에 연결되어 갈 텐데, 컴퓨터와 스마트폰에 이어 세 번째 디바이스가 될 것은 무엇일까? 컴퓨터, 스마트폰만큼 많이 보급되고 오랜 시간 사용해야 하는 대체 불가능한 기기는 과연 무엇일까? 우선 전기차를 생각해 볼 수 있다. 전기 에너지 기반으로 운영되면서 인터넷에 연결된 스마트카가 세 번째 디바이스의 후보가 될 수는 있지만, 컴퓨터나 스마트폰만큼 보급되기는 어려울 것이기에 제3의 디바이스라 부르기에는 약하다. 자동차는 누구나 구입하기에는 가격 부담이 크고 운전면허증이 없는 10대나 일부 사람들은 이용할 수 없다. 1백여만 원이 아니라 수천만 원이나 되는 기기이기 때문에 보편적 디지털 디바이스로 자리매김하기에는 한계가 있다. 물론 일부 사용자층을 껴안고 니치 마켓niche market을 공략하며 제한된 영역에서 인터넷 기기로서의 역할을 할 수는 있겠지만, 세 번째 디바이스로는 적합하지 않다. 컴퓨터, 스마트폰에 이은 제3의 인터넷 기기가 되기 위해서는 컴퓨터 같은 고성능의 컴퓨팅 파워와 스마트폰 같은 편리함이 제공되어야 한다. 그러려면 입력장치와 출력장치, 뛰어난 컴퓨팅 자원을 갖추고 있어야 한다.

그런 면에서 이미 2007년부터 출시되기 시작해 보급 중인 스마트 스피커와 2021년부터 점차 확대 중인 VR 디바이스, 이 2가지가 후보가 될 수 있다. 그런데 스마트 스피커는 입력과 출력이 오직 음성과 소리로만 작동한다는 점, 많이 보급은 되었으나 모바일만큼 좀 더 많은 사람들이 자주 사용하지는 못한다는 점에서 한계가 있다. 물론 디스플레이가 탑재된 스마트 스피커가 출시되긴 했지만 컴퓨터만큼의 성능도 아니고 모바일 앱만큼 다양한 종류의 어플리케이션을 설치해서 사용할 수 있는 것은 아니라서 제약이 많다. 그렇다면 VR은 어떨까? 메타로 회사 이름까지 바꾼 페이스북이 공격적으로 '퀘스트'라는 디바이스를 마케팅하고 제품을 개발 중이며, 그 외의 빅테크 기업들도 VR, AR 등의 메타버스를 지원하는 디바이스에 투자를 확대해 가고 있다. 스피커와 달리 고성능의 컴퓨팅 파워와 컴퓨터 디스플레이보다 훨씬 더 입체적이고 넓은 화면 출력을 지원하며, 스마트폰처럼 휴대도 할 수 있으므로 VR이야말로 차세대 디바이스로 주목된다.

특히 머리에 쓰거나 안경처럼 착용이 가능하기 때문에 기존 컴퓨터나 스마트폰을 넘어서는 새로운 사용자 경험을 제공할 수 있다. 안경처럼 착용하는 방식으로 이용되는 AR 기기는 안경 너머 현실을 보면서 인터넷을 이용할 수 있어 공감각을 살린 서비스를 이용하게 해준다. AR을 쓰고 레고를 바라보면 조립할 방법을 안내해 주는 매뉴얼이 뜨고, 에러 메시지가 표시되는 세탁기를 바라보면 점검해야 할 세탁기 특정 부위가 바로 표시되고 어떻게 고쳐야 하는지 알려준다. 직접 고치기 어려운 경우 바로 AI 상담사를 호출해서 안내받고 에이에스 신청을 할 수도 있다. 스마트폰으로 촬영해 제품명을 입력하고 기초적인 에러 점검 등을 할 필요가 없다. AR을 통해 점검해야 할 가전기기의 특정 부분에 대한 정보가 바로 표시되고, 안내받을 수 있으며 고객 상담도 즉각 가능하다. 기존에 PC 웹, 모바일 앱, 전화 통화로 하던 모든 것을 AR 하나로 대체할 수 있다.

결론적으로 컴퓨터나 스마트폰처럼 대중성 있는 인터넷 기기가 되려면 확장성과 다양한 소프트웨어를 탑재해 기존과 전혀 다른 사용자 경험을 제공해야 한다. 그런 면에서 태블릿, 노트북, 스마트워치, 스마트 스피커, 스마트카는 외관은 다르지만 전혀 다른 경험을 제공하거나 색다른 소프트웨어를 통해 다양한 서비스로 확장하지는 못했다. 노트북은 PC와 동일한 소프트웨어를 사용할 뿐 새로운 앱의 경험을 제공하지 못했고, 태블릿은 스마트폰의 연장선에 불과했다. 스마트 스피커는 기존의 기기와 다른 경험을 제공한 것은 맞지만 사용할 수 있는 소프트웨어가 제한된다. 또한 스마트워치와 스마트카는 스마트폰과 연계되어 동작하는 부수적 기능에 불과해, 독립된 기기로서 고유한 사용자 경험을 제공하지는 못했다.

그런 면에서 VR, AR은 독립된 기기로 기존의 PC나 스마트폰과 연계할 필요 없이 작동되며 고유한 사용자 경험을 제공한다. 또한 독자적인 앱스토어를 통해 다양한 소프트웨어가 출시되고 있다. 무엇보다 이들 기기는 기존의 컴퓨터, 스마트폰, 스마트워치, 스마트 스피커 등의 기능을 가상으로 구현해 비슷한 용도로 이용할 수 있도록 해준다. PC로 하던 웹브라우징이나 문서 확인, 이메일, 카페, 블로그, 검색과 쇼핑 서비스를 스마트폰에서도 이용할 수 있는 것처럼 VR, AR 역시 기존의 컴퓨터나 스마트폰으로 하던 서비스들을 그대로 이용할 수 있다. 거기에 더해 기존 기기로는 하지 못하던 새로운 것까지 더해 신규 서비스의 체험까지도 실현할 수 있다. 그렇기에 PC, 스마트폰에 이은 새로운 VR, AR 등의 기기는 웹, 모바일을 뛰어넘은 메타버스라는 새로운 인터넷 세상을 열어줄 것으로 기대되고 있다. 또한 웹으로 인해 인터넷 비즈니스, 모바일로 인해 O2O[Online to Offline]의 비즈니스 기회가 열린 것처럼 메타버스는 가상 비즈니스 시대를 열어줄 것이다.

VR, AR의 잠재력과 활용도

　VR은 현실과 같은 몰입감과 입체감을 경험할 수 있는 인터넷 기술로 만든 가상세계를 말한다. 이미 세컨드라이프나 싸이월드, 제페토, 이프랜드, 게더타운 등의 서비스들이 그런 VR을 지향한다. AR은 거꾸로 현실에 디지털 정보를 가져와 더욱 연속적인 인터넷 경험을 하게 해준다. 스마트폰 카메라를 이용해 현실을 비추면 맨눈으로 보이지 않는 정보가 화면에 입혀져 나타나는 것도 AR의 사례다. 포켓몬고 앱이나 이케아 앱을 이용하면 특정 장소와 공간에 눈으로는 보이지 않는 정보가 보인다. 거실 공간에 실제 소파를 놓을 수 있고, 책상 위에 스탠드를 놓거나 벽에 그림을 걸어볼 수 있다.

　이런 VR과 AR이 안경처럼 쓸 수 있는 전용기기를 이용하면 극강의 편리함을 선사한다. 준비된 책상에 자리 잡고 앉지 않아도, 늘 들고 다닐 필요도 없이 안경처럼 쓰면 바로 인터넷을 쓸 수 있다. 안경 너머 현실 세상에서 바로 인터넷을 만나볼 수 있고, 언제 어디서나 즉시 가상세계를 불러와 디지털 경험을 할 수 있다. 주변에 모니터, 키보드, 마우스 없이도 인터넷을 언제든 불러와 이용할 수 있고, 문서 작업이나 사진 편집 등 컴퓨터로 할 수 있는 모든 작업을 할 수 있다. 꿈의 인터넷 세상이 바로 VR, AR로 펼쳐지는 것이다.

　이처럼 현실세계, 인터넷으로 구현된 온라인 세계 이후 세 번째의 가상세계가 바로 메타버스다. 오프라인과 온라인, 현실과 가상이 모두

> 융합되는 새로운 세상이 바로 메타버스의 세계다.

제조업을 혁신하는
디지털 트랜스포메이션

그간 웹 덕분에 미디어, 콘텐츠, 유통업에 큰 변화의 기회가 마련되었고, 모바일 덕분에 통신, 교통, 배달, 금융 분야에 혁신의 발판이 마련되었다. 이처럼 인터넷 기술의 진화는 다양한 산업 분야에서 새로운 사용자 경험과 비즈니스 모델이 싹트는 계기가 되었다. 이제 메타버스는 엔터테인먼트, 예술, 의료 등의 산업 영역에도 변화를 만들어 낼 것이다. 그중에서도 특히 제조업의 사업 혁신에 대전환의 기회가 될 것이다.

그간 제조업 분야에서 디지털 기술 기반의 혁신은 제품 자체에 인터넷을 연결하고 소프트웨어를 통해 관리되도록 하는 제품 혁신, 또는 제품 개발이나 제조, 생산 공정, 판매와 마케팅 등 특정한 사업 프로세스에서만 디지털 트랜스포메이션Digital Transformation, DT하는 것이 일반적이었다. 하지만 모든 것이 인터넷으로 연결되는 세상이 열리고 고객들의 인터넷 사용 습관이 일상에 자리 잡으면서 사용자는 보다 편리한 서비스를 원하고 있다.

삼성전자의 '비스포크 큐커'는 오븐 안에 4개의 영역을 구분해 4가지 요리를 동시에 조리할 수 있다. 작동 방식이 복잡하다 보니 '스마트싱스' 앱을 이용해 요리 레시피를 확인하고 쉽게 조리할 수 있다. 삼성전자와 제휴를 맺은 밀키트나 가정간편식 상품 뒷면에 바코드가 있는데, 이를 앱으로 스캔하면 자동으로 레시피가 화면에 보이고 어떻게 큐커로 조리할 수 있는지 안내된다. 큐커 안의 4가지 영역마다 온도와 시간 등 최적의 설정값이 자동으로 세팅되므로 재료만 준비해 지정된 영역에 두면 자동으로 조리된다. 조리하는 동안 스마트싱스에 알람으로 조리 과정과 조리 방법이 수시로 안내되므로 요리 초보자도 쉽게 조리할 수 있다. 일부 오븐이나 냉장고에는 내부에 카메라가 장착되어 조리되는 요리나 보관 중인 식품의 상태가 어떤지 스마트폰 앱으로 실시간 확인할 수 있다. 이렇게 최근 가전기기는 인터넷에 연결되어 사용자에게 좀 더 편리하게 제품을 사용할 수 있게 해준다.

로봇 청소기가 인터넷에 연결되고 AI 기능이 접목되면, 장애물을 피해가며 청소만 하는 것이 아니라 집의 거실과 주방, 다이닝룸 등 각각의 영역을 인식하고 특정 영역만 청소하거나 일부 방은 청소하지 않도록 설정할 수 있다. 또한 청소기에 내장된 카메라를 이용해 집 밖에서도 집 안 곳곳을 마치 CCTV 보듯이 확인할 수 있다. 청소기의 작동 상태를 확인하고 원격으로 청소기를 끄거나 켜는 것도 가능하다. 그렇게 제품이 인터넷에 연결되면 기존에 사용하던 성능보다 더 강력하고 다양하게 활용할 수 있다. 인터넷으로 연결되면서 제품의 가치와 경험이 더 커지는 것이다.

구글이 2014년 32억 달러에 인수한 네스트는 가정에서 사용하는 스마트 기기들을 제조하는데, 이 중 IP 카메라 '네스트캠'은 인터넷에 연결되어 스마트폰의 앱이나 웹으로 촬영 중인 영상을 바로 확인할 수 있고, 저장된 영상을 다시 볼 수도 있다. 여기까지는 기존의 CCTV나 IP 카메라와 다를 것이 없다. 네스트캠의 차별화된 가치는 인터넷에 연결하는 데만 머무르지 않고 AI로 새로운 고객 경험을 제공했다는 데 있다. 즉 네스트캠으로 촬영된 영상 속에 미리 등록한 사람 이외의 다른 인물이 나타나면 이를 알려준다. 또한 사람들이 대화하는 음성 등이 들리면 이 또한 구분해서 알려준다. 일반적인 소리인지 사람 목소리인지를 구분하는 것이다. 심지어 강아지 짖는 소리도 인식해서 알려준다. 영상 속에 녹화 중인 것을 AI가 분석해서 계속 알람으로 알려주고, 녹화된 영상 속에서 특정 장면만을 빨리 찾아볼 수 있다는 것이다. 예를 들어 사람이 대화하는 장면이나 강아지가 짖는 소리가 들리는 장면, 모르는 사람이 등장한 장면 등이다. 게다가 택배기사가 물건을 나르는 장면도 인식해서 현관문 앞에 네스트캠을 달아두면 택배가 온 것도 바로 알람으로 확인할 수 있다. 인터넷에 연결해 기존 IP 카메라가 주지 못하던 새로운 경험과 가치를 AI를 통해 제공하는 것이다. 제품 자체가 혁신적으로 진화했다. 단, 이러한 기능을 사용하려면 월 사용료를 지불해야 한다. 구독료를 내지 않으면 IP 카메라로 촬영되는 영상을 확인하고 녹화된 영상 일주일 치만 볼 수 있지만, 구독료를 내면 AI 기술을 활용한 기능과 2개월간 영상을 녹화할 수 있는 기능이 제공된다.

제조업의 디지털 트랜스포메이션은 이제 인터넷과 연결되어 앱과 AI 등의 기술을 활용해 제품의 가치와 경험을 혁신시켜 주는 것으로 확장되고 있다. 앞서 살펴본 밀키트나 가정간편식 등의 사례처럼 QR코드를 넣어 레시피 등의 정보를 앱으로 안내해서 오븐 요리를 쉽게 할 수 있도록 돕고, 사용자에게 편의를 제공할 수 있어야 한다. 심지어 메타버스 패러다임에서는 공간과 각종 사물이 인터넷, 디지털과 유기적으로 연계되어 사용자에게 새로운 가치를 제공할 수 있기에, 디지털 기술을 활용해 제품의 사용성을 높이려는 디지털 트랜스포메이션을 사업의 최우선 과제로 삼아야 한다.

사용자 경험의 확장 도구로 혁신한 제조업

세계 최대의 농기구 제조업체인 존 디어는 2012년 농부들이 농기구를 더 효율적으로 관리하고 운영할 수 있는 디지털 플랫폼 '마이존디어MyJohndeere'를 출시했다. 지금은 존 디어 운영 센터로 바뀌었는데, 농부들이 스마트폰을 이용해 농장 각 부분에서 진행되는 각종 운영 지표를 관리할 수 있다. 즉 존 디어의 장비에 내장된 센서를 통해 수집된 농장의 데이터와 외부에서 확보한 기후와 토양 상태, 작물 특징 데이터를 활용해 정밀 농업을 시행하는 데 도움되는 솔루션을 제공한다. 농부들이 밭에 가지 않아도 스마트폰 하나만으로 개별 작물의 작황 상태를 파악해 농장의 수익성을 극대화하도록 돕는다. 농부가 비료를 언제 얼마나 줄지, 씨앗을 얼마나 깊이 심어야 할지, 물을 얼마나 줄지, 어떤 살충제를 뿌리는 것이 좋을지에 대한 정보를 주는 것이다. 덕분에 농부는 경작 면적당 수익을 최적화할 수 있다. 존 디어는 드론, 로봇 같은 다양한 장치를 이용해 자율주행으로도 농사를 지을 수 있도록 해 농부를 노동에서 해방시킨다는 평가도 받는다. 자율주행 과정에서 각종 농기구가 인터넷에 연결되어 사물 인터넷 시스템을 갖췄기 때문에 가능해진 일이다. 한마디로 농기구의 디지털 트랜스포메이션을 추진한 기업이 존 디어다.

\> 전기차, 모빌리티의 미래가 되다

전기차 시장은 점차 기존 화석 에너지 기반의 자동차를 디지털로 혁신하는 계기가 될 것이다. 전기차는 에너지원이 전기라는 점이 핵심이 아니라 무엇보다 기기의 전장화와 함께 인터넷에 연결된 스마트카라는 점이 중요하다. 기존의 피처폰이 스마트폰으로 전환하면서 모바일 기반의 거대한 생태계가 만들어진 것처럼 스마트카는 모빌리티 서비스의 혁신과 새로운 비즈니스의 기회를 만들어 낼 것이다. 여러 기업의 전기차 시장에 대한 경쟁 구도를 통해 미래의 스마트카가 가져올 비즈니스 혁신을 전망한다.

애플이 만드는 스마트카는?

애플의 애플카는 아이폰과 아이패드, 애플워치 다음으로 애플 마니아들을 설레게 하는 차세대 제품으로, 소문만 무성하고 언제 출시될지 설왕설래가 많다. 사실 애플은 2014년부터 '프로젝트 타이탄'이라는 이름으로 애플카를 준비해 왔다. 심지어 2015년에는 테슬라 임직원을 스카우트하기도 했고 이듬해에는 미국 캘리포니아에 자율주행차의 시범 운행 허가까지 받았다. 하지만 소문만 모락모락할 뿐, 이후 관련 인력들의 정보 유출과 퇴사 등으로 인해 실제로 이루어지지는 못했다. 그 이후에도 세계적인 자동차 회사와의 협력 소문과 애플카 시제품을 만들어 시험주행까지 했다는 풍문도 나돌고 있다. 과연 애플은 PC나 스마트폰, 태블릿, 스마트워치 같은 정보형 단말기와는 차원이 다르게 수천만 원에 달하는 교통수단인 자동차 시장에 어떤 비전으로 전략적 대응을 하는 걸까.

2022년 WWDC Apple WorldWide Developers Conference(애플이 매년 6월경 캘리포니아에서 개최하는 대규모 세계 개발자 회의)에서 애플은 차세대 카플레이를 선보이며 애플이 꿈꾸는 차량 인포테인먼트 시스템을 공개했다. 이때 소개된 내용을 보면 앞으로 차량 내 모든 디스플레이는 카플레이를 이용해 아이폰의 내비게이션이나 음악, 문자 메시지는 물론이고 차량 주행시간, 주행속도, 연비 등의 공조 정보를 비롯해 에어컨, 라디오, 좌석 위치 등을 조작할 수 있는 기능까지 제공할 것으로 기대된다. 사실 애플카라고 해서 굳이 애플이 직접 만든 자동차일 필요는 없다. 구글이 삼성의 스마트폰으로 모바일 시장을 지배한 것처럼, 애플 역시 다른 완성차에 카플레이를 아이폰과 연동하거나 아예 카플레이 시스템을 차량에 탑재해 이미 형성된 애플의 생태계에 편입되어 익숙해진 마니아를 차량 고객으로 유인할 수 있을 것이다.

애플의 카플레이 시스템을 장착하면, 기존 차량 제조사 입장에서는 화석 에너지에서 전기 에너지를 바꾼 전기차 하드웨어 개발에만 집중하고, 차량 내에서 사용자 경험을 완성시켜 줄 소프트웨어는 애플에 의존하면 된다. 한마디로 차량 내 디스플레이와 혁신적인 차내 경험은 애플이 채워주는 것이다. 물론 이런 미래는 자동차 제조사 입장에서는 깡통만 만들어 팔고 진정한 고객 가치와 새로운 미래 차량의 비즈니스 가치를 애플에 송두리째 뺏길 우려가 있기에 원치 않을 수도 있다. 하지만 모든 자동차 제조사가 미래 자동차를 위한 투자에 공격적이기만 할 수는 없는 만큼, 글로벌 완성차 판매실적에서 중위권 이하 제조사를 비롯해 새롭게 전기차 시장에 뛰어드는 차량 제조사 입장에서는 훌륭한 대안이 될 수 있을 것이다.

우리가 자동차의 소프트웨어 혁신에 대한 고민을 할 수 있게 된 계기는 사실, 멀어보이던 전기차와 스마트카를 현실로 만들어 준 테슬라 덕분이다. 테슬라 이후 자동차 회사들은 저마다 혁신의 고삐를 움켜쥐고 변화에 앞장서고 있다. 자율주행차, 인포테인먼트 그리고 차량 내 운전자와 승객의 사용자 경험을 더욱 풍성하게 해주기 위한 전방위 노력을 펼치고 있다. 특히 GM은 2021년 CES Consumer Electronics Show(세계 최대 가전 및 IT 전시회)에서 기조연설자로 나서며 미래 자동차 시장의 혁신 기업으로 다양한 신규사업 계획과 전략을 공개하기도 했다.

테슬라가 구축한 미래 자동차

테슬라는 자동차 기업의 미래 비즈니스 혁신의 끝판왕이라고 볼 수 있다. 이는 테슬라의 자율주행 기술이나 기존과는 차원이 다른 운전 경험과 차내 사용자 인터페이스를 말하는 것이 아니다. 바로 이들의 비즈니스 모델을 말하는 것이다. 테슬라는 전기차 외에도 차량에 필요한 에너지원, 즉 전기를 판다. 전기 에너지를 생산하는 것은 물론 그 에너지를 중계하는 비즈니스 모델을 보유하고 있다. 게다가 실시간 교통정보와 비디오, 음악, 웹 브라우징 등의 인터넷 서비스를 이용할 수 있는 커넥티비티 패키지와 구독료를 받고 완전자율주행을 유료 서비스로 제공하기도 한다. 앞으로 유료화하여 판매하는 새로운 차량 내 경험은 점차 늘어날 것이다. 또한 테슬라는 넷플릭스, 스포티파이, 유튜브 외에도 게임과 블랙박스, 노래방을 포함한 흥미로운 앱을 계속 추가하고 있다. 최초의 스마트폰에는 스토어가 없었지만 이후 사용자의 필요에 따라 다양한 서드 파티3rd party 앱이 만들어지고 중개될 수 있는 스토어가 등장하며 모바일 생태계가 구축된 것처럼, 테슬라 역시 차량은 물론 스마트폰 앱과 차량을 연결해 새로운 모빌리티 서비스를 경험할 생태계가 만들어질 것이다. 그때 서비스를 연결하는 앱과 중계되는 새로운 비즈니스 모델이 탄생할 것이다. 이 외에도 자율주행을 활용해 무인 테슬라 차가 사람을 실어나르는 교통 서비스 '로보택시'까지, 일론 머스크가 미래 사업으로 공개할 정도로 테슬라의 비즈니스 모델은 다양하다. 자동차 하나로 이렇게 다양한 비즈니스 모델이 싹틀 수 있다는 것이 미래 자동차 시장에서 앞으로 우리가 주목해야 하는 지점이다.

물론 완성차 제조업체들은 2020년부터 전기차 대중화를 가속하기 위해 다각도로 노력 중이다. 그중 GM이 가장 공격적 행보

▲ 테슬라에 탑재된 앱들 (출처:테슬라)

를 보인다. 그런 GM이 CES 2021에서 발표한 내용 중 하드웨어 플랫폼 '얼티엄^{Ultium}'과 소프트웨어 플랫폼 '얼티파이^{Ultifi}'를 주목해야 한다. 자동차 제조사가 플랫폼을 말하고 소프트웨어를 미래의 신기술로 소개할 만큼 전통 자동차 시장에도 패러다임의 강력한 변화가 드러나고 있다. 얼티엄은 앞으로 출시될 다양한 전기차의 크기나 형체, 디자인에 따라 배터리를 유연하게 장착할 수 있도록 설계된 배터리 플랫폼이다. 또한 차량 디자인에 따라 배터리 공간과 레이아웃을 최적화해 준다. 얼티파이는 클라우드 기반의 차량용 소프트웨어 플랫폼으로 차량에 항상 연결되어 차량을 자동화해서 관리하고, 주행 중에도 도로 상황 변화와 교통 신호에 맞춰서 보다 안전하고 빠르게 목적지까지 이동할 수 있는 서비스를 제공한다. 특히 얼티파이는 차량이 차고에 들어오면 집의 스마트홈과 연동되어 온도 조절이나 보안 시스템을 자동으로 켜고 끄는 등 차량 안을 넘어 바깥의 인터넷 서비스와도 연동되어 새로운 디지털 경험을 완성해 준다.

또한 미래 자동차의 핵심 소프트웨어 엔진이나 다를 바 없는 자율주행에 대한 투자도 전방위로 이루어지고 있다. 2016년 GM은 '크루즈Cruise'라는 자율주행 자동차 회사를 인수한 이후 퀄컴의 새로운 스냅드래곤 라이드 플랫폼을 활용한 칩셋을 도입하고, MS의 클라우드 '애저Azure'를 활용해 자율주행을 고도화하고

▲ GM의 미래의 차량 플랫폼 얼티파이 (출처:GM)

있다. 게다가 혼다와 협업해 핸들과 가속, 브레이크 페달이 없는 '크루즈 오리진'이라는 2세대 자율주행차를 개발했다. 기존 차량과 달리 기차처럼 승객이 마주 보고 앉아있도록 설계되었다. 이 차량은 자율주행 운수 서비스, 즉 도심과 주요 거점을 고속으로 이동하며 새로운 교통수단으로 자리매김할 것이다. 이미 크루즈 오리진은 GM의 디트로이트의 공장 '팩토리 제로'에서 수십만 대 가량 생산할 것으로 예측하고 있다.

▲ GM의 크루즈 콘셉트카 (출처:GM)

테슬라가 쏘아 올린 미래 자동차 산업과 확장

하루 중에 가장 많이 머무는 공간은 사무실, 집 그리고 자동차 안이다. 그간 사무실과 집은 다양한 디지털 기기로 채워지면서 진화를 거듭해 왔지만, 차량 속 공간은 여전히 아날로그다. 사무실에 배치된 팩스와 전화기, 결재서류는 프린터를 넘어 복합기와 인터넷 전화기, 인터넷 결제와 인트라넷으로 진화했으며, 집에는 IPTV를 넘어 스마트TV, 가전기기가 인터넷에 연결되고 PC와 태블릿 등으로 채워졌다. 스마트폰 이후 구글 안경, 스마트워치 등의 사물 인터넷 시대를 맞아 자동차의 디지털화, 차량 공간의 인터넷 연결에 대한 기대가 크다. 그런 가능성을 현실로 만든 것이 바로 테슬라다.

자동차와 휴대폰의 연결 혹은 차량 내 대시보드 스크린을 인터넷에 연결해 전화 통화를 하고, 음악을 듣고, 내비게이션을 좀 더 편리하게 사용하려는 시도는 그동안 꾸준히 있었다. 포드와 MS의 '싱크', 현대자동차의 '블루링크', 기아차의 '유보', 쉐보레의 '마이링크' 등은 이러한 시도의 산물이다. 하지만 이는 마치 웹 시대 전의 PC통신, 스마트폰 이전의 PDA처럼 완성되지 않은 과도기의 서비스였다.

테슬라 전기차의 성장과 애플의 카플레이, 구글의 무인 자동차 등이 발전하면서 자동차의 디지털화, 완전한 인터넷 연결이 주목받고 있다. 철저한 아날로그 부품의 집합체인 자동차가 디지털화되고 인터넷에 연결되면 어떤 사용자 가치가 생기는 것일까? 이는 휴대폰이 스마트폰으로 바뀔 때 얻을 수 있는 가치를 생각해 보면 짐작할 수 있다.

스마트폰이 나올 때만 해도 휴대폰 사용자 대부분은 이미 PC로 인터넷을 충분히 잘 사용 중인데, 굳이 휴대폰까지 인터넷에 연결되어 얻을 가치가 무엇일지 회의적이었다. 하지만 스마트폰은 휴대폰, 아니 PC와도 차원이 다른 경쟁 우위의 가치를 선보였다. 스마트폰은 GPS부터 자이로스코프, 멀티터치 등의 다양한 센서가 탑재되어 휴대폰, PC와는 다른 사용자 경험과 편의성을 제공해 주었다. 정확한 위치 정보를 자동으로 인지하고, 마우스보다 빠르고 편한 동작 방식을 지원하고, 즉시 필요한 정보에 접근하게 해주었다.

굳이 자동차가 인터넷에 연결될 필요가 있을까, 라는 의구심은 앞서 언급했던 스마트폰이 처음 나왔을 때처럼, 변화를 받아들이기보다는 현재의 익숙함에 안주하려는 인식에서 나오는 푸념일 수 있다. 자동차가 인터넷에 연결된다는 것은 PC나 스마트폰처럼 직접 인터넷에 연결되는 것만을 뜻하지 않는다. 차량에 탑승한 운전자의 스마트폰과 연결됨으로써 운전자의 상황에 맞는 편리한 운전 경험과 정보를 제공하는 것 역시 인터넷에 연결된 자동차가 주는 가치다. 스마트폰에 기록된 캘린더의 약속 장소나 탑승 전 운전자가 미리 검색한 내비게이션 앱의 목적지 정보 등이 차량에 탑승하면서 자동으로 차량에 장착된 스크린에 보임으로써 번거로운 입력 과정을 단축할 수 있다.

테슬라는 17인치의 커다란 디스플레이를 차량에 탑재해 자체적인 IT 플랫폼을 추구하고 있다. 테슬라의 핵심 가치는 가솔린 에너지가 아닌 전기 기반의 차량이라는 것이 아니라, 차량 자체가 디지털 디바이스라는 점에서 찾아야 한다. 사실 테슬라는 움직이는 스마트폰이라고 해도 손색없다. 스마트폰이 아날로그 버튼으로 조작하던 작은 화면에서 4인치를 훌쩍 넘는 멀티터치 기반의 디지털 장치로 거듭난 것처럼, 테슬라는 커다란 디지털 디바이스에 바퀴를 달았다고 볼 수 있다. 스마트폰을 거칠 것도 없이 인터넷에 직접 연결되는 테슬라는 핸들과 액셀러레이터, 브레이크 정도만 물리적인 장치로 존재할 뿐, 그 외의 조작 시스템은 디지털로 대체되었다.

미래의 자동차는 움직이는 디지털 기기로서 컴퓨터, 스마트폰에 이어 차세대 IT 플랫폼으로 자리 잡을 것이다. 이러한 변화에 있어 가장 중요한 것은 차량의 API(Application Program Interface)다. 이는 개발하기 위해서 서비스에 요청을 보내고 응답을 받기 위해 정의된 명세서를 뜻한다. 쉽게 말하면 우리가 자동차를 운전할 때 운전석에 앉아서 만지는 모든 것이 일종의 아날로그 원자(ATOM) 세계 속의 API들이다. 핸들, 기어, 가속 페달, 브레이크 페달, 방향지시등은 우리가 자동차를 쉽게 조작하기 위해 필요한 것이다. 이 물리적 장치는 차량 내부의 수많은 부품과 연결되어 차량을 쉽게 조작하게 해준다. 핸들을 우측으로 돌리면 스티어링 샤프트를 통해 기어장치에 전달되고, 기어장치는 타이로드를 우측으로 움직여 차량이 오른쪽으로 움직인다. 이 과정에서 수많은 부품이 서로 연결되며 작동된다. 운전자는 간단히 핸들만 이용하면 되지만 실제 운전자가 내린 명령으로 차량이 움직이는 과정은 여러 단계를 거친다.

디지털에서도 API는 이런 역할을 한다. 차량 내 수많은 데이터가 API로 오픈되면, 이를 이용해서 많은 앱과 서비스가 나올 수 있다. 아이폰이 기존의 휴대폰과 달랐던 점은 아이폰 내의 수많은 부품(센서)과 데이터를 사용할 수 있도록 API를 공개하면서 이를 이용해 수많은 앱이 개발될 수 있었다는 것이다. 이 앱들은 앱스토어에 등록되며 아이폰을 기존 스마트폰과 다르게 거대한 플랫폼으로 성장할 수 있게 해주었다. 물론 이러한 API가 풍성하게 오픈되기 위해서는 자동차에 새로운 센서들이 탑재되는 것도 중요하다. 기존 휴대폰에 없던 센서는 물론 PC에 없던 센서까지 탑재되며 스마트폰의 성장이 있었던 것처럼, 스마트카에도 차량 곳곳에 카메라와 GPS, 자이로스코프, 가속 센서 등 다양한 차량 정보를 파악할 수 있는 센서의 진화가 요구된다.

이렇듯 자동차 역시 스마트폰처럼 차량 내의 다양한 부품과 데이터를 활용할 수 있도록 API를 적극 오픈해야 한다. 자동차 API는 자동차 회사만이 오픈할 수 있다. 물론 API는 차량의 안전과 보안 등에 자칫 심각한 위험을 줄 수 있다. 컴퓨터, 스마트폰은 개인정보 유출 정도의 문제지만 차량은 자칫 API의 해킹 등으로 인해 큰 사고로 이어질 수도 있기 때문이다.

  하지만 그간 모든 혁신은 쉽게 이루어지지 않았고 항상 극복해야 할 과제가 있기 마련이다. 휴대폰의 API를 오픈하는 것이 모든 휴대폰 제조사의 숙제였지만 결국 난제를 풀었고, 실제로 제대로 오픈한 업체는 휴대폰 제조사가 아니라 컴퓨터 제조사 애플이었다. 마찬가지로 자동차의 API를 오픈하지 못하면 인터넷에 연결되는 자동차, 스마트카의 미래는 자동차 회사가 아닌 다른 회사, 즉 테슬라 같은 새로운 혁신기업이 선점해 열 것이다.

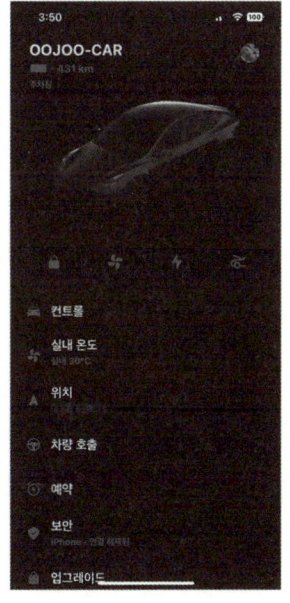

◀ 스마트폰 테슬라 앱을 이용한 차량 제어 관리

차세대 전기차를 제패할 기업은?

　CES에서는 5년 전부터 자동차와 관련된 다양한 디지털 기술을 선보이고 있다. 그런 자동차 신기술의 핵심축이 바로 AVN$^{Audio\ Video\ Navigation}$이다. 차량 운전자와 승객들에게 보다 편안하고 즐거운 '차내 경험'을 제공하기 위해 필수적인 기술인데, 앞으로 차량 내 인포테인먼트 서비스가 더욱 폭넓어지고 강화되고 있어, AVN은 미래 자동차의 사용자 경험을 완성하는 데 핵심 요소가 될 것이다. 특히 최근 급속히 보급되고 있는 전기차는 목적지까지 빠르고 안전하게 가는 기본 목적 외에, 이동 중 전기차 충전량이 부족할 경우 인근 충전소를 검색해 최단 이동 거리로 안내해야 할 뿐 아니라 교통정보, 주변 상황 등을 파악해 자율주행이나 안전운전 보조 기능을 제공해야 하기에, 더욱더 내비게이션 기능이 중요하다. 게다가 자동차 역시 스마트폰처럼 디스플레이나 음향 시스템이 더욱 좋아지고 있어 이를 통한 영화나 음악 감상, 게임과 노래방 기능은 물론 회의, 업무 등의 다양한 용도로 인터넷 서비스를 사용할 수 있어야 하므로 AVN의 역할이 갈수록 중요해질 것이다. 따라서 AVN 기술을 활용해 차량 내 사용자 경험을 완성시켜 줄 인포테인먼트 사업에 대한 LG전자나 소니 같은 기업의 움직임은 미래의 차량을 전망하는 데 단초가 될 수 있다.

▲ LG전자가 생산하는 올레드 기반의 차량용 AVN 디지털 콕핏 (출처:LG전자)

사실 애플이나 삼성전자의 경우 아이폰이나 갤럭시폰으로, 구글은 안드로이드를 활용해 차량과 연결해 자동차의 부족한 인포테인먼트를 모바일 서비스로 메꿔주고, 더 나아가 이미 모바일 경험에 익숙한 사용자들에게 일관되고 연속적인 인터넷 사용경험을 자동차에서도 제공하려 하고 있다. 반면 LG전자와 같은 AVN 솔루션 개발사들은 중계해줄 스마트폰이 없고, 차량 내 사용 경험은 기존 PC나 모바일과는 다를 것이기에 차량에 특화된 AVN 시스템을 구축함으로써 차별화를 꾀하고 있다. 애플은 운영체제와 스마트폰을 통합해 운영하지만 삼성전자가 스마트폰의 OS는 구글에 의존하는 것처럼, LG전자는 차량 OS까지는 아니더라도 차량에 완벽하게 밀결합된 AVN을 차량 제조사에게 공급하는 역할을 하려는 것이다. 반면 테슬라는 애플처럼 차량의 하드

▲ 소니의 전기차 '비전-S 02' (출처:소니)

웨어와 운영체제 모두를 통합된 경험으로 설계하고 있다. 그래서 테슬라는 애플 카플레이나 구글 안드로이드 오토와의 연결을 지원하지 않는다.

반면 소니의 전기차 전략은 조금 더 전향적이다. CES 2022에서 소니는 SUV 전기차 모델 '비전-S 02'를 공개했고, 전기차 법인 '소니 모빌리티'의 설립 계획까지 발표했다. 소니의 전기차 개발의 핵심 가치는 자율주행 기반의 안전과 운전자의 편리함이다. 이를 위해 음성이나 제스처 등을 활용한 인터페이스의 혁신적 진화와 사용자 취향을 고려한 디스플레이, 소리 등의 개인화가 동원된다. 그리고 당연히 엔터테인먼트는 빠지지 않는다. 보다 몰입감 있는 음악 체험을 제공하기 위한 시트 스피커와 플레이스테이션에 원격 접속이 가능해 모든 좌석에서 게임과 영화 감상을 즐길 수 있다. 이는 사실 테슬라의 전략과 큰 차이가 없어 보이지만, 소니는 테슬라와 다른 점이 있다. 바로 플레이스테이션과 워크맨에 이르기까지 다양한 콘텐츠 사업을 하면서 쌓은 엔터테인먼트 사업 역량이다. 그간 아이튠즈나 넷플릭스가 보여준 것처럼 차량에서 선보이는 콘텐츠는 그저 사용자 경험만 좋다고 되는 것이 아니라 콘텐츠 제휴력은 물론 관련 산업 분야의 오랜 노하우와 사업력도 필요하다. 그런 면에서 소니가 가지고 있는 콘텐츠 역량은 타의 추종을 불허한다고 할 수 있다.

미래 자동차 시장, 뭉치면 살고 흩어지면 망한다

주요 기업들의 미래 자동차 시장을 겨냥한 다양한 움직임을 살펴봤다. 과연 앞으로의 자동차 시장은 어떻게 변화할까? 우선 당분간 기업간 인수, 합병 및 전략적 제휴가 전방위로 이루어질 것이다. 그리고 자동차 고객인 차량 소유자 그리고 운전자와 승객이라는 서로 다른 관점의 사용자 경험과 가치를 높이기 위한 기술 혁신이 가속할 것이다. 마지막으로 자동차 기반의 모빌리티 플랫폼을 통한 비즈니스 모델 혁신의 기회가 확대될 것이다.

애플의 아이폰이 출시될 수 있었던 배경에는 각국 이동통신사와의 전략적 제휴가 있었기 때문이다. 컴퓨터나 TV와 달리 스마트폰은 통신 기기로서 각국의 규제에서 자유롭지 못하고, 통신사를 통해 개통해야만 하기 때문에 기업간 협력이 필수다. 스마트폰에 기본적으로 탑재되는 앱과 지도, 음악, 동영상 등의 각종 서비스를 제공하려면 관련 콘텐츠를 제공하는 기업들과의 제휴도 필수다. 자동차 역시 스마트폰처럼 통신 네트워크를 연결해 자율주행과 다양한 인터넷 서비스를 제공해야 하기에 이해관계자는 더 많아져 기업간 전략적 제휴나 인수 등의 협력이 필요하다. 더 나아가 각 국가의 도로, 교통과 관련한 규제 및 관련 산업에도 영향을 받기 때문에 더 복잡한 이해관계의 조정이 반드시 필요하다.

GM은 '브라이트드롭BrightDrop'이라는 신사업부를 만들어 페덱스와 제휴를 맺어 전기 택배 차량과 함께 택배물품의 상하차를 도와주는 전후방의 서비스 플랫폼을 제공했는데, 이는 앞으로 주목해야 할 미래 자동차 시장의 변화상이다. 택배 차량을 택배사에 공급만 한 것이 아니라, 운전자가 쉽게 차량을 충전할 수 있는 인프라와 택배 차량의 관제 서비스를 사용할 수 있는 클라우드

▲ GM의 브라이트드롭 전기 택배차 (출처:GM)

기반의 소프트웨어 플랫폼을 함께 제공해 택배 전반에 대한 토탈 솔루션을 제시하는 것이 이 사업의 핵심이다. 더 나아가 이 차량에는 여러 센서와 안전 기능이 설치되어 차량 위치를 실시간으로 측정하고 목적지까지 가장 좋은 경로를 제시해 택배 차량의 유지, 보수, 관리를 보다 편리하게 돕는다. 심지어 차량에서 수하물의 상차, 하차를 도와주는 스마트 전동식 팔레트를 통해 배달원의 육체노동 부담을 줄여준다. 따라서 향후 소포, 음식 배달 등의 다양한 물류 특성에 맞는 보조 액세서리와 관련 솔루션을 제공하며 부가가치를 창출할 수 있을 것이다.

앞으로 스마트폰과 자동차의 연결, 자동차 제조사와 차량 칩셋 제조업체와의 협력, 차량 내 인포테인먼트 시스템을 개발하는 솔루션 회사와 차량 제조사 간의 제휴, 자동차 세 소사들 간의 인수 합병 등이 역동적으로 펼쳐질 것이다. 독주하고 있는 테슬라를 잡기 위해 반도체 제조업체 엔비디아[nVidia]와 메르세데스 벤츠의 모기업 다임러가 손잡고 자율주행차를 개발하고, 커넥티드 카 개발을 위해 도요타와 아마존이 제휴하며, 전기차 스타트업 리비안[Rivian]에 포드와 아마존이 지속적으로 투자하는 등 이미 관련 기업들은 움직이고 있다.

자동차의 미래는 플랫폼 차

앞서 살펴본 미래 자동차 시장을 둘러싼 경쟁 전망의 핵심 지향점은 바로 고객을 재정의하고 그에 맞는 새로운 사용자 가치를 제공하는 것이다. 차량을 이용하는 고객은 다양하게 구분해서 정의할 수 있다. 차량 구매자와 소유자, 운전자, 더 나아가 보조석과 뒷자리에 앉은 승객 등이 있다. 또 화물을 운반하는 택배기사와 승객을 실어나르는 기사, 공유차 운전자에 이르기까지 다양한 목적으로 차량을 운전한다. 이렇게 다양한 고객에 맞춘 차량 서비스를 제공하는 것은 과거에는 불가능했지만 앞으로는 소프트

▲ 아우디의 차량 내 VR을 활용한 게임 프로토타이핑 '홀로라이드' (출처:아우디)

웨어를 통해 가능해질 것이다. 어떤 목적으로 차량에 탑승했는지 알면 그에 맞는 차량 내 서비스를 소프트웨어를 통해 제공할 수 있다.

테슬라는 운전석에 앉은 사람이 단순히 운전만이 목적이 아니라 게임을 하기 위한 청소년일 수도 있다는 데 착안해 운전석에서 자동차 게임을 할 수 있는 엔터테인먼트를 선보였다. 또 폭스바겐은 택배를 집 앞 현관문이 아니라 자동차 트렁크로 배달될 수 있도록 '폭스바겐 위We' 플랫폼을 통해 커넥티비티 서비스를 선보였다. 아우디는 디즈니와 협력해 '홀로라이드holoride' 서비스를 프로토타입으로 선보였는데, 자동차 뒤에 앉은 승객이 목적지까지 가며 차량이 움직이는 동안 가속과 회전을 VR 게임기에 연동해서 보다 입체적인 게임을 체험할 수 있는 기술이다. 앞으로 자동차는 목적지까지 안전하고 빠르게 이동하는 교통수단을 넘어, 차량에 탑승한 다양한 목적의 고객은 물론 차량을 구매, 소유, 판매하는 모든 이해관계자의 요구도 아우를 수 있는 더 나은 고객 가치를 실현할 수 있을 것이다. 바로 그 지점에서 소프트웨어의 역할이 중요해질 전망이다.

자동차가 스마트폰처럼 새로운 IT 플랫폼이 되어 경제 생태계를 만든다면 앞으로 비즈니스 모델도 다변화할 것이다. 이에 따라 주목해서 봐야 할 것은 다음과 같다. 첫째, 차량을 '탈것'이 아닌 '이동 서비스'로 보는 관점의 MaaS^{Mobility as a Service}다. 우리가 어딘가로 이동할 때는 같은 목적지라도 상황에 따라 그에 맞는 탈것을 이용한다. 버스나 지하철이 나을 수도 있고, 직접 내 차를 운전하고 가는 것이 나을 수도 있다. 때로는 대리운전으로 가는 것이 괜찮거나 택시나 공유차를 이용하는 것이 더 나을 수도 있다. 최근 등장한 모빌리티 서비스로 이용할 수 있는 자전거나 전동 킥보드가 더 유용할 수도 있다. 그렇게 필요에 따라 교통수단을 이용하는 방식을 다양하게 취사선택해서 호출하는 것이 모빌리티 서비스다. 앞으로의 차량은 설계 단계부터 이 같은 서비스를 고려해서 차량을 디자인해야 할 것이다. 그래야 호출한 사람도, 서비스를 제공할 탈것을 관리하는 기업도 더 편리하고 쉽게 서비스를 제공받고 제공할 수 있기 때문이다.

둘째, BMS$^{\text{Battery Management System}}$와 BaaS$^{\text{Battery as a Service}}$다. 앞으로 전기차 보급은 더욱더 크게 늘어갈 것이다. 이런 전기차 시대에 가장 중요한 것은 당연히 충전소다. 그런데 기존의 주유소와는 상황이 다르다. 충전소는 주유소처럼 짧은 시간에 주유할 필요가 없고, 아파트와 건물 주차장 등 다양한 거점이 있기에 충전을 하려는 운전자의 요구에 맞게 충전 서비스를 제공해야 한다. 여러분이 사용하는 노트북을 생각하면 된다. 휴대하며 사용하는 노트북을 자주 충전하는 일이 불편하고 번거로운 것처럼, 전기차는 충전에 대한 우려와 걱정이 더욱 크다. 그러므로 운전자가 전기차 배터리를 필요할 때 편하게 빨리 충전하고, 충전기 수명이 더 오래 가도록 해줘야 한다. 여기서 BMS가 미래 자동차의 핵심 기술이 될 전망이다. 전기차 배터리의 작동 상태와 충·방전 이력 등의 데이터를 기반으로 분석해 배터리의 수명을 개선하고, 이상 감지와 예측 정비를 하는 데 중요한 기술이 될 것이다. 이미 보쉬는 전기차 배터리를 클라우드에 연동$^{\text{Battery in the cloud}}$함으로써 이 같은 서비스를 솔루션으로 제공하고 있으며, 배터리 관련 기업들도 BMS를 활용한 새로운 비즈니스 솔루션을 미래 먹거리로 개발하고 있다. 더 나아가 아예 전기차 배터리에 기반한 새로운 비즈

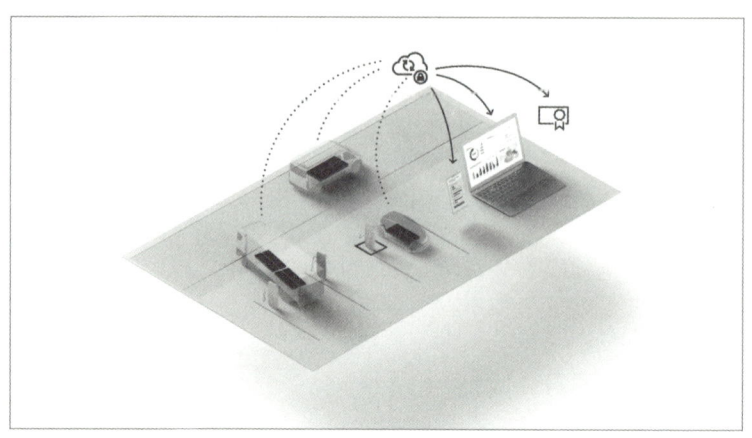

▲ 보쉬의 배터리 인 더 클라우드 (출처:보쉬)

니스의 기회도 생겨날 것이다. 특수 차량이나 급한 충전이 필요한 전기차로 직접 찾아가 배터리를 충전하는 서비스도 가능할 것이다. 주유소가 직접 자동차로 찾아가는 셈이다. 또한 미래에는 차량에 비축된 배터리를 꺼내 집에서 필요한 전기로 사용한다거나 다른 차량에 충전해 주는 것도 상상해 볼 수 있다. 전기차 충전은 완속이냐 급속이냐에 따라 값이 다르고, 가정용 전기냐 산업용 전기냐에 따라서도 다르다. 미국의 경우 시간대에 따라 전기값이 다르게 책정되기도 한다. 이때 저렴한 요금으로 충전한 전기차 배터리를 급하게 필요한 상황에서 충전기로 공급하는 것도 가능해질 것이다. 이런 서비스들이 바로 BaaS다. 배터리를 서비스화하여 새로운 비즈니스 기회를 창출할 수 있다.

셋째, 차량에서 머무는 시간이 늘고 자율주행 등으로 운전에 집중하는 시간이 줄어들면 인포테인먼트를 이용하는 시간도 늘어날 것이다. 스마트폰 사용 시간이 늘어나며 모바일 생태계가 커진 것처럼, 자동차의 미래에도 충분히 일어날 수 있는 일이다. 이때 차량 내에서 여러 정보 서비스와 엔터테인먼트, 더 나아가 광고를 보고 쇼핑을 하는 사용자 경험이 늘어난다면 스마트폰처럼 간편결제의 필요성이 대두될 것이다. 사실 자동차의 결제 시스템은 차량 렌트나 공유차를 이용할 때, 드라이브스루 매장이나 주차장, 고속도로 통행료, 자동차 극장 등을 이용할 때 필요하다. 차량 안팎에서 결제 서비스를 이용할 때 자동차에 등록해둔 결제 시스템이나 차량에서 즉시 지문인식으로 승인된다거나 스마트폰 간편결제 연동을 통해 처리된다면 더욱 편할 것이다.

탑승객들도 차량 내에 비치된 AVN을 이용하면서 결제가 필요할 때 차량 시스템에서 즉시 결제가 이루어진다면 보다 완성된 서비스를 즐길 수 있을 것이다. 바로 ICPS In Car Payment System가 이를 실현해 준다. 테슬라의 경우 사전에 차량 결제 수단으로 신용카드를 연동해 두면 슈퍼차저에서 충전할 때 인증을 하거나 카드를 대지 않아도 자동으로 결제된다. 슈퍼차저에서 차량에 충전기를 꽂고 충전이 끝나면 빼낸 후 바로 떠나면 된다. 충전내역과 결제정보는 차량 내 디스플레이와 테슬라 홈페이지에서 확인할 수

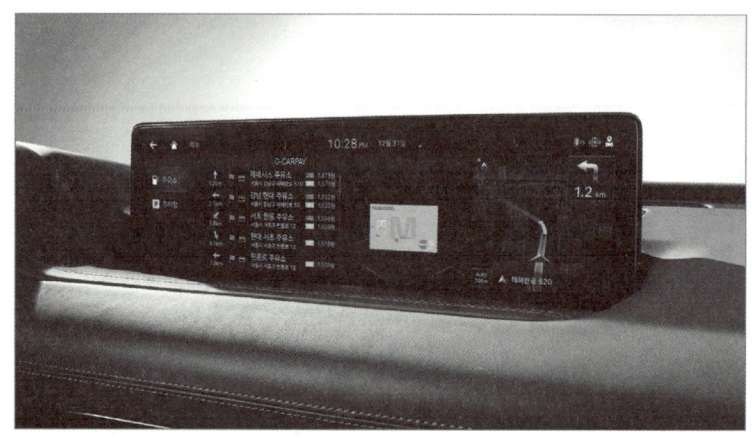

▲ 현대차에 탑재된 차량용 ICPS (출처:현대자동차)

있다. 이처럼 앞으로는 차량을 이용한 결제가 다양한 장소에서 제공되며 모바일 결제 못지않은 새로운 편의성을 제공할 것이다. 이 역시 새로운 비즈니스의 기회가 될 전망이다.

이처럼 미래의 자동차 시장은 보다 많은 이해관계자의 참여로 서로 간 협력이 그 어느 때보다 절실해질 것이다. 그 과정에서 고객을 세분화해서 정의하고 개별적인 사용자 가치를 만들어내 서비스 혁신을 하는 것이 중요한 전략 포인트다. 더 나아가 자동차 제조업이라는 비즈니스 도메인을 벗어나 다양한 사업 기회를 창출하며 PC, 스마트폰과 같은 IT 플랫폼으로서 새로운 인터넷 생태계가 만들어질 것으로 전망된다.

미래 자동차 시장의 열쇠, ICPS

ICPS는 차량에서 독립적 결제를 할 수 있는 것으로 사물 결제(IoT payment)의 대표 사례가 될 것이다. 그런데 차량 결제가 언제, 왜 필요할까? 신용카드나 모바일 결제로 충분하지 않을까? 자동차는 사용 과정에서 결제가 필요한 여러 서비스가 있다. 주차장, 세차장, 주유소, 도로 통행료 등 모두 자동차와 관련된 결제 영역이다. 또한 드라이브 스루나 자동차 극장 그리고 렌트카나 공유차, 택시 등을 이용할 때도 마찬가지다. 더 나아가 앞으로는 차량에서 인포테인먼트 서비스를 이용하며 콘텐츠 과금을 하거나 커머스 등의 인터넷 서비스를 이용하면서 결제가 필요한 상황이 생길 것이다. 그렇게 차량 안팎, 모든 공간에서 결제가 필요해진다. 이때 차량 내의 ICPS를 이용해 즉각 결제가 이루어지면 편리할 것이다. 굳이 스마트폰의 모바일 결제를 거치지 않고, 신용카드를 그때그때 꺼내지 않고도 차량에 탑재된 ICPS를 통해 결제가 즉각 이루어지면 훨씬 더 편하고 빠른 모빌리티 서비스 구현이 가능해질 것이다.

> 알파고에서 기회를 찾은 기업들

'알파고'로 화려하게 데뷔한 AI는 이후 우리 사회와 산업 전반에 만병통치약처럼 사용되고 있다. AI는 현재 어디에든 적용되고 있다. 면접관으로도, 법률상담사로도, 의료검진을 도와주는 AI 의사로도, 상품을 추천하고 광고 문구나 배너 광고 이미지를 만드는 용도로도 이용되고 있다. 심지어 자율주행차나 바리스타 로봇에도 이용되며, 식당에서 음식을 배달하고, 가정집의 로봇 청소기에도 AI가 사용된다. 이렇게 생활 곳곳에 이용되는 AI로 우리 사회와 산업은 앞으로 얼마나 큰 도약을 하게 될까.

외면받기 시작한 프런트 AI

AI는 크게 2가지로 영역을 구분할 수 있다. 일반 사용자들이 이용할 수 있는 프런트Front AI와 기업에서 비즈니스 솔루션으로 이용하는 인더스트리얼Industrial AI로 구분된다. 이 중 프런트 AI는 이미 알파고 이전인 2015년부터 아마존이 '알렉사'라는 AI 어시스턴트AI assistant, 즉 AI 비서를 스마트 스피커에 탑재해 시중에 판매하고 있었다. 사업 초기에는 알렉사의 지능 수준이 워낙 낮아 사람 말을 잘 알아듣지 못하고, 알아듣더라도 답을 제대로 할 수 없었다. 답변을 주기 위해 필요한 콘텐츠와 서비스가 없었기 때문이다. 하지만 이후 구글 어시스턴트가 AI 어시스턴트 시장에 참

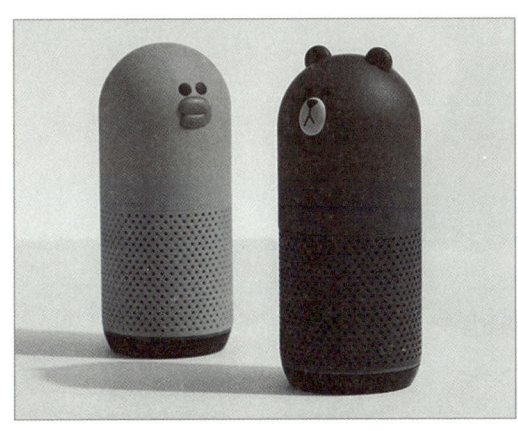

◀ 네이버의 AI 스마트 스피커, 클로바

여하고, 애플의 시리를 비롯, 국내 SKT 누구, 네이버 클로바, 카카오 AI와 삼성전자의 빅스비 등 여러 기업이 참여하자 AI 어시스턴트 시장은 뜨거운 감자가 되었다.

AI 어시스턴트는 스마트폰 앱으로 구현되기도 하고, 스마트 스피커에 탑재되는 형태로 제공되기도 한다. 또 일부 AI 어시스턴트는 디스플레이가 탑재된 스피커에 내장되기도 하고 자동차 제조사나 가전기기 제조업체와 제휴를 맺어 차량, TV, 냉장고 등에 탑재되기도 한다. 기존 서비스와 다른 점은 구체적으로 정보나 지시를 입력하지 않아도 사람에게 대화하듯 말이나 글로 명령을 내릴 수 있다는 것이다. "알렉사"라고 부른 후에 날씨를 물어보거

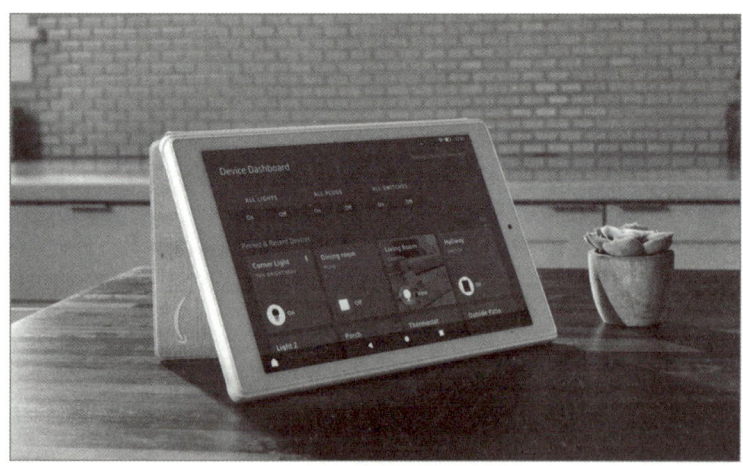

▲ 아마존의 알렉사가 탑재된 에코쇼 (출처:아마존)

나 비 올 때 듣기 좋은 음악을 들려달라고 하거나, TV를 켜고 채널을 바꿀 수도 있다. "OK 구글"이라고 부른 후에 유튜브에서 인기 영상을 보여 달라고 할 수도 있고, 거실의 전등을 80% 밝기의 주황색으로 켜달라고 할 수도 있다. 물론 TV나 전등 등이 인터넷에 연결되어 있어야 근처의 스마트 스피커에 있는 AI 어시스턴트를 호출해서 작동시킬 수 있다.

이렇게 1세대 AI 어시스턴트가 여러 빅테크 기업의 참여로 본격 가동되었다. 하지만 이들 AI 어시스턴트가 호출을 하지 않았는데도 자주 깨어나고, 명령을 내려도 제대로 인식하지 못해 사용자들의 불만이 있었다. 게다가 손에 든 스마트폰으로 앱을 실행해 버튼 하나만 터치하면 되는 기능을 굳이 말도 잘 알아듣지 못하는 AI를 불러서 명령을 내려야 하니, 시간도 오래 걸리고 번거로웠던 것이 사실이다. 그래서 1세대 AI 어시스턴트는 대중의 선택을 받진 못했다. 사용자들의 저변이 확대되지 못했고, 열심히 사용하는 사용자들도 하루에 기껏 해봐야 두세 번가량, 간단한 생활정보나 알람, 음악을 듣는 등 제한된 용도로 사용할 뿐이었다.

하지만 AI 어시스턴트가 갖는 강점은 명확하다. 어떤 기기에서든 AI를 불러 간단한 음성만으로 필요한 서비스를 인터넷 기기에서 즉각 제공받을 수 있다는 점은 편리하다. 인터넷에 연결되는 사물이 늘어날수록 이들 기기를 조작, 제어하는 것은 쉬운 일이 아니다. 이때 AI를 이용하면 여러 기기를 쉽게 한 번에 자동화해서 사용할 수 있다. 예를 들어 자기 전에 집 안의 모든 전등과 TV, 선풍기 등의 전원을 한 번의 명령으로 끌 수 있고, 아침에 출근하면 집에 사람이 없음을 인식해서 사용하지 않는 가전기기 전원이나 전등을 자동으로 끌 수 있다. 이런 편의성 덕분에 AI 어시스턴트는 앞으로 보다 많은 사물이 인터넷에 연결되는 사물 인터넷 시대가 본격화하면 주목받을 서비스임은 확실하다. 그래서 프런트 AI 시장은 2세대로 진화하며 새로운 대중화의 기회를 모색할 것으로 기대된다. 그렇게 AI가 보다 깊숙하게 우리 일상에 침투하면 여기에 새로운 비즈니스의 기회와 마케팅 혁신이 가능해질 것이다. 그러니 이 시장을 눈여겨 보는 것이 중요하다.

2세대 AI 에이전트, 메타버스로 부활하다

지난 20년을 돌이켜보면 우리 일상과 사회, 산업에 인터넷이 가져다 준 변화는 2000년대 이전의 1백 년보다 더 크다. 웹을 통해 전 세계의 정보와 사람들에 접근할 수 있게 되었고, 모바일 덕분에 언제나 미디어, 콘텐츠에 연결될 수 있었다. 20여 년 전만 해도 동네 비디오 대여점이나 레코드 가게에서 영화를 감상하거나 음악을 듣기 위해 테이프와 음반을 대여하고 구매했다. 매일 아침 배달되는 신문으로 세상 돌아가는 소식을 들었고, 만화대여점에서 만화책을 빌렸다. 그러나 이제는 이 모든 상점이 넷플릭스, 멜론, 포털의 뉴스와 웹툰으로 대체되었다. 심지어 마트도 상가수첩도 벼룩시장도 마켓컬리와 배달의민족, 당근마켓으로 대체되었다.

그렇게 빅테크 기업과 인터넷 기업들의 선전 덕분에 2020년 12월 기준 세계 상장주 시총은 1백조 달러를 육박했다. 그중 소프트웨어 등의 기술 서비스는 1년 새 57%가 뛸 정도로 주목받았다. 미국 나스닥 상장 기업 중 순위 10위 안에 애플, MS, 알파벳(구글), 아마존, 테슬라, 엔비디아 등이 있고, 이 중 1조 달러 이상 보유한 곳이 2022년 9월 기준으로 5곳이다. 그만큼 인터넷은 우리 산업구조에도 큰 영향을 주었다.

그런데 지금까지 우리가 사용해온 인터넷 사용 방식은 편리하기만 했던 걸까? 사실 지난 20년 동안 우리가 줄곧 쓴 인터넷 사용 방식은 컴퓨터나 노트북, 스마트폰을 손가락으로 이용하는 형태였다. 키보드를 두드리고 마우스를 클릭하고 화면을 터치하며 이용하던 방식이 기존의 인터넷 사용 방식이다. 필요한 것을 찾으러 검색어를 입력하고 웹페이지를 앞으로 뒤로 클릭하며 돌아다녀야 했고, 필요한 서비스를 사용하려고 앱을 터치하며 화면을 두드리며 사용했다. 이 모든 인터넷 사용 방식은 우리의 시간과 노력을 투자해야 가능했다. 검색어 입력창에 알고 싶은 것을 무슨 키워드로 넣어야 하는지 고민해야 했고, 그렇게 검색결과로 얻은 페이지에서 일일이 위에서부터 찾아다니며 정보를 탐색해야 했다. 음식점 하나 고르는 것도 사용자들 리뷰와 평점을 보면서 광고는 아닌지 의심하면서 시간을 들여 고민해야 한다. 네이버 앱에서 맛집 정보를 찾은 후, 예약을 하기 위해 예약 앱이나 전화를 걸어 확인하고, 지도 앱을 실행해 목적지까지 가는 시간을 체크하고, 택시 앱을 실행해 택시를 호출하기 위해 여러 앱을 넘나들면서 찾아다니고 메뉴를 눌러 터치해야 하는 번거로움이 있다. 그 과정에 드는 시간만 해도 상당하다.

이제 앞으로의 10년은 새로운 인터넷 사용 방식, 즉 더 나은 사용자 인터페이스가 필요하다. 화면을 보고 마우스나 손가락 터치로 일일이 확인해가며 사용하는 기존의 습관에서 벗어나야 한다. 그 답을 AI와 메타버스에서 찾을 수 있다. 이제는 보편 기술로 자리 잡은 AI와 미래의 기술로 주목받는 메타버스가 컴퓨터와 인터넷 사용 인터페이스의 새로운 변화를 가져다줄 것으로 기대된다. 1세대 AI 어시스턴트는 주류로 자리 잡지는 못하고 니치 마켓을 형성하는 데서 그쳤다. 화면 없이 음성으로만 인터넷 서비스를 사용한다는 한계에 부딪혀 제한된 정보만 제공할 수밖에 없었고, 눈에 보이지 않으니 매번 이용하던 것만 반복할 뿐이었다. 음악을 들려달라고 하거나 알람 설정, 날씨와 뉴스 정보, 캘린더 확인 정도에서 그칠 뿐, 더 다양한 서비스를 이용하려 하지 않았기 때문이다.

그런데 AI 기술의 발전으로 이전보다 더 사람 말을 자연스럽게 알아듣고 디스플레이가 제공되어 볼 수 있는 정보가 생겨나 1세대 AI 어시스턴트와는 달리 새로운 시장 형성이 가능할 것으로 기대되고 있다. 즉, 2세대 AI 에이전트 시장이 개막되고 있다. 해외에서는 '리플리카'라는 스마트폰 앱과 국내에서는 헬로봇, SKT의 에이닷 등이 이러한 새로운 인터넷 인터페이스로 발걸음을 떼고 있다. 이들 2세대 AI 에이전트 서비스는 1세대의 한계를 극복하고 친구나 연인, 선배에게 대화하듯이 친밀감을 가지고 보다 감성 있는 대화를 가능하게 해준다. 그렇게 대화를 나누면서 필요한 정보와 인터넷 서비스를 사용할 수 있다.

2세대 AI 에이전트는 스마트폰 앱을 통해 화면으로도 정보를 제공하고 친숙한 캐릭터까지 등장해 다양한 제스처를 취하면서 멀티모달 인터페이스로 서비스를 제공한다. 아직은 제공되는 서비스가 다양하지는 않지만 이메일로 시작한 다음, 검색으로 성장한 네이버 등의 포털이 그랬듯, 점점 더 많은 서비스가 연계되면서 플랫폼으로 도약하면 AI 에이전트를 통해 제공하는 서비스도 더욱 확대될 것이다. AI 에이전트에게 필요한 사항을 요청하면, 그간 대화하며 수집된 사용자 데이터 덕분에 개인 맞춤형 추천을 제공할 수 있고, 굳이 여러 앱을 넘나들며 실행하지 않고도 필요한 서비스를 즉시 사용할 수도 있다.

특히 이런 AI 에이전트가 메타버스에서 구동되면 내 아바타를 졸졸 따라다니며 메타버스라는 공간 속에서 길을 잃지 않고 필요한 정보와 가이드를 받을 수 있다. 메타버스에서 AI 에이전트를 호출하면 바로 내 옆에 나타나 내가 필요한 정보와 서비스를 제공하고 안내해 줄 것이다. 내가 일일이 찾아다니지 않아도 필요한 서비스를 AI 에이전트를 통해 제공받는다. 심지어 부르지 않아도 사용자가 필요한 것을 알아채고 먼저 제안하고 대신 해주기도 할 것이다.

네이버는 '아루'라는 서비스명으로 사내 테스트 중이고, 카카오는 '유니버스'라는 새로운 서비스 전략을 발표했는데, 이들 서비스가 2세대 AI 에이전트와 맞닿아 있다. 구글과 페이스북도

GTP3 엔진 기반의 자유 대화형 AI 에이전트 기술을 연구 중이므로 앞으로 새로운 인터넷 사용 인터페이스에 대한 기대가 커지고 있다.

AI 에이전트의 미래는?

영화 〈그녀〉에서는 남성 주인공이 스마트폰 속 AI와 사랑을 싹틔우는 과정을 보여준다. 궁극에는 인간이 사랑에 빠질 만큼, AI는 육체만 없을 뿐 인간과 서로 교감하며 감정을 키워갈 수 있는 존재임을 보여준다. CES 2022에서 삼성전자는 '세바스찬'이라는 AI를 선보였다. 집 안에서 세바스찬을 부르면 TV나 스피커 그리고 가전기기 내 디스

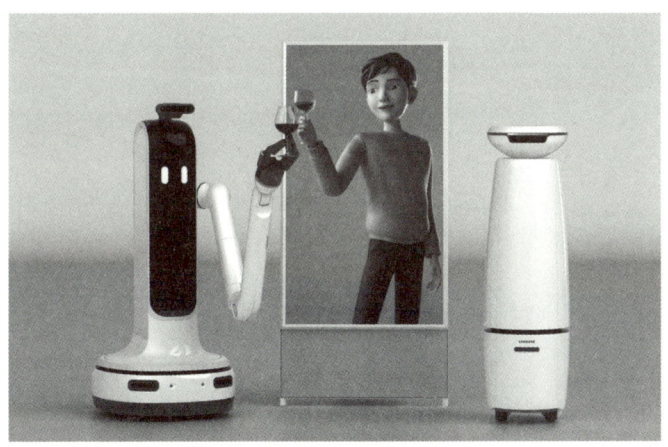

▲ 삼성전자가 공개한 세바스찬 (출처:삼성전자)

플레이에 AI 아바타가 나타나 명령을 내리고, 필요한 것을 말하며 이해하고 들어준다. 내가 움직이면 내 근처의 디스플레이에 세바스찬이 나타난다. 그렇게 AI는 그저 음성으로 명령을 내리면 수행하는 기계가 아니라 AI 에이전트로서 사람과 교감하고 디지털의 실체를 가지고 좀 더 인간과 친밀한 존재로 진화해갈 것이다. 궁극에는 로봇 등의 물리적 실체도 가질 것이다. 이미 아마존은 '아스트로Astro'라는 가정용 반려 로봇을 만들었고, 소니는 그보다 훨씬 전에 로봇 강아지 '아이보'를 출시했다. 앞으로 좀 더 친숙한 AI 에이전트가 탑재된 로봇들이 늘어갈 것이다.

기업성장의 바탕은 AI 혁신

AI는 우리 사회와 일상에 스며들기 시작하며 기업도 관심을 가지고 비즈니스 문제를 해결하는 솔루션으로 도입하고 있다. 실제 2016년 이후 AI를 표방하는 스타트업과 기술 기업들에 투자금이 유치되며 AI 시대의 개막을 예견할 수 있었다. 파이브나인Five9, C3.ai, 스프링클러Sprinklr, 딥브레인Deepbrain AI 등의 기업들이 이 시기에 투자를 받으며 전문 AI 기업으로 주목받았다. 그렇게 기업에서 사용하는 인더스트리얼 AI는 의료, 제조, 화학, 에너지부터 1차 산업에 이르기까지 전방위의 산업에서 사용되는 솔루션이 다양하고 실제 일선 현장에서 작동하고 있다. 투자 가치가 높은 석유 시추공을 꽂을 만한 위치가 어디인지 예측하고, 백신 개발을 위한 임상시험 결과를 분석하고, 에너지 생산과 소비 시장을 예측해 가격 변동성을 전망하는 데 AI가 사용된다. 게다가 영업, 마케팅, HR, 회계, 연구 등 다양한 비즈니스 펑션에 따라 AI가 훌륭한 대안으로 활용되고 있다. 수천, 수만 장의 이력서를 분석해서 1차 합격자를 선별하고, 고객 반응이 가장 좋을 법한 광고 배너를 골라 개인별로 타겟팅된 마케팅을 하는 데도 AI가 사용된다.

이렇게 여러 기업에서 필요한 AI 솔루션을 개발해 공급하는 기업을 일컬어 AI 솔루션 기업이라고 한다. 인더스트리얼 AI는 다양한 기업에서 필요한 솔루션을 제공할 수 있는 수익 기회가 있어 여러 기업이 AI 비즈니스의 밸류체인에 포진해 있다. 우선 밸류체인의 가장 아래에 있는 기업은 엔비디아처럼 AI를 가동하는 데 필요한 컴퓨팅 리소스를 제공하는 기업이다. AI를 운영하기 위해서는 데이터, 알고리즘도 중요하지만 막강한 컴퓨팅 파워가 핵심이다. 그런 컴퓨터 리소스를 제공하기 위해서는 고성능의 프로세서와 엔진이 필요하다. 이를 제공하는 기업이 엔비디아와 인텔, AMD 등이며 보다 특화된 AI 칩셋과 컴퓨팅 파워를 제공하는 기업으로는 구글, 아마존, 테슬라 등이 뒤따르고 있다. 특히 테슬라도 그간 자체 개발한 자율주행차를 위해 AI를 내재화해 개발해 왔다. 이렇게 고도화한 AI 알고리즘과 이를 운영하기 위한 슈퍼컴퓨터 도조^{Dojo}를 외부 업체에 유료로 서비스하는 것을 고려하고 있어, 향후 테슬라의 주요 비즈니스 모델이 될 것으로 전망된다. 아마존이 쇼핑몰 사업을 위해 개발한 내부 인프라와 시스템을 AWS라는 클라우드 시스템으로 사업화한 것과 같은 맥락이다.

또 각각의 비즈니스 문제 해결에 특화된 AI 솔루션은 범용적일 수 없기에 이를 제공하는 기업들도 산업 영역별, 비즈니스 평션별로 존재한다. 챗봇 등의 고객 상담이나 텔레마케팅에 특화된 AI, 공장 자동화를 넘어 지능화된 제조 공정 최적화에 쓰이는 AI, 고객 선호도에 맞춘 상품 추천을 하는 AI에 이르기까지, 다양한 종류의 AI 개발 업체가 전문성을 띠고 시장을 개척 중이다. 이런 AI가 개발되는 과정에서 학습 데이터셋 구축을 위해 데이터 수집과 전처리 등을 전문적으로 컨설팅하고 대행하는 기업도 주목받으며 성장하고 있다. 더 나아가, AI 학습에 핵심이 되는 데이터의 수집을 위해 초기 단계에 필요한 데이터 측정과 관련한 전문 기업들의 성장도 주목해야 한다. 특히 자동차를 포함해 각종 사물 인터넷 기기와 공장 내 설비와 장소, 기기의 상태 정보를 파악하기 위한 마이크로컨트롤러^{MCU} 장치를 제조, 생산하는 기업들도 숨은 챔피언이다. MCU는 센서와 연결되어 관련 데이터를 측정해 이를 미들웨어나 클라우드에 전송하는 역할을 수행하는데, 이 데이터의 정확하고 안정된 수집이 AI의 성능을 결정한다. 이 때문에 기기별, 용도별 MCU를 제조하는 기업들의 성장도 눈부시다.

물론 이렇게 기업에서 AI를 사용하는 과정에서 가장 중요한 것은 데이터다. 제아무리 훌륭한 AI 알고리즘이라도 해당 기업의 비즈니스 문제를 해결하는 데 최적화되려면 데이터가 필요하다. 그 데이터는 AI 기업이나 외부의 솔루션 업체가 제공할 수 있는 것이 아니다. 기업 내부의 해당 데이터로 최적화한 AI를 만들 수 있다. 따라서 AI를 활용해 해당 기업만의 차별성 있는 비즈니스 모델 혁신을 하려면 결국 기업 내부에 데이터가 있어야 한다.

AI를 기업의 비즈니스 솔루션으로 제공하는 기업들이 늘어나면서 이전보다 AI의 도입이 수월해진 것은 사실이다. 하지만 경계해야 할 것은 AI를 만병통치약으로 오해하는 것이다. 실제로 현장에서 실질적인 효과를 만들어내기까지는 시간이 걸린다. 같은 AI라도 사업 현장에 적용해 실질적 성과를 창출하는 과정에는 해당 기업만의 문제 해결에 특화된 솔루션으로 자리를 잡기까지 연마의 시간이 필요하다. 그 과정에서 양질의 데이터가 입력되어야 해당 기업에 특화된 AI가 만들어진다. 이 과정에 상당한 시간이 걸리다 보니, 초기 AI 도입 이후 성과가 즉각 나오지 않는다. 경우에 따라서는 회사가 그간 수집한 데이터의 정합성이 떨어져 실질적인 성과를 창출하기 어려울 수도 있다. 한마디로 제아무리 좋은 AI라도 우리 기업에는 적용이 안 될 수도 있다. AI의 도입 과정에서 성과를 얻기 위해서는 AI 도입 이후부터가 곧 시작이라고 생각해야 한다. 최소한 수개월 이상의 시간이 걸리며 본격적으로 가속도가 붙으면 기업에 최적화된 AI를 만들 수 있다고 생각하고 접근해야 한다. 그러려면 AI가 어디에 어떤 용도로 작동될 것인지를 고려해, 그에 맞는 데이터를 수집해야 한다. 데이터가 있어야 AI가 끊임없이 반복적으로 알고리즘을 고도화하면서 기업에 맞춤형으로 완성될 수 있기 때문이다. 그 과정에서 클라우드, 데이터, AI와 관련한 솔루션을 제공하는 기업들의 도움을 받으면 시행착오를 줄일 수 있다.

이렇게 인공지능은 우리 개인의 일상은 물론 기업의 비즈니스 혁신에 중요한 수단으로서 자리 잡아가고 있다. 그러므로 AI를 일상에서 적극 활용하려는 노력은 물론, 평소에 고객의 인터넷 사용 습관과 사용자 경험이 어떻게 바뀌어 가는지를 잘 포착해야 AI 시대에 우리 기업의 비즈니스와 마케팅을 어떻게 혁신할지 시사점을 얻을 수 있다. 또한 기업에서도 비즈니스 문제를 해결할 때 AI를 통한 솔루션이 기존 방법에 비해 어떤 강점이 있을지, 어떤 문제에 어떻게 도입해서 성과를 창출할 것인지 계속 고민해야 한다. 특히, AI 관련 시장은 전체적인 밸류체인 구성이 완성되면서 여러 기업이 참여하며 비즈니스 생태계를 구축해 가고 있다. 우리 사회나 기업의 특정 과제를 AI로 해결할 수 있을 것인가에 대한 진실 공방보다는 이미 형성된 다양한 AI 전문 솔루션 기업들을 밸류체인 과정에서 어떻게 이용할 것인가를 고민해야 할 때다.

진화하는 AI를 대하는 사용자의 자세

인공지능은 필요할 때 애초에 의도한 용도로 사용하는 것이 맞다. 위로가 필요할 때 AI 에이전트를 이용하고, 운전을 대신해야 할 때 자율주행 AI를 선택하면 된다. 업무 자동화를 위해서는 RPA^{Robotic Process Automation}(사람이 컴퓨터로 하는 반복적인 업무를 로봇 소프트웨어를 통해 논리적으로 자동화하는 기술)를 활용하면 된다. 이렇게 필요할 때 용도에 맞는 AI를 필요한 만큼 사용하면 된다. 이때 우리는 AI를 도구로 받아들이는 자세가 필요하다. 도구는 목적이 아닌 수단이다. 언제든 다른 도구로 교체할 수도 있다. 그렇게 AI를 나의 자율 의지로 선택할 수 있어야 한다. 언제든 AI를 멀리하거나, 다른 것으로 교체할 수 있어야 한다.

AI로 돈 벌기,
쉽지 않아

이렇게 인공지능이 가져다 줄 장밋빛 미래를 꿈꾸고, AI가 만능처럼 모든 문제를 해결할 것이라는 기대는 AI에 대한 투자를 가속화했다. 5년이 지난 지금, AI로 돈 벌고 있는 기업들은 과연 있을까. AI는 정말 기업의 비즈니스 모델로 기대하는 효과를 가져다 주고 있는 것일까. 구글의 '알파고' 이전에 IBM의 '왓슨'이 2011년 2월에 미국 ABC 방송의 제퍼디 퀴즈쇼에서 인간 챔피언 두 명을 압도적으로 이기고 화려하게 데뷔했다. 사람보다 더 빠르게 문제를 이해하고 답을 제시하는 왓슨은 AI의 장밋빛 환상을 심어주었다. 그런데 왓슨은 이제 IBM의 골칫덩이로 전락했다. 왓슨 사업은 대부분 중단되고 의료 산업에 적용되는 왓슨 사업부는 매각을 추진하는 상황이다. 그렇다면 알파고를 만든 구글 딥마인드의 사업은 어떨까? 바둑을 정복한 딥마인드는 기후 변화 대응을 위한 전력 효율화를 목표로 '딥마인드 에너지'라는 팀을 구성해 사업화를 꾀했다. 결과는 실패였다. 이 팀은 해체되었고 딥마인드의 AI 사업들도 대부분 시장에 출시되지 못한 채 공회전을 거듭하고 있다. 이렇게 대중에게 화려하게 데뷔한 왓슨과 알파고는 빈 수레가 요란하다는 평가 절하를 받으며 사업 성과로 이어지지 못한 것이 현실이다.

그럼에도 불구하고 AI 스타트업은 꾸준하게 증가했고 국내외 글로벌 기업과 빅테크 기업도 AI에 대한 투자를 꾸준하게 늘리고 있다. 2019년 한국정보화진흥원의 '인공지능 수준 조사연구' 보고서에 따르면 국내 AI 개발과 사업을 운영하는 AI 전문 스타트업은 465곳으로 집계되었고, 시장조사업체 IDC는 글로벌 AI 시장 규모가 2024년 663조 원에 달할 것으로 전망하고 있다. 구글은 2021년 1월 스위치 트랜스포머, MS와 엔비디아는 2021년 10월 메가트론, 같은 해 8월 테슬라는 AI 데이에서 인공지능을 위한 슈퍼컴퓨터 '도조'를 발표해, 기존의 AI를 뛰어넘는 AI 기술에 꾸준히 투자하고 있다. 국내 기업들 역시 통신 3사 및 삼성전자와 LG전자, 네이버와 카카오 모두 AI 기술력 증대를 위해 합종연횡하며 투자에 공세를 취하고 있다. 하지만 이들 기업의 수익도 아직은 적자를 면치 못하고 있는 것이 현실이다. 미국의 주요 상장 AI 기업들 대부분은 이익을 내는 곳이 거의 없다. AI 기반의 기업용 솔루션 제공 기업 C3.ai, 고객 경험 관리 솔루션을 AI 기반으로 개발하는 스프링클러, 클라우드 AI 기반의 콜센터 솔루션을 제공하는 파이브나인은 여전히 2020년 기준으로 적자를 면치 못하고 있다. AI로 주목받으며 화려하게 상장해 기업가치를 인정받았지만, 정작 AI가 실제 사업의 수익에 도움이 되고 있지는 못한 상황이다.

이렇게 기업의 비즈니스 솔루션으로 활용되는 AI 외에도 2015년에 본격 보급된 아마존의 알렉사와 2016년 구글 어시스턴트 그리고 국내에서 2017년부터 본격적으로 치열하게 경쟁을 시작한 SKT 누구, 카카오미니, 네이버 클로바와 같은 인공지능 비서 역시 지난 7년간 꾸준히 투자했다. 이렇게 인공지능이 탑재된 스피커나 가전기기의 보급은 늘어가지만, 정작 실제 사용자들의 만족도는 떨어지고 있는 실정이다. 2021년 미국의 여론조사기관 시빅사이언스Civic Science의 자료에 따르면 일상생활 속에서 AI 어시스턴트의 중요도에 대해 응답자의 61%가 전혀 중요하지 않다고 답변했다. 또한 컨슈머인사이트의 2020년 국내 스마트 스피커 사용자 만족도 조사에 따르면 이용자 비율은 늘어나고 있지만 주 3회 이상 이용률이 50%로 하락하고 만족도 역시 42%로 전년 대비 하락 추세다. 그만큼 AI 비서의 수익도 본격 궤도에 오르지 못하고 있다. 그렇다면 AI로 돈 버는 것은 묘연한 일일까.

기업들이 앞다퉈 AI를 도입하는 이유는 AI로 돈을 벌기 위함이라기보다는 AI로 기존 사업의 비효율을 제거하고 비용을 절감하기 위함이다. 더 나아가 AI 덕분에 새로운 사업 기회와 비즈니스 혁신의 가능성을 타진하고자 함이다. 그러므로 AI가 직접적으로 돈을 벌어주지 않아도 이를 지렛대로 삼아 사업 혁신을 모색할 수 있는 것만으로도 그 가치는 충분히 얻고도 남는다. 그러니

AI가 당장 사업에 기여하지 않더라도 장기적으로 기업 가치에 도움을 줄 수 있으면 충분하다. 지금 그런 AI 솔루션을 만들어 이들 기업에 제공하는 대부분의 기업들은 규모의 경제에 돌입할 때까지 투자하는 단계다. 단 지난 5년간 AI 시장은 밸류체인이 명확해지고 관련 기업들 간 M&A가 활발해지면서 본격적인 수익 가능성이 높아지고 있다. AI 알고리즘의 고도화를 위해 필요한 데이터를 측정, 수집, 축적, 분석하기 위한 시스템과 각종 센서들, AI 고도화에 핵심 역할을 하는 컴퓨팅 파워, AI를 솔루션화해 다른 소프트웨어와 패키징화하는 것에 이르기까지, 이들 영역은 점차 세분화하고 영역간 통합이 이루어지고 있다.

그렇게 좀 더 많은 산업 영역에서 기업의 비즈니스 문제를 해결하는 AI 솔루션들의 적용 사례가 커지고 AI 기업간 통합의 시너지가 나타나면서 AI의 사업 규모는 더욱 확대될 것이다. 그 과정에서 AI 자체만으로 돈을 버는 기업도 늘어날 것이다. 특히 AI는 기존 전통기업의 비즈니스 문제뿐만 아니라 웹, 모바일에 이은 메타버스 등 새로운 ICT 플랫폼에서 필요한 기술이고, 다양한 영역에 적용될 수 있다. 그래서 당장 돈이 안 되더라도 미래 수익 가능성을 염두에 두고 여러 빅테크 기업이 장기적 관점에서 지속적인 투자를 아끼지 않는 것이다.

> 빅데이터와
SNS 세상의 명과 암

　AI와 함께 디지털 트랜스포메이션의 보편적 기술로 변화한 것이 바로 빅데이터다. 특히 기업 내에서 수집되는 데이터 외에도 스마트폰의 수많은 앱을 통해서 쌓이는 사용자, 소비자 데이터는 기업과 정부가 더 나은 사업과 공공 서비스를 제공하는 데 활용될 수 있다. 스마트폰의 내비게이션 앱 덕분에 사람들이 언제 어디로, 어떤 경로로 가는지 알 수 있게 되었고, 사용자가 많을수록 시내 교통 체증을 예측하기도 쉬워진다. 사람들의 이동 데이터가 모두 수집되므로 이를 분석할 수 있게 된 것이다. 또한 음악 앱 덕분에 사람들이 언제 어디서 무슨 음악이나 영상을 감상하는지 알 수 있게 되어 사람들이 좋아할 만한 음악을 추천할 수도 있고, 영화나 드라마 등을 제작할 때 이러한 정보를 활용해 대중적인 콘텐츠를 만드는 데 도움을 받을 수도 있다. 그렇게 데이터는 앞으로도 AI와 우리 사회와 기업의 혁신을 위해 앞으로도 핵심적인 도구로 자리 잡을 것이다. 그런 데이터의 활용 가치와 그다음 세상은 어떻게 될까.

빅데이터가 만들어 가는 세상 그 이후

21세기의 원유를 가리켜 데이터라고 부른다. 기업이 사업을 전개하는 과정에서 다양한 데이터가 쌓이는데, 기술이 발전하면서 갈수록 양적으로나 질적으로 데이터는 더 좋아지고 있어 원유의 가치도 순항 중이다. 그래서 디지털 트랜스포메이션을 가리켜 혹자는 "데이터 트랜스포메이션Data Transformation"이라고 말하기도 한다. 그만큼 디지털 트랜스포메이션의 가장 중요한 방법으로 거론되는 것이 데이터다. 디지털 기술 혁신을 할 때 가장 중요하면서도 기본이 되는 원리는 DDDM Data Driven Decision Management, 즉 데이터에 기반한 의사결정 체계다.

DDDM은 기업이 의사결정을 하는 과정에서 직감이나 리더 개인의 판단이 아닌 데이터를 분석해서 체계적으로 판단하는 회사의 운영 체제를 말한다. 기업의 디지털 트랜스포메이션 과정에서 가장 범용적으로 적용할 수 있고 실질적인 성과를 거둘 수도 있는 방법이다. 단, 그렇게 하기 위해서는 회사 내에서 데이터를 체계적으로 수집할 수 있는 시스템을 구성하고, 축적된 데이터를 전문적으로 분석할 수 있는 역량이 있어야 한다. 그리고 분석된 내용을 기반으로 실제 중요한 비즈니스 문제를 해결하는 데 활용하고 의사결정에도 적극 도입하려는 경영진의 리더십이 필요하다. 이런 전반적인 시스템을 가리켜 DDDM이라고 한다. DDDM이 중요하게 대두된 가장 큰 이유는 2000년대의 웹, 2010년대의 모바일 기술 플랫폼이 확산되면서 고객들에 대한 데이터 수집이 용이해졌고, 기업의 경영활동 과정에서 더 정교하게 다양한 데이터가 축적되면서 데이터 기반의 의사결정을 더 자주 정확하게 할 수 있게 되었기 때문이다.

앞서 살펴본 것처럼 AI를 더 고도화하기 위해 필요한 것은 데이터다. 컴퓨터와 스마트폰에 이어 스마트워치와 자동차 등 이전보다 많은 기기가 인터넷에 연결되면서 클라우드에 더 방대한 데이터가 쌓이고 있다. AI는 이들 데이터를 효과적으로 분석할 수 있고, 이를 토대로 기업은 보다 나은 경영활동에 참고할 수 있다. 데이터의 시대를 맞이해 기업의 리더들은 데이터를 이해하고,

DDDM을 통해 효과적인 사업 혁신을 해야 할 때다.

기업 데이터와
조직 운영체계

　따라서 기업의 디지털 트랜스포메이션에서 가장 핵심이자 첫 시작은 바로 데이터다. AI를 이용하든, 클라우드를 이용하든, 그 어떤 기술을 사용하든 기업의 디지털 트랜스포메이션 경쟁력은 데이터가 좌우한다. 어떤 데이터를 어디에 얼마나 수집해서 이를 어떻게 분석해 사업에 활용할 것인지가 바로 디지털 트랜스포메이션의 핵심인 셈이다. 그러므로 디지털 트랜스포메이션 추진 과정에서 가장 먼저 할 일은 우리 기업은 어떤 데이터를 수집하고 있었는가를 추적하는 것이다. 그간 우리 기업이 수집한 경영활동 과정에서의 데이터는 무엇이었는지, 그걸 어디에 어떻게 축적했고 활용해 왔는지 진단해야 한다.

　그 과정에서 아쉬운 점이나 한계를 직시하고 앞으로 개선할 사항을 점검할 수 있다. 이를 위해 어떤 기술이 추가로 필요한지, 그 기술을 적용하기 위해서는 현재 우리 기업이 가진 데이터의 한계는 무엇인지, 어떤 데이터를 어떻게 더 확보해야 하는지, 앞으로 어디에 얼마나 데이터를 저장해서 누가 어떻게 분석할 것인지를 정리해야 한다. 기업이 그간 수집해 온 데이터는 물론 추가로 수집해야 할 데이터는 다른 기업이 흉내 낼 수 없는 그 기업만의 차별화된 경쟁력이다. 그런 만큼 디지털 트랜스포메이션을 추진하기 전, 기업은 데이터 수집과 분석 등에 대한 전략을 수립해 디지털 트랜스포메이션 고도화에 활용할 수 있어야 한다.

음악을 제작해 팬들에게 제공하는 음반 기획사나, 과자를 제조해 마트나 편의점을 통해 판매하는 제조사라면, 음악이나 과자를 소비하는 고객들이 언제, 어디서, 어떻게 상품을 구매하는지 알아야 한다. 한마디로 고객 데이터를 수집해서 분석할 수 있어야 상품을 더 많이 판매할 수 있다. 물론 신규 상품을 기획하고 마케팅하는 데 있어서도 데이터가 중요한 역할을 한다. 그런 데이터가 없다면, 또는 있어도 제대로 분석하지 못한다면 그 기업은 지속 성장하는 것은 둘째 치고 앞으로 생존하기 어려울 것이다. 이외에도 데이터를 수집하고 분석해서 사업에 활용하는 사례는 점차 늘어가면서 ERP, CRM, SCM 등의 다양한 기업 내 인트라넷과 IT 시스템에 데이터를 보관한다. 정작 문제는 이렇게 축적된 데이터가 체계적으로 수집되지 않고 기준이 일관되지 않아 분석하기 어렵다는 점이다.

애자일agile 조직은 민첩하게 사업을 운영하는 조직체계를 뜻하는 것으로 주로 프로그래밍을 하는 개발 업무에 적용하던 방식이다. 직무 중심으로 부서를 구분하지 않고 과제 중심으로 자기완결형 일처리를 할 수 있는 단일팀이 모여있는 구조가 특징인데, 기획, 개발, 마케팅, 운영 등의 여러 직무 담당자들이 한데 모여있다. 같은 분야가 모인 팀 구성이 아니라도 업무에 지장은 없을까. 오히려 단일 직무인 개발자들이 모여있어 특정 과제를 해당팀에서 자체적으로 수행하며 업무 집중도를 높이고, 여러 아이디어와 해결책이 모여 빠른 일 처리가 가능하다.

중요한 것은 이렇게 구성된 팀이 과제를 빠르게 수행하기 위해서는 의사결정의 기준이 필요하다는 점이다. 그 기준이 바로 현장에서 고객을 통해 수집한 데이터다. 의사결정은 팀장이나 임원의 개인 취향이나 경험에 의한 것이 아니라 고객 데이터를 기반으로 냉정한 판단을 하는 것이 합리적이다. 이러한 조직 구성은 직무 중심의 하이라키로 구성된 기존 기업에 적용하기가 쉽지 않다. 일부 프로젝트에 시도해 볼 수는 있지만 전사 조직에 적용하기도 어렵고, 적용한다고 해도 빠른 성과를 내며 잘 작동하기도 쉽지 않다. 애자일 조직 방식을 따른다고 해서 구성원들이 자율적으로 일 처리를 하는 것은 아니기 때문이다.

놀랄 만큼 빠르게 사업 혁신을 추진하는 IT 기업과 스타트업들은 애자일 방식으로 조직을 구성해 고객 중심으로 업무 처리를 해나간다. 애자일 조직의 대표적인 기업으로 국내에 토스, 배달의민족, 카카오뱅크 등이 있으며, 해외에는 구글, 스포티파이, 넷플릭스, 알리바바, 샤오미 등을 손꼽을 수 있다. 또한 국내외 대기업도 이러한 조직체계를 도입하고 있으며 대표적 기업으로 오렌지 라이프, 알리안츠생명, 현대카드, 중국의 가전기기 제조업체 하이얼, 일본의 전자기기 회사 교세라 등을 들 수 있다. 귤이 회수를 건너 탱자가 되지 않으려면, 굴뚝 기업과 대기업에서도 무조건 애자일 조직 체계를 도입할 것이 아니라 앞서 살펴본 여러 유의점을 참고해서 우리 조직에 맞는 체계로 다듬어야 한다. 그 과정에서 현장에서 수집한 데이터를 기준으로 분석해 시사점을 도출하고, 의사결정의 기준으로 삼아야 한다.

대개 데이터가 한곳에 모이지 않고 중구난방으로 쌓이고 있는 경우가 다반사고, 매출이나 이익 등 재무제표 수준의 데이터가 집계되어 분석될 뿐, 상세한 분석을 통해 중요 의사결정에 활용되고 있지는 않을 것이 현실이다. 데이터의 중요성을 인식했다면, 이제 앞으로 우리 기업만의 디지털 트랜스포메이션을 위한 데이터를 어떻게 수집하고 분석해서 비즈니스 문제를 해결해 갈 것인지 전략을 수립해 보길 바란다. 이것이 바로 디지털 트랜스포메이션 전략의 시작이다. 데이터가 바로 전략인 셈이다. 가장 이상적인 것은 하나의 시스템에 아카이빙되고 있는 데이터를 기반으로 전 사업부서에서 개별적인 대시보드를 통해 데이터를 분석해 사업에 필요한 시사점을 찾아 의사결정에 활용하는 것이다. 또한 별도의 데이터 분석팀을 두고, 중요 경영 활동에 필요한 의사결정 사항을 중립적이고 객관적인 데이터 분석 보고를 할 수 있게 만드는 것이다. 하지만 이런 시스템과 조직체계를 갖추는 것은 전문 IT 기업이 아닌 이상 상당한 투자와 역량이 필요하다. 때문에 요즘에는 클라우드 기반으로 회사의 전반적인 시스템을 운영하면 자동으로 데이터가 쌓여서 손쉽게 여러 분석을 할 수 있게 도와준다. 그 과정에서 AI가 데이터 분석에 효율성을 가져다 주기도 한다. 그렇게 클라우드와 AI는 데이터 분석에도 큰 역할과 도움을 준다.

데이터를 향한 제3의 전쟁

이처럼 데이터의 중요성이 갈수록 중요해지면서 데이터를 둘러싼 경쟁은 더욱 치열해지고 있다. 더 많은 고객의 데이터를 더 정교하게 수집하고 경쟁 세력이 관련 데이터에 접근할 수 없도록 하는 기업 간 전쟁에 가속이 붙은 상황이다. 애플과 구글이 스마트폰에서 사용자 개인정보를 활용해 광고 등에 이용하는 것을 두고 규정 강화를 하자 페이스북 등의 광고 매출이 크게 줄어 메타의 기업가치가 하락하는 사례에서 보듯이, 기업간에 사용자 데이터의 수집과 활용에 대한 경쟁은 치열해지고 있다. 그래서 인터넷 기업뿐 아니라 일반 기업 모두 자사 고객의 데이터 확보를 위한 대안을 마련하기 위해 기술 투자와 서비스 운영에 박차를 가하고 있다.

퍼스트 파티 데이터1st party data는 기업이 직접 보유한 데이터를 말하고, 세컨드 파티 데이터2nd party data는 신뢰할 만한 파트너가 보유해 고객과 파트너사의 승인하에 활용할 수 있는 데이터를 말한다. 서드 파티 데이터3rd party data는 외부의 데이터를 분석해 활용하는 데이터로 이용 범위가 제한적이고 해당 데이터의 접근성에 언제든 제재가 가해질 수 있다. 따라서 기업은 퍼스트 데이터 확보를 최우선 과제로 삼고, 세컨드 파티 데이터를 활용하기 위한 제휴에 공을 들이고 있다. 그런 만큼 모든 기업은 퍼스트 파티 데이터를 확보하기 위한 노력을 하지만, 그렇다고 모든 기업이 고객 데이터를 언제나 수집할 수 있는 것은 아니다.

그래서 이에 대한 대안으로 앞으로 주목받을 데이터는 제로 파티 데이터$^{Zero Party Data, ZPD}$와 비실명 데이터다. 제로 파티 데이터는 고객이 의도적으로 브랜드에 공유한 개인 데이터를 의미한다. 한마디로 고객의 동의를 통해 직접 수집해 활용할 수 있는 데이터다. 퍼스트 파티 데이터와 다른 점은 사용자가 설문지를 작성하거나 자발적으로 정보를 기입해서 준 정보라는 점이다. 퍼스트 파티 데이터는 사용자가 온라인에서 활동한 내역을 무의식 중에 남겨서 기업이 활용하는 것이다. 반면 비실명 데이터는 사용자 프로필을 추정할 수 있는 정보는 없애 누구인지 알 수 없이 활용할 수 있는 것을 말한다. 이를 적절히 이용하면 데이터를 무한정 다양하게 추정하고 활용할 수 있다.

또한 국내에 마이데이터가 시행되면서 초개인화의 시대가 열리고 있다는 것도 앞으로 데이터의 활용 관점에서 주목해야 할 지점이다. 2016년부터 '개인정보보호법' 개정 논의가 시작되어 4년 만인 2020년 1월 '데이터 3법'이 통과되면서 이에 근거해 2020년 8월 금융위원회는 마이데이터 플랫폼 사업 대상 기업을 접수받아 2021년 1월 28개 기업을 마이데이터 사업 허가 대상 기업으로 발표했다. 이에 은행, 보험사 등 금융사별로 흩어진 개인신용정보를 모아 통합 관리할 수 있는 새로운 금융 서비스 시대의 개막이 예고된다.

네이버, 카카오톡과 페이스북, 인스타그램 등의 인터넷 서비스는 무료로 사용할 수 있다. 덕분에 우리는 메일, 카페, 블로그는 물론 메신저와 SNS를 공짜로 편리하게 무한정으로 이용할 수 있다. 대신 그 대가로 우리의 프로필, 욕망, 정보를 이들 인터넷 기업에 제공해야 한다. 인터넷 기업은 이런 개인정보를 기반으로 우리가 관심을 가질 만한, 즉 적중률 높은 광고를 보여주고, 판매 확률이 높은 상품을 추천해 준다. 우리의 관심과 주목을 마케팅과 커머스 등의 비즈니스로 푼 것이다. 그렇게 우리가 공짜로 사용하는 서비스는 우리의 정보를 팔아 돈을 번다. 그 과정에서 균형감을 잃고 공정성이 무너지면 도가 지나친 데이터 오용과 남용, 악용으로 비판받을 수 있다. 즉, 개인 데이터의 활용은 고공위 줄타기처럼 균형을 잃지 않도록 기업의 노력과 사회적 견제가 필요하다.

그런 점에서 마이데이터의 시행은 더 나은 금융 서비스를 제공할 수 있는 발판이 마련되었다는 긍정적인 기대와 동시에 개인의 금융 데이터를 남용해 발생할 수 있는 범죄나 과도한 개인 프라이버시 침해 등의 문제가 공존하고 있다. 마이데이터 사업 허가 대상 기업은 28곳이다. 이들 기업은 사용자의 승인을 받으면 한 개인의 은행과 보험, 카드, 주식 등의 금융정보를 한 곳에서 확인하고 관리할 수 있게 서비스할 수 있다. 은행별, 카드사별, 보험사별로 개별 앱을 사용하지 않고도 하나의 앱에서 내가 가입한 모든 금융정보를 볼 수 있는 것이다. 그 외에 통신료 납부내역과 소액결제 이용내역, 선불충전금 잔액과 결제 내역, 국세와 관세, 지방세 납세내역과 연금보험료 납부내역까지 다양한 금융 관련 정보를 한눈에 확인할 수 있다. 마치 모든 음식을 한 곳에서 먹을 수 있는 뷔페처럼, 하나의 앱으로 모든 금융 서비스를 통합해 관리할 수 있다. 한마디로 국민은행과 기업은행, 현대카드와 하나카드, 삼성생명과 푸르덴셜생명, 한국투자증권을 이용하면서 거래한 금융, 보험, 투자 내역을 카카오페이나 토스 또는 특정 은행이나 카드 앱을 통해서 한 번에 볼 수 있다는 것이다. 이렇게 모든 금융 회사의 개인 금융정보는 사용자의 승인을 거쳐 마이데이터 서비스사에 전송되고 유기적인 분석을 통해 보다 입체적으로 살펴보게 되었다. 한곳에 모아서 보는 편리함 외에도 이들 정보를 체계적으로 분류하고 통합함으로써 재정 상태, 재테크 팁, 보험 추천, 카드 추천 등의 맞춤형 개인 금융 서비스를 제공할 수 있다. 특히 메신저 서비스 카카오톡, 라인, 페이스북 메신저와 텔레그램이 서로 다른 화면 구성과 메뉴, 디자인으로 사용감이 다른 것처럼 28개나 되는 마이데이터 서비스 역시 저마다의 특징으로 사용자를 확보해갈 것이다.

보다 편리한 가계부 관리와 금융정보를 분석하고 최적의 맞춤

금융 서비스를 제공하기 위한 각 서비스 간 경쟁 속에서, 소위 가장 많은 선택을 받는 서비스들이 부상할 것이다. 그렇게 더 많은 사용자를 확보하고 그 과정에서 더 많은 개인의 금융정보를 수집하면서 최적의 맞춤형 금융 서비스를 제공하게 된다. 검색 하면 네이버, 동영상 하면 유튜브, 메신저 하면 카카오톡이 떠오르는 것처럼, 금융 통합 서비스하면 1~2개의 마이데이터 서비스가 시장을 독점할 가능성이 높아진다. 그리고 이런 개인 금융 데이터는 해당 개인의 비금융 데이터들, 즉 통신, 쇼핑, 교통, 의료 그리고 상세한 프로필 정보와 교차 분석됨으로써 초개인화 서비스 시대를 열어줄 것이다. 단지 금융 데이터만 이용하는 것이 아니라 다양한 영역의 개인정보와 연계되어 활용됨으로써 보다 나은 지능형, 맞춤형 서비스를 구현해 내는 데 중요한 역할을 해낼 것이다.

하지만 그렇게 한곳에 개인정보들이 통합됨으로써 일어날 수 있는 폐단도 있다. 빅브라더의 이슈와 해당 사업자의 무분별한 개인정보의 악용으로 발생할 수 있는 사회적 문제다. 동전의 양면처럼 개인을 위한 맞춤형 서비스와 개인정보의 남용은 공존한다. 그러므로 적어도 정부와 사회는 이런 개인 데이터를 이용하는 사업자가 균형 있게 개인정보를 활용하도록 적절한 규제안을 마련해야 한다.

마이데이터의 시행은 1993년 대통령긴급명령으로 시행된 금융실명제만큼이나 금융 시장에 큰 변화와 혁신의 패러다임을 가져올 주목할 만한 정책이다. 사실 1993년 이전만 해도 저축 장려를 위해 예금주의 비밀보장과 가명, 차명 금융거래를 허용했지만, 이로 인한 폐단, 즉 금융 비리 사건과 부정부패를 부추기는 요인으로도 작용했다. 이에 문민정부가 들어서면서 금융거래 시 무기명 거래를 금지하고 실명 확인 기반으로 거래하도록 하는 금융실명제가 전격 실시되었다. 초기만 해도 은행에서 예금과 송금 등의 간단한 서비스에도 주민등록증을 지참해야 하는 번거로움, 은행 거래 시 혼란으로 인한 오랜 기다림 등 사회적 문제가 심각했다. 하지만 이후 금융실명제는 자리를 잡아가면서 지하경제의 규모를 억제하고 정경유착과 부정부패 사건의 자금 추적에 도움이 되었다는 평을 받고 있다.

마이데이터의 실시로 앞으로 초개인화 시대가 개막할 것이다. 기업은 이렇게 공개된 공공 데이터를 접목해 사업 혁신에 적극 활용할 수 있어야 한다. 회사에 축적된 내부 데이터만으로는 고객 분석과 기업의 비즈니스 모델 혁신에 활용하는 데 한계가 있다. 그런 만큼 마이데이터와 비실명 데이터 등을 적극 활용할 수 있어야 한다.

개인정보와 윤리

　기업 입장에서는 한 곳에 데이터를 통합 관리하는 것이 운영 면에서나 데이터 활용 측면에서 합리적이다. 하지만 사용자 입장에서는 다르다. 사용자 데이터에 대한 과도한 권한은 사용자의 이익을 침해할 수 있고, 기업 이익을 더 우선시하면서 사회 가치에 반할 수 있다. 기업이 스스로 가진 권한을 통제하며 균형을 찾으면 좋겠지만, 모든 기업이 자정 능력을 갖추기는 어렵다. 그러므로 사회가 기업의 과도한 데이터 남용과 오용을 견제할 수 있는 장치를 마련해야 한다. 기업 윤리를 강조하고 제도화하려는 노력과 함께 사회적 담론을 형성해 기업의 과도한 데이터 남용에 문제를 제기할 수 있어야 한다. 그래야 통합된 데이터로 개인과 사회에 이롭게 활용할 수 있다.

데이터는 어떻게 가치 있는 재화가 되는가

　"구슬이 서 말이라도 꿰어야 보배"라는 말처럼 데이터는 그냥 두면 아무런 가치가 없다. 데이터를 상호 연계해 분석해서 사업에 활용해야 가치가 만들어진다. 한마디로 데이터 자체는 가치가 없다. 모은 데이터들을 상호 연결해 가며 분석해서, 그것을 활용하는 과정에서 가치가 더해지는 것이다. 우리가 티맵을 사용하면서 수집된 데이터는 언제, 어디서, 어디로, 얼마나 많은 차량이 이동하는지에 대한 정보들이다. 그런 정보는 그냥 두면 아무런 가치가 없지만, 데이터를 상호 연결시켜 분석해 실시간 빠른 길을 안내하는 데 이용하고, 무슨 요일에 어느 시간대에 어느 지역이 차가 얼마나 막힐지 예측함으로써 신호등이나 교통 체계를 효율화하는 데 사용할 수 있다. 그 과정에서 사회적 가치나 비즈니스적인 가치가 만들어지는 것이다.

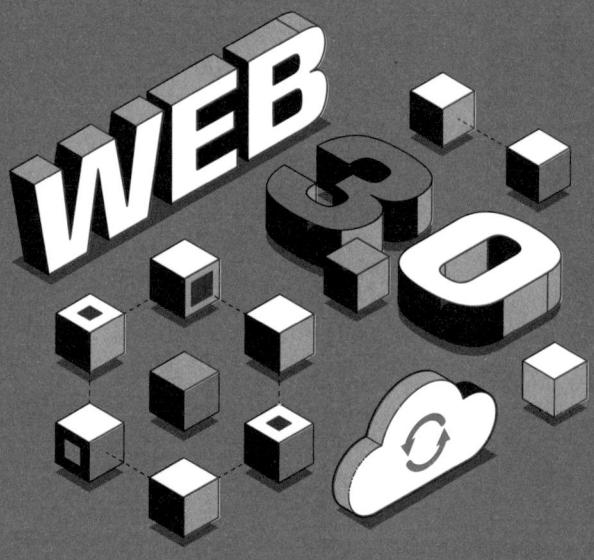

PART 2.

웹3 레볼루션이 온다

지난 20년간의 기술을 웹과 모바일이라는 프런트 기술, 클라우드와 AI로 구성된 웹과 앱의 시대로 요약한다면, 앞으로의 기술은 메타버스라는 패러다임 속에서 블록체인으로 만들어지는 웹3 세상이다. 새로운 세상의 키워드는 기존의 플랫폼 비즈니스가 아닌 프로토콜 비즈니스라 말할 수 있고, 인터넷 이코노미에서 창작자 경제와 토큰 이코노미로 전환된다고 말할 수 있다. 특히 앞으로의 미래 인터넷은 기존의 온라인 경제, 인터넷 경제를 넘는 가상경제 시대가 주도하게 될 것이다.

> 앞으로의 10년, 새로운 웹3 세상

웹3는 웹3.0이라고도 부르는데 2021년부터 실리콘밸리에서 화두가 되면서 테슬라의 CEO 일론 머스크Elon Musk, 트위터의 CEO였던 잭 도시Jack Dorsey 그리고 IT 전문 벤처캐피털Venture Capital, VC 기업 안드레센 호로위츠Andreessen Horowitz의 공동 창업자 겸 총괄 파트너 마크 안드레센Marc Andreessen 등 여러 IT 업계의 전문가들 사이에서 설전이 벌어지면서 그야말로 뜨거운 감자로 주목받았다. 실제 2020년부터 글로벌 IT 스타트업이 기업의 비전, 전략의 핵심 키워드로 언급하면서 웹3가 부상하고 있다. 실제 《뉴욕타임스》의 2021년 '암호화폐 및 블록체인에 대한 글로벌 VC 투자' 관련 기사에는 웹3를 표방하는 여러 기업에 2021년 한 해에만 무려 270억 달러 이상의 투자가 이루어졌다고 소개했다. 또한 안드레센 호로위츠는 2022년에 4억 5천 달러 규모의 웹3 전문 펀드를 출범했고, 전문 기술 투자 기업들도 이와 관련한 투자 규모를 늘려가고 있다. 이렇듯 웹3는 IT 업계의 화두로 떠오르고 있다. 앞으로의 10년을 열 웹3가 어떤 기술과 가치로 새로운 인터넷 세상을 만들어갈지 전망한다.

새로운 인터넷 가치, 웹3

웹이 막 태동하던 1995년대부터 2000년대 초까지 인터넷 기업뿐만 아니라 모든 기업은 홈페이지를 만들어 웹을 통해 고객을 만나고 홍보하고 제품을 팔았다. 이후 2000년대 중반 이후의 웹은 다양한 서비스들이 모여서 하나의 홈페이지를 구성하는 모듈식으로 구성되었다. 즉 웹 페이지 안에 다양한 서비스가 통합되는 방식으로 발전했고 이것이 웹2.0이다. 그런 웹이 2020년부터 다시 도약하고 있다. 웹3라는 이름으로 탈중앙화와 분산화 방식의 블록체인 기술 기반으로 운영되고, 암호화폐를 통해 글로벌 경제 생태계를 기반으로 한다. 이렇게 다시 도약하는 웹3는 과연 실체가 있는 것일까.

초기 웹1.0은 서버-클라이언트 방식으로, 인터넷 기업별로 독자적인 시스템을 구축해서 운영했다. 인터넷 홈페이지가 있는 회사는 독자적으로 서버를 갖추고 시스템을 운영하거나 웹호스팅 업체에 일정 사용료를 내고 서버를 임대해서 사용하곤 했다. 서버에는 홈페이지의 운영에 필요한 모든 파일이 저장되어 있고 각종 서비스의 구동과 운영을 위한 프로그램이 설치되어 있다. 이렇게 개별적으로 수천만, 수억 개의 인터넷 홈페이지가 운영되다 보니 서버는 늘어가고 이를 운영하는 데 필요한 시스템도 날로 복잡해졌다. 이 같은 비효율을 제거하기 위해 클라우드가 대두되었고, 2000년대 중반부터 클라우드 방식의 중앙화된 웹이 기존의 인터넷 운영 시스템을 대체했다. 한마디로 개별 기업들의 분산된 웹이 클라우드로 대동단결하면서 효율적으로 가동, 운영되고 있다.

시스템만 변화한 것이 아니라 웹 서비스를 운영하는 사용자의 경험도 크게 바뀌었다. 웹1.0과 비교하면 2.0은 사용자들의 참여를 기반으로 하니 기업이 제공하는 정보와 서비스를 일방적으로 보고 듣는 것을 넘어, 능동적으로 서비스에 참여해 쓰고 말하며 목소리를 높인다. 블로그, 유튜브, 페이스북 그리고 인스타그램과 틱톡 등은 사용자의, 사용자에 의한, 사용자를 위한 서비스다. 사용자가 글을 올리고, 영상과 사진을 올리며 게시물을 퍼다 나르고, 댓글을 쓰며, '좋아요'로 반응한다. 그런 사용자의 참여가 있기에 이들 서비스가 존재하고 운영될 수 있다. 또한 웹에 올라온 각종 정보와 데이터는 다른 웹 서비스나 시스템에서 쉽게 활용하고 가져갈 수 있도록 개방 생태계로 바뀐 것도 웹2.0의 특징이다. 그 과정에서 웹 브라우저도 진화했는데, 브라우저 위에 여러 앱이 구동되어 다양한 웹의 데이터들과 연계되고 통합되고 개방된 서비스를 사용할 수 있도록 탈바꿈했다.

웹의 등장과 변천사

	웹의 등장(1991)	웹2.0(2004)	웹3
기능	읽기	쓰기	자산 소유
효과	정보	사람	수익
킬러앱	포털 사이트, 검색 기능	SNS	월렛, 디파이, DAO
시스템	서버 클라이언트	클라우드	블록체인
지향 가치	연결	집중화	분산화

그런 웹이 이제 웹3로 또 한 번의 도약을 준비하고 있다. 그 이유는 웹3를 대변하는 여러 기술이 주목받고 있기 때문이다. 바로 블록체인과 메타버스 그리고 NFT $^{Non-Fungible\ Token}$(대체불가토큰)다. 웹3는 탈중앙화, 상호운용성, 자율화를 보장하는 평등한 시스템을 지향한다. 기존의 웹처럼 빅테크 기업, 즉 플랫폼 기업이 독점

적인 권한을 행사하며 사용자 위에 군림하고, 개인정보를 남용해 사업을 펼치고, 기업의 이윤을 위해 운영정책까지 임의로 수립하는 행위를 지양한다. 그렇게 탈중앙화된 시스템을 가능하게 하는 기술이 블록체인이다. 클라우드처럼 모든 데이터와 정보를 클라우드 위에 올려두고 이를 기업이 독점으로 활용하는 것이 아니라 분산된 컴퓨팅 환경에서 시스템을 운영해 데이터의 이용내역 등을 투명하게 관리한다. 또한 NFT를 통해 어떤 플랫폼이나 서비스에서든 디지털 아이템이나 데이터를 포함한 개인의 자산을 호환해 사용할 수 있도록 상호운영성을 보장할 수 있다. 상호운영성, 바꿔 말해 호환성이 강화되면 리니지에서 애써 만든 집행검 아이템을 다른 게임이나 플랫폼 등에서 전시하고 사용하는 것이 가능해진다. 기업이 갖는 갑의 지위가 점차 줄고 사용자가 서비스를 이용하고 참여하는 것을 넘어 공동 합의에 의한 운영 주체가 될 수 있다. 이렇듯 사용자의 적극적인 참여가 서비스 운영에까지 확대되는 것이 웹3의 정신이다.

그렇게 되면 기존에 우리가 컴퓨터 웹과 스마트폰 앱으로 이용하고 있던 서비스도 웹3의 가치철학에 맞게 블록체인과 NFT 등의 요소 기술을 활용해 탈중앙화 서비스로 거듭나야 할 것이다. 그렇게 서비스를 탈중앙화 방식으로 설계해 운용하는 것을 댑 Dapp(탈중앙화 애플리케이션)이라고 부른다. 이미 메타버스나 블록체인 기술을 기반으로 운영되는 서비스들은 그러한 비전을 추구하고, 관련 기술로 서비스를 개발하고 있다. 아직은 초기 단계인 웹3가 기존의 웹2.0처럼 새로운 패러다임의 바람을 몰고 올지, 그저 마케팅 용어로 반짝 유행으로만 그칠지는 3년 안에 판가름날 것이다. 변화의 조짐을 읽고 앞서 행동한 선구자에게는 도전에 맞는 결실이 올 것이다. 지난 20년간 PC와 스마트폰으로 웹, 모바일 생태계가 만들어지면서 빅테크 기업의 고도성장과 플랫폼 독식이 있었다면, 앞으로의 10년은 다양한 사물 인터넷 기기와 메타버스로 새로운 생태계의 탄생이 예고된다. 그 생태계에는 새로운 인터넷 가치철학이 필요한데, 여기에 웹3가 대두되고 있다. 그런 웹3 시장을 앞으로 어떤 스타트업과 기업이 만들어갈지 귀추가 주목된다.

웹3는 단순히 기술이나 플랫폼, 비즈니스 모델을 말하는 것이 아니다. 웹3를 제대로 이해하려면 클라우드, AI, 블록체인 등을 만드는 기술에만 주목할 것이 아니라 이들 기술이 지향하는 가치철학임을 이해해야 한다. 지난 20년간 성장해 온 인터넷 기술은 빅테크 기업들을 성장시켰음은 물론 플랫폼 독식과 독점으로 과도한 중앙 집중화를 야기했다. 이미 구글, 아마존, 페이스북, MS 그리고 한국의 네이버와 카카오 등은 우리 일상을 지배하는 것을 넘어 사회, 경제, 정치에 막강한 영향력을 행사하고 있다. 그 영향력은 인터넷 비즈니스의 진입장벽을 높게 세워서 경쟁력을 강화하는 데 활용되는 것을 넘어서서, 새로운 비즈니스 도메인으로의 확장을 유리하게 만들고 있다.

> **탈중앙화의 가치철학, 웹3**
>
> 탈중앙화의 가치란 '공정'이다. 시스템이 중앙화되면 권력자의 사익을 위해 입맛대로 운영될 수 있다. 하지만 탈중앙화되면 권력은 분산되고 사적 이익보다는 모든 참여자의 공동의 이익, 즉 관련 생태계의 가치를 위해 사용될 수 있다. 웹3가 지향하는 철학은 바로 공동의 이익을 위해 공정하게 운영하는 시스템이다. 그렇기에 탈중앙화된 기술이 필요하다. 탈중앙화 시스템을 구현하기 위해 바로 블록체인이 쓰이는 것이다.

기업이 웹3에서 찾은 것

웹3를 부르짖는 사람들은 대개 두 부류다. 첫째는 투자자, 둘째는 스타트업 창업자다. 투자자는 더 큰 수익을 위해 이미 자리 잡은 거대 기업이 이룬 사업에 눈을 돌리기보다는 새로운 혁신 기업을 선호하기 마련이다. 기존 시장을 와해시키는 혁신 기업은 새로운 게임의 법칙을 만들어내며 큰 기업 가치를 창출한다. 우버Uber는 기존의 택시 산업을 와해시키며 더 편리하고 유용한 교통 서비스 혁신을 이끌었다. 에어비앤비Airbnb는 전 세계 어디서나 그 지역의 문화를 제대로 체험할 수 있는 숙박 경험을 제공하며 호텔 산업을 위협한다. 테슬라는 자율주행 전기차라는 혁신적인 서비스 경험을 제공하며 기존 자동차 산업의 미래를 주도한다. 웹3 역시 기존의 플랫폼 기업, 빅테크 기업의 시장을 와해시키며 새로운 시장을 창출할 가능성이 있어 많은 투자자가 선호한다.

스타트업 창업자 역시 경쟁이 치열한 기존 시장에서 거대 기업들이 만든 게임의 법칙 속에서 사업을 하기보다는 경쟁이 치열하지 않은 신규 시장(블루오션)에서 신사업을 만들고 진행해야 성공 확률이 높기에, 기존 인터넷 철학과는 다른 결을 가진 웹3를 선호한다. 웹3는 기존 법칙과 다른 가치철학으로 시장을 혁신시키고 차별화를 꾀할 수 있다. 게다가 웹3 사업은 A부터 Z까지 모든 것을 투자하며 서비스를 만들지 않고, 서로가 가진 자원과 인프라를 공유하며 공정한 생태계를 만들게 한다. 모바일 서비스는 직접 회원관리를 하지 않고 카카오톡이나 네이버, 페이스북 아이디로 로그인을 할 수 있고, 독자적인 결제 시스템을 갖추지 않아도 네이버페이나 카카오페이를 연결해서 결제 솔루션을 구축할 수 있다. 이렇듯 웹3는 다른 웹3 솔루션이나 블록체인 시스템을 활용해 서비스 운영에 필요한 제반 사항을 독자 생존이 아닌 공생을 기반으로 구축된다. 이렇듯 웹3 기업은 상부상조하며 거대한 생태계가 마련된다는 점이 큰 특징이다.

웹3 관련 기업에 돈이 몰리고, 웹3 기업 간의 연대의식을 기반으로 생태계가 구축되다 보니 이 바람을 타려는 욕망이 몰려 웹3 관련 기업들이 크게 주목받고 있다. 기존 플랫폼 기업, 빅테크 기업은 이 흐름을 무시할 수 없어 이들 기업에 투자하거나 웹3의 가장 핵심 인프라인 지갑wallet이나 토큰 그리고 메인넷 개발에 뛰어들고 있다.

투자 관점의
웹3 ─────────────────

《뉴욕타임스》의 '글로벌 벤처 캐피탈 투자' 기사에서는 2021년에 암호화폐와 블록체인을 기반으로 한 비즈니스에 약 270억 달러가 투자되었다고 전한다. 이 같은 투자자들의 관심은 2022년에도 이어질 것으로 전망된다. 그런데 블록체인발 암호화폐는 이미 2018년에 한바탕 시장을 흔들었는데, 왜 갑자기 블록체인 관련 기술 기업이 다시 주목받고 있는 것일까.

이는 블록체인 기술을 활용한 토큰 이코노미token economy, 디파이DeFi(탈중앙화 금융), NFT, DAODecentralized Autonomous Organization(탈중앙화 자율조직) 등 새롭게 등장한 비즈니스 솔루션들이 암호화폐의 다양한 활용 가치를 만들어냈기 때문이다. 5년 전 암호화폐는 투기와 욕망의 기술로 점철되어 암호화폐 거래소에서 투자하는 것 외에 딱히 쓰임새가 모호했지만, 최근의 블록체인 기술은 무역 거래와 탈중앙화의 글로벌 금융 서비스, 디지털 예술품의 소유권 보장과 거래, 투자 커뮤니티를 운영하는 용도로 확장됐다. 비즈니스 솔루션 분야로 적용 영역이 구체화되면서 블록체인이 다시 주목받고 있다. 이렇게 블록체인 기술을 활용해 공정한 분배와 탈중앙화된 가치철학이라는 방향을 가지고 인터넷 서비스를 만드는 것을 가리켜 웹3라고 부른다.

일례로 브레인트러스트Braintrust는 가입자 70만 명의 전문가 인재 네트워크로 기업과 인력을 연결하는 웹3 서비스다. 기존의 구인 구직 서비스와 다른 점은 운영정책에 사용자가 참여하고 헤드헌터 같은 전문 중개인을 없애려는 것을 가치철학으로 삼는다는 점이다. 기존의 고급 인력 중개 시장에서는 중개자의 역할이 중요한데, 기업의 요구사항에 맞는 인재를 찾아서 추천하고, 커뮤니케이션 중개자는 그만한 보상을 받았다. 브레인트러스트는 중개자 역할을 최소화하고 기업에서 필요한 인재를 구직자와 그를 아는 일반 사용자들에게 역할을 나누어 수익을 분배한다. 그 과정에서 'BTRST' 토큰을 인재를 추천한 사람에게 지급한다. 또한 토큰 소유자들이 브레인트러스트의 사업 운영정책에 참여할 수 있게 투표권을 제공해 공정한 서비스를 운영할 수 있도록 권한을 나눈다. 그리고 토큰은 브레인트러스트에서 제공하는 서비스나 상품을 구매하는 포인트로도 사용한다. 이렇게 웹3 서비스는 참여자에게 토큰으로 경제적인 보상을 하고 주주로서 사업 운영에 참여하는 것을 기본 원칙으로 한다.

서비스는 물론 사업 운영의 이해관계자로 참여자를 움직이게 하는 공정한 서비스가 바로 웹3다. 웹3는 20년간 빅테크 기업이 주도해 만든 플랫폼 중심의 기존 웹에 대한 반작용에서 시작한 인터넷 가치철학의 거대한 변화 흐름이다. 기존의 웹은 보다 많은 사람이 참여해 정보를 공유하고 소통하는 데 기여했지만 중앙집중화를 통해 승자독식의 플랫폼 지배력을 공고히 했다. 반면 웹3는 이에 대한 자성으로 시작된 새로운 패러다임이다. 즉 중앙집권화된 권한을 분산해 이해관계자에게 분배함으로써 독점 폐단을 줄이려는 움직임을 말한다.

메타버스에서 사용하는 아바타 스타트업 지니스Genies는 디즈니의 전 CEO 밥 아이거Robert Allen Iger가 사내 이사로 참여하며 주목받기도 했고, 창업 3년 만에 기업 가치가 무려 10억 달러를 돌파한 유니콘 기업이다. 이 스타트업에서 서비스하는 아바타는 어떤 메타버스 플랫폼에서든 사용할 수 있어 호환성을 보장한다. 심지어 프로필 이미지나 영화 등의 다른 창작물에도 사용할 수 있다. 특정 서비스에 종속되지 않고 어디서든 이용 가능한 웹3의 아이덴티티 서비스가 지니스의 비전이다. 또 웨어하우스warehouse에서는 지니스가 제공하는 저작 툴을 통해 아바타가 입고 쓰는 아이템을 NFT로 만들어 거래할 수 있다. 이렇듯 창작자가 지니스를 통해서 NFT로 창작물을 만들고 거래할 수 있고, 이에 대한 소유권과 상업화 권리를 보장한다. 지니스는 NFT가 판매될 때마다 최소 수수료인 5%의 거래 수익을 받는다. 한마디로 창작자 경제Creator economy 모델을 지향한다.

이런 웹3는 인터넷의 새로운 바람을 예고한다. 플랫폼 중심의 인터넷 생태계에서 공유경제, 구독경제 등의 비즈니스가 주목받은 것처럼 웹3 시대에는 그에 맞는 새로운 가상경제 시대가 도래할 것이고, 토큰 이코노미나 창작자 경제처럼 새로운 비즈니스가 주목받을 것이다. 그런 새로운 경제 생태계를 구성하는 핵심 기술 키워드가 바로 토큰, 디파이, NFT, DAO다. 블록체인 기술로

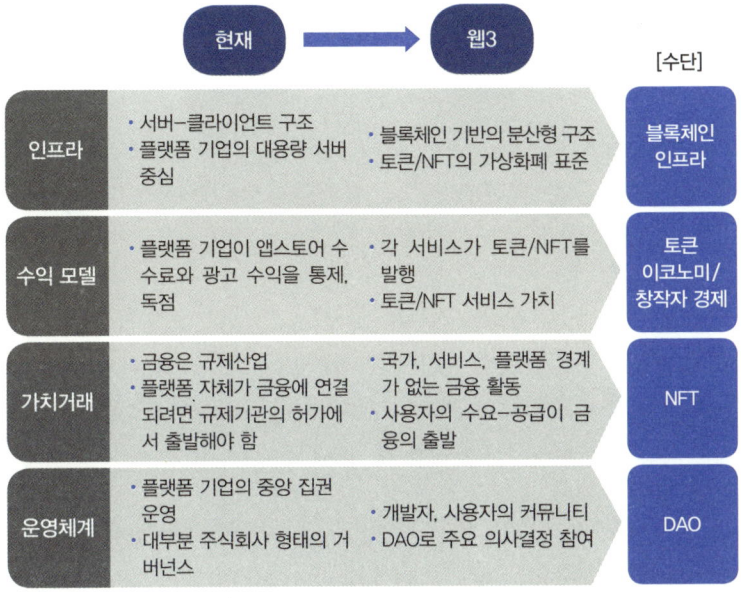

구현된 이들 솔루션은 웹3라는 가치철학으로 운영되는 새 시대 인터넷 서비스의 핵심 요소가 될 것이다.

이렇게 다양한 영역에서 웹3의 가치철학을 기초로 블록체인 기술을 활용해 여러 서비스, 댑과 이들 기업에서 필요한 각종 솔루션을 제공하는 웹3 인프라 기업도 덩달아 주목받고 있다. 인증과 토큰을 관리하는 지갑의 기능을 제공하는 메타마스크^{MetaMask}, 램퍼^{Ramper} 등이 각광받고 있다. 또한 블록체인을 이용하려는 기업을 대상으로 개발 플랫폼을 제공하는 BaaS[Blockchain as a service](서비스형 블록체인)로서 람다256의 루니버스[Luniverse], 블로코의 아르고[aergo], 콘센시스[ConsenSys], 알케미[Alchemy] 등도 부상하고 있으며, 블록체인의 분산원장에 기록된 공개 데이터를 분석해서 다양한 금융정보를 제공하는 난센[NANSEN], 체이널리시스[Chainalysis], 크립토퀀트[CryptoQuant]도 주목할 솔루션이다. 그 외에도 웹3 스타트업이나 프로젝트에 투자하려고 모인 커뮤니티, 즉 DAO의 운영에 필요한 솔루션을 제공하는 스냅샷[Snapshot], 다오다오[DAODAO], BIP 등도 있다.

웹3의 주요 수단들

인프라	서명:웹3 서비스의 게이트웨이(메타마스크, 램퍼 등)
	개발 플랫폼(BaaS, API):댑 개발 편의성 제공(콘센시스, 알케미 등)
	검증인[Validators]:블록 유효성 검증, 노드 운영 대행(피그먼터, DSRV 등)
	확장성:더 많은 거래 처리를 위해 용량/속도 증가(폴리곤, 아발란체 등)
	보안:스마트컨트랙트의 보안 및 감사(퀀스탬프, 해치랩스 등)
데이터	분석:거래내역을 분석해 금융정보로 제공(난센, 크립토퀀트 등)
운영체계	DAO 플랫폼:DAO 설정, 투표 등의 솔루션 제공(다오다오, 스냅샷 등)

웹3 솔루션 인프라

웹3 솔루션은 크게 3가지로 분류할 수 있다. 먼저 웹3 구현의 근간이라 할 수 있는 블록체인 인프라를 제공하는 영역이다. 블록체인 인프라는 이더리움이 대표적인데, 이런 기반 인프라 혹은 독자적인 메인넷 등을 개발해 주거나 이런 시스템을 활용해 웹3 기업이 필요한 블록체인 서비스를 제공하는 곳이 모두 이 유형에 해당한다. 소위 BaaS라 불리는 블록체인 시스템을 개발하는 곳이 모두 이 영역이다.

다음은 웹3를 이용할 때 필요한 인증이나 토큰 등을 보유하고 송금, 관리하는 데 필요한 지갑이다. 지갑은 사용자가 직접 사용하는 대표적인 댑으로 메타마스크나 카카오 지갑 등이 있다. 지갑 특성상 여러 서비스가 있을 수 없다. 검색 포털 기업은 구글이나 네이버, 커머스와 OTT 분야는 2~3개 기업만이 시장을 지배하는 것처럼, 소수의 서비스가 지갑 시장을 지배한다. 물론 범용적이지 않은 웹3 서비스나 기업에서 특정 목적으로 사용하는 웹3 솔루션에는 독자적인 지갑을 따로 만들어 운영할 수 있다.

마지막으로 웹3 서비스로 수집되는 데이터와 분산원장에 쌓인 공개 데이터를 효율적으로 활용하게 돕는 데이터 관련 솔루션이 있다. 이는 블록체인과 웹3 서비스로 쌓인 데이터를 다각도로 분석해 새로운 가치를 만들어 준다. 웹3 서비스 운영 과정에서 DAO와 같은 커뮤

> 니티를 별도로 구축하면 개설과 운영을 위해 필요한 솔루션들이 있다. 예를 들어 스냅샷은 DAO 참여자가 투표를 할 때 사용하는 거버넌스 솔루션이고, 다오다오나 신디게이트는 DAO를 만드는 제작 도구며, BIP는 DAO 커뮤니티 운영 과정에서 서로 소통하고 문서를 만들어 정보를 공유할 때 사용된다.

웹3가 바꾼 인터넷 비즈니스

웹3는 기존 웹과 다른 몇 가지 특징으로 기존 인터넷과 구분되는 가치를 지향한다. 첫째는 디지털 창작자에게 창작의 대가로 소유권을 보장한다는 것이고, 둘째는 소유권을 보장하는 수단으로 수익을 제공한다는 점이다. 또한 참여자의 권리를 보호하고 특정 서비스에서만 국한하지 않으면서 분산화된 블록체인을 활용해 각 서비스 간에 상호 연계되고 표준화된 프로토콜을 이용한다. 이 과정에서 범용적으로 널리 사용하는 킬러앱으로 여러 서비스를 넘나들며 인증하고, 소유권을 보장하고, 지급받은 토큰을 관리하는 용도로 지갑 등이 주목받고 있다. 또 다른 킬러앱이 무엇이 될지는 웹3 관련 서비스들이 점차 늘어나면서 규명될 것이다.

웹3가 제안하는 미래 인터넷은 특정 플랫폼에 귀속되지 않고 기술과 권한의 분산화를 통해 플랫폼 참여자 모두에게 인터넷이 가져다 주는 선한 가치를 나누고, 그에 해당하는 보상도 공정하게 가져가는 생태계다. 기존의 웹이 플랫폼을 독과점한 빅테크 기업 때문에 사용자를 공급자와 소비자로 나누었다면, 웹3는 분산된 서비스 구조를 통해 창작자와 사용자, 개발자와 이용자 등의 다양한 이해관계자를 한데 엮어 가치교환 과정에서 공정한 보상을 받는 운영정책을 지향한다. 그리고 이를 블록체인 기반의 기술로 신뢰를 증명한다.

웹3가 주장하는 공정한 보상의 가치철학이 실제 기업의 서비스 운영정책에 실제로 반영되려면 기존의 인프라와 다른 운영체계가 필요하다. 따라서 블록체인의 활용 가치는 시스템의 운영 측면은 물론 비즈니스 모델과 토큰 거래를 위한 금융과 조직 운영체계에서 중요한 역할을 한다. 즉 웹3 서비스의 시스템 인프라 구성에서 블록체인의 분산원장은 신뢰를 보장하고 권한을 분배하는 목적으로 운영되고, 참여자는 물론 투자자들에게 보상으로 지급하는 토큰이나 NFT 역시 블록체인으로 운영된다. 이렇게 지급된 토큰들이 서비스를 넘나들며 사용되고 환전과 송금 등을 위한 목적으로 디파이나 덱스 같은 블록체인 토큰 거래소가 중요한 역할을 한다. 마지막으로 웹3 서비스에 개발자와 창작자, 이용자가 참여해 후원하고 투자하기 위한 커뮤니티로서 블록체인 기반의 DAO 역시 기존 인터넷 서비스와 다른 웹3 서비스만의 독특한 운영 수단이다.

웹3를 구현하는 4가지 수단에 대해 간략히 살펴보면, 첫째는 시스템 인프라의 구성이다. 기존 인터넷 서비스는 한 빅테크 기업이 데이터베이스부터 백엔드 시스템과 프론트 채널까지 중앙화해 운영했다면, 웹3 서비스는 블록체인의 분산원장과 스마트 컨트랙트Smart contract(계약 조건을 블록체인에 기록하고, 충족되었을 경우 자동으로 계약이 체결되는 기술) 등을 활용해 서비스 운영 과정에 중요한 데이터와 운영정책을 참여자에게 공개해 독단적으로 남용하지 않도록 자기 규제를 하고 있다. 더 나아가 다른 웹3 서비스와의 연계를 통해 영역별 버티컬 서비스가 상호 연동되어 운영된다. 포털 사이트가 모든 서비스를 운영하는 것과 달리 개별 버티컬 서비스 연계를 강화해 웹3 생태계 전체가 동반 성장할 수 있도록 인프라를 구성한다.

둘째, 참여자에게 주는 공정한 보상을 위한 수단으로 이용되는 토큰이나 NFT는 웹3 기업 운영의 핵심 에너지 자원이자 웹3 서비스 간 상호 연동하는 데 중요한 수단이다. 토큰은 기업 내부의 서비스 사용에 대한 보상으로 포인트처럼 주기도 하면서 서비스

내 화폐처럼 결제와 해당 기업의 투자 지분 목적으로도 사용할 수 있다. 또 NFT는 창작자의 권리를 보장하고 해당 콘텐츠를 웹3 서비스들 내에서 영속적으로 사용할 수 있는 표준화된 사용권을 보장하는 목적으로 이용된다.

셋째, 웹3 서비스마다 발행된 토큰을 상호 환전하고, 보상 수단으로 받은 각종 코인을 이용해 이용자가 금융 서비스를 이용할 수 있는 디파이도 웹3 서비스의 중요한 수단이다. 웹3가 기존 인터넷 서비스와 달리 모든 참여자에게 경제적 보상을 보장하다 보니, 분산 금융 서비스는 웹3의 중요한 킬러앱이기도 하다. 일종의

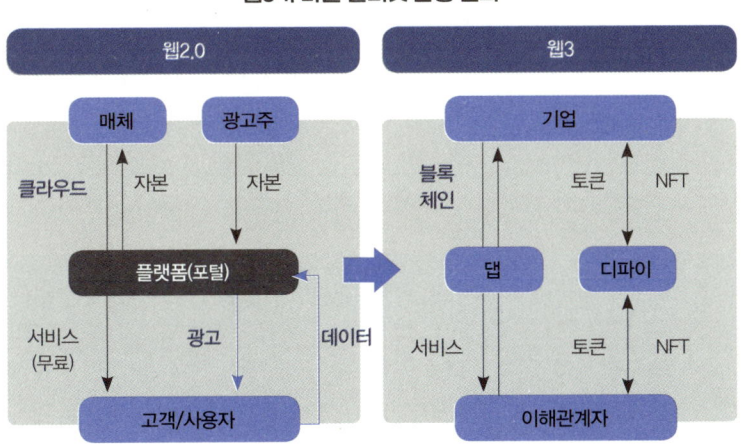

웹3가 바꾼 인터넷 환경 변화

영향: 플랫폼 지배력 강화/독점 가속화, 데이터 사용의 특별한 관리, 이윤의 균등한 분배

모바일로 인한 핀테크가 웹3에서는 디파이로 더욱 글로벌화되어 규모가 커지고 분산화된 구조를 띤다고 볼 수 있다. 그리고 DAO는 기존 커뮤니티가 경제적 가치와 만나 참여자가 웹3 서비스에 지분을 가지고 참여하면서 단순히 로열티 높은 사용자나 팬을 넘어 기업의 운영 주체가 되어 성과까지 배당받도록 하는 수단으로 자리 잡았다.

넷째, 웹3 서비스는 외부의 개발자와 내부의 사용자, 서비스 활성화에 기여한 창작자를 사업개발과 운영과정의 주체로 적극 참여시키면서 서비스 생태계를 보다 큰 규모로 빠르게 확장할 수 있도록 해준다. 웹3 개발사는 초기부터 비용 투자에 무리하지 않아도 블록체인 공유 인프라와 다른 웹3 서비스와 함께 연계하면서 낮은 비용으로 개발할 수 있고 서비스에 직간접적인 도움을 주는 이해관계자를 결속력 있게 모을 수 있다. 웹3 사용자 역시 단순 소비자가 아닌 해당 서비스의 결실을 나누는 투자자이자 구성원으로 웹3 서비스에 참여할 수 있다.

또 기존 인터넷 서비스에 항상 있던 카페 운영진, 블로거, 유튜브나 인스타그램, 페이스북 콘텐츠 창작자도 웹3 시대에는 창작물에 대한 소유권과 사용권을 보장받아 특정 서비스에 종속되지 않고 웹3 서비스를 넘나들며 사용할 수 있는 창작물의 권리와 거래권을 보장받을 수 있다. 이처럼 웹3는 지난 20년간 인터넷 성장의 핵심 가치였던 플랫폼 독점을 기반으로 하는 승자독식 구조를 벗어나 분산화된 블록체인 인프라 위에서 참여자들의 권리를 보장하고 보상하면서 모든 이해관계자의 인게이지먼트(커뮤니케이션 차원에서 기업의 장기 목적 및 목표 달성을 위한 고객과의 상호작용을 통해 지속적인 관계를 유지하는 것)를 높여 상생의 생태계를 구축하는 가치철학을 담고 있다.

이런 배경으로 시작된 웹3는 어떤 서비스와 비즈니스 기회를 만들 수 있을까. 웹3 가치가 모든 기존의 인터넷 서비스에 적용되어 시장의 판을 바꾸기는 어려울 것으로 보인다. 빅테크 기업의 기존 서비스가 개인 데이터 남용과 무료 서비스를 통한 광고 남발, 열심히 활동한 창작자에게 주는 보상의 한계 등 공고히 자리 잡은 전통 서비스 영역에 있어서 드러난 문제점도 적지 않지만, 익숙한 서비스, 효율적인 시스템을 버리고 새로운 웹3 서비스로 전환하기에는 진입장벽이 높다. 때문에 웹3가 적용되기 적합한 영역은 창작자의 적극적인 참여가 필요한 디지털 아트 영역이나 이해관계자가 다양해 생태계에 참여한 참여자들이 갈수록 확장되는 분야일 것이다. 또 사용자의 강한 결속력과 연대감이 필요한 버티컬 서비스에도 웹3가 적용되기에 적합하다. 그 외에 서비스 간에 상호 연계와 표준이 필요한 영역, 특히 메타버스처럼 서로 다른 메타버스 사이에 아바타나 디지털 오브젝트 창작물을 호환해서 사용하고 거래하는 부분에서 웹3 서비스가 빛을 발할 가능성이 높다.

일례로 NFT로 각종 컬렉터블 아트 작품을 거래하는 것을 넘어 NFT로 거래한 작품의 저작권, 사용권 구매자 간에 커뮤니티를 운영한다. 지적재산권을 활용한 2차 저작물과 확장된 비즈니스 모델을 고민하며 새로운 사업과 서비스를 모색하는 것은 웹3 서비스의 범주에 든다고 할 수 있다. 투자로 구매한 NFT를 정적으로 소유한 데서 머물지 않고 디지털 자산을 소유한 사용자들이 커뮤니티를 DAO로 구성해서 제2, 제3의 사용처를 확대하며 비즈니스를 모색하는 것이 웹3 서비스 철학에 부합된다고 볼 수 있다.

BAYC는 NFT 컬렉터블의 가장 성공적 사례로 웹3 서비스로 진화한 대표적인 모범 케이스다. 유가랩스Yuga Labs가 발행한 BAYC NFT는 작품 구매자에게 IP 오너십을 부여해 이들이 다양한 소설, 게임, 연극, 웹툰 등의 다양한 2차 저작물을 만들어 새로운 비즈니스 기회를 모색할 수 있도록 적극 지원, 후원하며 원저작물인 BAYC의 가치를 더욱 높이는 데 주력한다. 이를 위해 BAYC를 소유한 소유자들 간에 성공 사례를 공유하고 비즈니스 기회를 함께 모색할 수 있는 오프라인 파티도 개최하고 있으며, 전통기업과

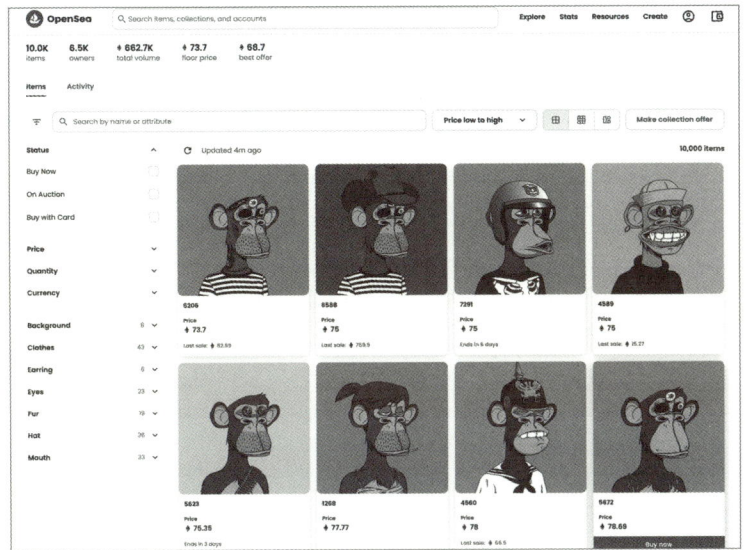

▲ 오픈시에서 거래 중인 BAYC

컬래버로 신발이나 의류 등을 만들어 지적재산권을 다양한 용도로 활용하며 수익을 극대화할 기회를 제공한다. 덕분에 유가랩스는 크립토펑크CryptoPunks라는 또 다른 NFT 컬렉터블을 인수하고 APE 코인까지 발행하면서 작품의 거래와 사용권 확대를 넘어 더 큰 생태계를 구축했다. 이제는 메타버스에서 이들 콘텐츠를 보다 확장해 사용하도록 아바타 플랫폼에 투자하고 있다.

메타버스도 웹3를 적용하기에 적합하다. 메타버스라는 거대한 공간은 어느 한 기업이 독식해서는 무한한 공간 속 생태계가 확

▲ 레디 플레이어 미의 대표 아바타

장될 수 없기에, 서로 다른 메타버스 기기, 서비스, 아바타, 게임 등 상호 연동이 필수며 표준화가 중요하다. 따라서 분산화된 인프라의 웹3 서비스가 메타버스에 적용되기 적합하다. 일례로 웹3로 구현된 지갑이나 아바타, NFT 컬렉터블 등이 그 어떤 메타버스 서비스에서든 상호 연계되어 사용될 수 있다면 개인의 디지털 자산이나 창작자의 권리를 보장할 수 있을 것이다. 크루서블Crucible이나 레디 플레이어 미Ready Player Me 등 아바타 에코시스템을 만드는 웹3 기업은 스킨이나 아바타를 NFT화해 이를 구매한 소유자가 메타버스에서도 동일한 아바타와 액세서리를 이용할 수 있다.

사실 웹3 서비스는 아직 수면 위로 부상하지는 못하고 있는데, 이는 웹3를 구현하는 과정에 필요한 요소 기술이 아직 무르익지 않았기 때문이다. 즉 웹3 서비스가 부상하려면 웹3 관련 주요 솔루션들이 성숙해야 한다. 최근 들어 웹3 서비스가 필요한 주요 솔루션이 다양해지고 경쟁도 본격 가동되고 있다. 웹3 서비스를 이용하는 데 필요한 로그인 인증을 위한 지갑이나 분산화 인프라를 구축하는 데 도움을 주는 개발 플랫폼, 웹3 서비스 사용을 위해 필요한 토큰을 발행하고 관리하는 데 도움을 주는 메인넷에 이르기까지 다양한 솔루션이 나오고 있다. 특히 DAO 운영에 필수적인 커뮤니티 설정과 투표, 지분 관리 솔루션도 주목받고 있다. 이 같은 기술들이 좀 더 편리해지고 상호 연동되면서 웹3 서비스도 보다 편리해지고 단단한 생태계가 구축될 수 있는 분위기가 마련되었다.

BAYC의 다양한 협업 사례

BAYC는 투자자와 소유자의 NFT의 가치가 계속 보존되고 상승할 다양한 이벤트와 협업을 전개한다. 가상 부동산인 디센트럴랜드 Decentralland와 제휴를 맺어 BAYC를 소유한 소유자의 지갑에 후드티를 에어드랍으로 선물하거나 더 샌드박스 The sandbox에 가상의 땅을 대량 구매해 BAYC 투자자를 위한 공간을 구성한 다음, 함께 랜드를 가꾸기도 한다. 또한 아디다스와 협업해서 BAYC 캐릭터에 트레이닝복을 입혀 시장에 내놓기도 한다. 덕분에 아디다스는 수초 만에 300억 원의 매출을 올리기도 했다. 그렇게 BAYC는 파트너십을 맺고 심지어 인수, 투자까지 하며 다양한 협업을 통해 NFT의 가치를 높이려는 노력을 꾸준히 하고 있다. NFT계의 맏형이자 선발주자인 크립토펑크를 인수한 것도 그런 맥락이다. 수많은 게임사와 웹3 기업, NFT 재단과 협력을 맺으면서 BAYC의 가치를 확장한 덕분에 BAYC는 여전히 NFT 중에 가장 높은 가치로 평가받고 있다.

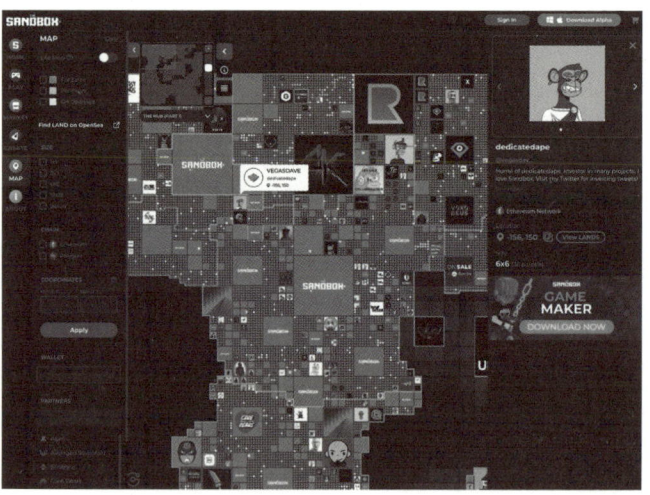

▲ 더 샌드박스에 마련된 BAYC 랜드

인터넷 비즈니스의 새바람, 프로토콜 비즈니스

웹3 기업의 비즈니스 모델을 가리켜 '프로토콜 비즈니스 모델'이라고 한다. 사실 지난 20년간 웹, 모바일 시대의 비즈니스 패러다임으로 공고히 자리를 차지한 것은 플랫폼 비즈니스다. 여러 이해관계자가 서로 가치를 거래할 수 있는 플랫폼을 만들어 최대한 많은 사용자를 확보하면 독점 지배력을 행사할 수 있었다. 사용자는 플랫폼을 떠날 수 없게 되고 네트워크 효과 덕분에 진입장벽이 자연스럽게 만들어져 후발주자의 도전을 무력화할 수 있었다. 그렇게 플랫폼 파워가 형성되면 광고든, 거래 수수료든, 서비스 판매든 다양한 비즈니스를 추가해 가며 지배력을 고착화할 수 있다. 그렇게 플랫폼을 장악한 기업은 기세를 몰아 다른 사업, 서비스 영역으로 문어발식 확장을 한다. 그것이 플랫폼 비즈니스의 요체다.

하지만 플랫폼 비즈니스의 성장 이면에는 과도한 개인 데이터의 남용과 독점적 지위를 기반으로 한 이윤 추구에 따른 불공정 문제가 사회적 문제로 떠오르곤 한다. 페이스북의 개인정보 남용 문제나 배달 앱, 택시 앱의 수수료 문제가 대표적 사례다. 그렇게 20년간 웹과 모바일은 플랫폼 비즈니스를 핵심 비즈니스 구조로

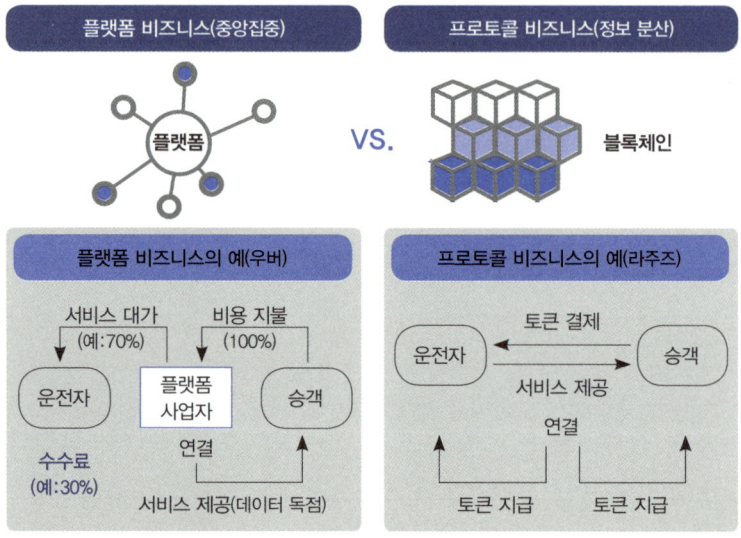

발판 삼아 성장했다. 지금의 아이폰을 만든 앱스토어, 유튜브와 페이스북, 네이버와 카카오톡, 배달의민족, 카카오T 모두 플랫폼 비즈니스가 핵심 사업 모델이다. 그렇다면 앞으로의 10년도 계속 유지될까.

　작용이 있으면 반작용이 있고, 정이 있으면 반이 있는 것이 세상의 원칙이다. 플랫폼 비즈니스에 대한 반작용으로 대두되는 것이 프로토콜 비즈니스다. 프로토콜 비즈니스의 핵심은 탈중앙화로 권한의 분산에서 찾을 수 있다. 독점적 기업, 절대 권한을 경계해 중계자의 역할과 참여를 최소화하는 것이다. 한마디로 플랫폼 갑질을 원천 봉쇄해서 참여한 이해관계자들 중심의 공정한 사업 운영이 가능하게 하는 비즈니스 모델인 셈이다. 또 사업 전개 과정에서 참여자들에게 공정한 보상을 지급한다.

그런 프로토콜 비즈니스가 조금씩 고개를 드는 이유는 블록체인 기술의 성숙과 웹3라는 새로운 가치 개념이 수면 위로 부상한 덕분이다. 블록체인은 데이터 저장 방식을 여러 컴퓨터에 분산화해 탈중앙화를 이루어 특정 개인이나 집단이 서비스, 사업의 지배력을 통제하지 못하도록 경계한다. 그런 가치철학으로 화폐에 적용한 것이 가상화폐, 즉 비트코인이고 개념이 확대된 디지털 가치 거래수단이 이더리움이다. 그렇게 금융 영역에서 시작된 블록체인발 혁신은 NFT, 디파이 등으로 이어지고 있으며, 탈중앙화 가치를 지향하는 조직 운영의 방식으로 DAO가 주목받고 있다. 그러한 분위기 속에서 메타버스라는 새로운 패러다임이 불쏘시개가 되어 인터넷 세상에 상호 호환과 디지털 자산의 소유, 개인의 데이터 주권에 대한 중요성이 부각되고 있다.

달라진 가치철학에는 변화한 비즈니스 모델이 필요하다. 기존의 플랫폼 비즈니스는 탈중앙화 시스템에는 어울리지 않는다. 바로 그 지점에서 프로토콜 비즈니스의 기회가 싹틀 수 있다. 기업

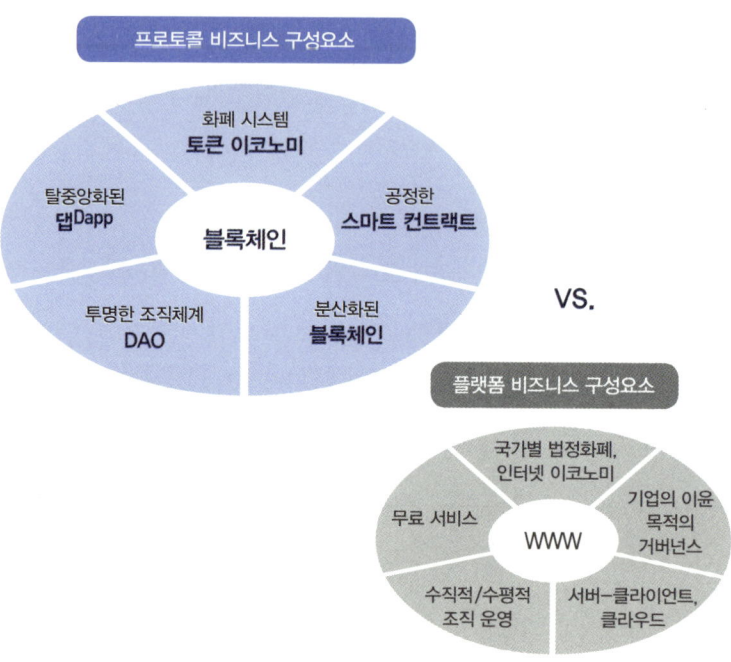

의 일방적인 정책이 아닌 이해관계자들의 약속과 신의로 운영하는 프로토콜 비즈니스에 관한 관심이 최근 IT 스타트업을 중심으로 커지고 있다.

프로토콜 비즈니스의 구현 과정에는 탈중앙화 기술인 블록체인과 이해관계자의 참여를 독려하고 보상을 지급하기 위한 수단으로 토큰이 활용된다. 또 사업 운영 과정에서 내부 직원은 물론 외부의 투자자와 커뮤니티까지 참여하는데, 이때 이용하는 시스템이 DAO라는 탈중앙화된 자율 조직체계다. DAO를 통해 프로토콜 비즈니스를 구현하는 기업에 투자자로, 구성원으로 참여해 아이디어를 제안하고 중요한 의사결정에 참여할 수 있다. 그 과정에서 토큰을 통해 의사결정에 지분을 행사할 수 있고, 사업 성과가 있을 때 토큰으로 그 보상을 보장받을 수 있다.

프로토콜 비즈니스는 기존 실물경제나 인터넷 경제와는 지향하는 가치철학이 다르다. 그래서 가상경제 시장을 만드는 메타버스에 어울리는 비즈니스 구조로 주목받는 것이다. NFT와 디파이, 웹3는 최근 ICT 산업에서 핫한 키워드로 주목받고 있으며 수익을 만드는 과정에서 새로운 비즈니스 혁신은 필연적으로 따라오기 마련이다. 2010년대 모바일의 성장 속에서 공유경제와 구독경제가 주목받았듯이 새로운 인터넷 패러다임은 새 비즈니스 모델이 필요할 것이다. 그 지점에서 프로토콜 비즈니스의 가능성이 싹트고 있다.

지난 20년간 PC와 스마트폰으로 웹, 모바일 생태계가 만들어지면서 빅테크 기업의 고도성장과 플랫폼 독식이 이어졌다. 오직 실물경제만 존재하던 과거와 비교해 지난 20년간의 인터넷 비즈니스는 그 규모가 실물경제의 20~30% 수준을 넘어 50%를 육박할 만큼 커졌다. 특히 코로나19에 따른 비대면 서비스의 성장 덕분이다. 하지만 결국 인터넷 비즈니스도 기존 실물경제와 연계된 것인 만큼 완전 독립적이라고만 볼 수는 없다. 쿠팡이나 마켓컬리에서 하는 주문과 결제는 온라인 영역이지만, 물건을 배달하고 소비하는 것은 실물경제의 영역이다. 다시 말해 인터넷 비즈니스는 기존 실물경제의 상당 부분을 대체한 것이지 새로운 시장을 창출한 것은 아니다. 물론 카카오톡 이모티콘은 오직 인터넷 생태계에서만 사용되는 것이라 실물경제와는 독립적이라고 볼 수 있지만, 시장 규모는 상대적으로 크지 않다.

앞으로의 10년은 다양한 사물 인터넷 기기와 메타버스로 새로운 생태계가 탄생할 것으로 보인다. 그 생태계는 새로운 인터넷 가치철학이 필요한데, 바로 웹3다. 여기 프로토콜 비즈니스는 기존 경계를 넘어 온전히 가상경제 속에서 가상의 상품과 콘텐츠 등을 거래하는 데 활용하기 적합하다. 사전에 서비스와 사업 운영의 주요 정책과 룰을 코드에 담아 임의로 변경할 수 없도록 화석화한 프로토콜 비즈니스는 여러 서비스를 넘나들면서 복잡한 이해관계를 조정하고 지배적 사업자가 함부로 정책을 강제하고 변경할 수 없도록 한다. 특히 사전에 정의하지 않은 규약에 대해서는 투명하게 관련된 이해관계자와 참여자의 목소리를 민주적으로 반영해 결정하게 함으로써 독점적 폐단을 예방할 수 있도록 한다.

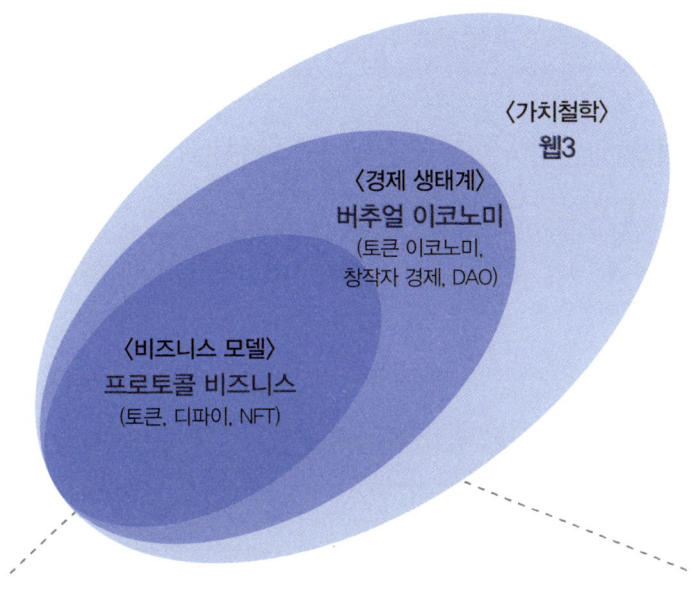

반드시 알아야 할 웹3 개념 정리

웹3에 대비하는 자세

아직 시기상조라는 시각도 있지만, 우리는 웹3 시대를 어떻게 대비해야 할까. 웹3와 기존 플랫폼 서비스를 대결 국면으로 보기보다는 지난 20년 동안 기존 플랫폼 비즈니스의 발전 과정에서 발생한 폐단과 한계를 직시해야 한다. 그래서 웹3로 해결 가능한 지점이 무엇인지 인식하고, 이를 실현할 기술의 특성을 이해해서 기업 비즈니스 모델 혁신에 어떤 시사점을 찾아볼지 고민해야 한다. 3가지를 고려할 수 있는데, 첫째, 사용자를 우리의 구성원으로 확대할 수 있는 더욱 높은 수준의 인게이지먼트를 가능하게 하는 DAO 커뮤니티, 둘째, 가상의 나와 공간을 꾸미는 아바타 경제 시스템, 셋째, 웹3 시대에 중요하게 부각되는 솔루션 비즈니스 기회다.

먼저 웹3의 중요한 수단인 DAO는 외부의 사업 파트너와 조력자, 소비자 등 이해관계자를 우리 기업의 구성원으로 확대하는 데 활용할 수 있다. 애플의 열혈 소비자나 BTS의 팬클럽을 넘어 사업 비전이나 기업 스토리에 공감하고 동참할 커뮤니티를 모으고 관리하는 데 DAO를 활용할 수 있는 지점이 있을 것이다. 특히 ESG 경영처럼 지구와 사회를 위한 기업 프로젝트에 그저 응원을 보내거나 제품 구매를 넘어 적극적으로 동참하고 참여하는 열성적인 참여자 커뮤니티를 구성하고 운영하는 데 DAO가 큰 역할을 해낼 수 있을 것이다. DAO는 기존 커뮤니티의 운영에 코인이나 토큰 같은 요소가 결합해 구현되는데, 만드는 것이 중요한 것이 아니라 어떤 스토리로 고객들을 우리 기업 경영, 프로젝트의 동참자로 삼을 것인지 상세한 디자인이 중요하다. 무엇보다 보상 수단으로 토큰이나 NFT 등이 포함되어 있어 잘못된 설계, 미숙한 운영은 더 큰 손실을 볼 수 있기에 정교하게 접근해야 할 것이다.

둘째로는 메타버스, 가상경제라는 새로운 인터넷 패러다임 속에서 주목받는 아바타 경제에서의 비즈니스 모델의 혁신 기회다. 국내의 제페토와 SKT의 A. 그리고 해외의 렉룸Rec Room과 지니스 Genies, 더 레플리카The Replica 등은 웹3로 인해 향후 주목받는 비즈니스로 도약하기 좋은 차세대 서비스다. 아바타와 AI를 기반으로 서비스가 구성되어 있다는 점이 기존 서비스와 차별화된 점이다. AI 기술로 NPCnon-player character(플레이어가 직접 조종할 수 없는 일종의 도우미 캐릭터)가 운영되고 여러 캐릭터 중 나를 표현할 수 있는 아바타를 골라서 공간을 유영하며 사람들을 만나고, NPC와 대화하며 새로운 서비스 경험을 제공한다는 특징이 있다. 한마디로 메타버스로 구현되는 가상경제를 온전히 느낄 수 있다.

셋째, 웹3 관련 시장의 확대에 따라 기술 솔루션에 대한 수요도 큰 비즈니스의 기회가 될 것이다. 무엇보다 모든 인터넷 서비스가 웹3를 지향하지는 않겠지만, 서비스의 일부 영역에 웹3를 적용하는 것은 시장의 요구이자 웹3 서비스와 연계를 위해서는 필요할 것이기에, 웹3 솔루션의 필요성도 커질 것이다. 그런 면에서 웹3 솔루션 대부분은 블록체인의 분산원장 데이터베이스나 스마트 컨트랙트, 토큰 발행 등을 활용할 것이기에, 쉽게 서비스처럼 이용할 수 있는 BaaS 시장이 커질 것이다. 그 과정에서 나를 인증하는 가상지갑 같은 서비스는 웹3의 인증 수단으로서 중요한 킬러앱이 될 것으로 전망한다. 특히 대부분의 웹3 서비스에서 자산 거래와 토큰의 송금과 환전, DAO의 사용을 위해 필요한 인증과 지갑 서비스, DAO의 구축과 운영 관리에 필요한 기능을 제공하는 플랫폼 수요가 커질 것으로 기대된다. 대표적인 기업으로 램퍼와 메타마스크가 있고, DAO 플랫폼은 스냅샷 랩스Snapshot

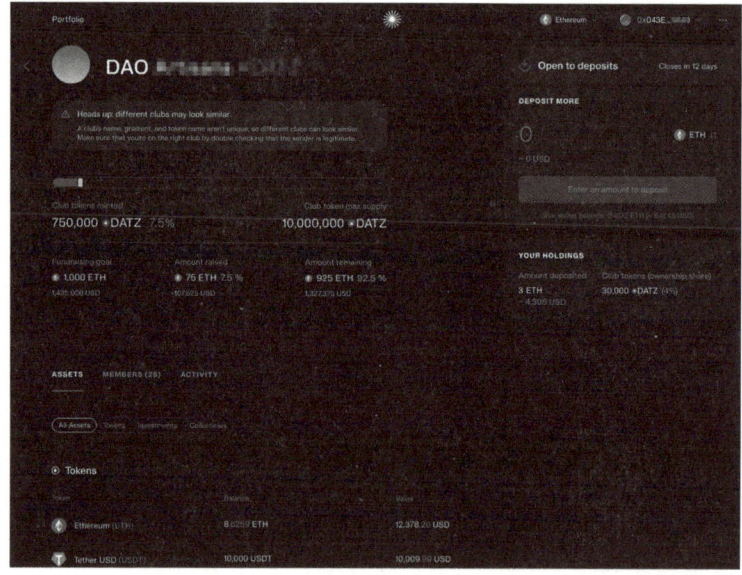

▲ 신디케이트를 이용해 DAO에 참여해 실제 투자를 하고 지분을 받은 것을 확인하는 화면

Labs나 다오스택DAOstack, 신디케이트Syndicate, BIP 같은 곳이 주목받고 있다.

실물경제 vs. 인터넷경제 vs. 가상경제 총정리

	실물경제	인터넷경제		가상경제	
		공유경제	구독경제	토큰 이코노미	창작자 경제
가치철학		웹1.0		웹2.0	웹3
이해관계자		수요자, 공급자	소비자	기여자, 개발자, 서드파티, 제공자, 수요, 투자자	창작자, 중계자, 수요자 (코인 ↔ 토큰)
비즈니스 모델		중계 수수료 (사용자 간 가치 거래)	정기적 서비스 사용료	수수료, 거래 수수료, 투자	판매, 투자, 수수료 (NFT)
가치 제안		편의, 다양성	경험, 서비스	신뢰	커뮤니티 (DAO)
비즈니스 생태계		플랫폼 비즈니스 (집중화, 독점)		프로토콜 비즈니스 (분산화, 분배/디파이)	

웹3와 블록체인 솔루션 시장의 거시적 전망

웹3는 가치철학이고 블록체인은 그런 웹3 철학을 실현하는 데 있어 궁합이 맞는 기술이다. 그렇다고 웹3는 블록체인 기술로만 실현할 수 있는 것은 아니며, 블록체인이 꼭 웹3 가치철학을 위해서만 사용되는 것도 아니다. 즉 기존의 클라우드나 서버-클라이언트 기술로도 웹3를 지향하는 서비스를 구축할 수 있고, 블록체인이 기존 빅테크 기업들의 플랫폼 비즈니스에 이용될 수도 있다. 하지만 웹3의 가치철학은 탈중앙화를 기반으로 하고 있으며, 블록체인은 그런 탈중앙화를 실현하는 데 가장 적합한 기술임에 틀림없다. 그런 이유로 웹3 패러다임은 새로운 인터넷 시장의 변화를 이뤄내는 데 중심 역할을 할 것이며, 블록체인의 역할은 더욱 커질 것이다. 웹3 서비스는 사용자들의 눈에 보이지만, 블록체인은 눈에 보이지 않는 숨겨진 기술이다. 하지만 웹3 서비스가 늘어갈수록 보이지 않는 블록체인의 중요도는 더욱 커질 것이다. 그런 웹3 서비스에서 핵심 역할을 하는 블록체인 솔루션을 보유한 기업은 오히려 웹3 서비스보다 더 큰 평가를 받을 수도 있다. 그런 솔루션이 과연 무엇인지 웹3 서비스들이 공통으로 이용하는 블록체인 메인넷과 토큰, 솔루션 속에서 답을 찾을 수 있을 것이다.

> 다시 돌아보는 블록체인

블록체인의 부활

　실질적인 비즈니스 문제를 훌륭하게 해결하는, 솔루션 역할을 하는 블록체인의 성과 창출 사례로 금융 서비스의 글로벌화인 디파이와 복잡한 이해관계자 간 거래에서의 스마트 컨트랙트, 신뢰도를 갖춘 인증, 친환경 관련 활동에 대한 측정과 평가 보상 등 4가지 분야를 들 수 있다.

　첫째, 블록체인의 분산원장에 기록된 데이터를 추적해 볼 때 디파이나 NFT와 같이 탈중앙화된 금융과 디지털 콘텐츠 거래에 블록체인이 활발하게 사용된 것을 확인할 수 있다. 실제 디파이나 NFT 거래에 사용된 이더리움 등 블록체인 토큰의 거래 내역과 금액은 빠르게 증가하고 있다.

모바일에서 벌어지고 있는 금융 혁신을 핀테크라고 한다면 디파이는 블록체인에서 벌어지는 금융 서비스 혁신이라고 말할 수 있다. 또 기존 금융기관이나 스타트업이 프라이빗 블록체인으로 기존 금융 규제의 바운더리 안에서 금융 혁신을 하는 것은 씨파이Centralized Finance, CeFI라 말할 수 있다. 디파이를 거래할 수 있는 대표적인 거래소는 유니스왑Uniswap, 컴파운드Compund, 인스타댑InstaDApp 등이 있으며 암호화폐 거래소로 나스닥에 상장한 코인베이스Coinbase도 디파이 코인을 거래할 수 있다. 그리고 메이커다오MakerDAO는 암호화폐를 이용해 대출을 받을 수 있는 블록체인 기반의 완전한 탈중앙화 디파이 서비스를 제공한다.

디파이는 단순 거래소를 넘어 대출, 송금 등의 다양한 금융 서비스 영역으로 확대하고 있는데, 눈여겨볼 점은 대부분의 디파이가 이더리움을 메인넷으로 활용해 시스템을 개발한다는 것이다. 2019년까지만 하더라도 대부분의 댑, 즉 탈중앙화 서비스들이 독자적 메인넷을 구축했는데 이제 디파이의 약 90%는 이더리움을 이용할 정도로 이더리움은 블록체인 금융 서비스의 기반이 되고 있음을 확인할 수 있다.

　NFT 역시 이더리움을 메인넷으로 개발되고 있어, 이더리움은 블록체인의 기반 표준 플랫폼으로 검증되었다. 디파이와 함께 최근 주목받고 있는 NFT는 자산과 코인을 하나로 묶어서 자산거래를 보다 투명하고 안전하고 쉽게 할 수 있도록 해주는 거래소, 메타마스크 같은 손쉬운 인증과 결제를 위한 지갑이 제공되면서 거래량이 늘고 있다. 게다가 NFT 거래 시에는 저작권, 사용권에 대한 자산을 창작한 저작권자와 소유권자, 사용권자 간에 상호 이득이 되는 계약사항 등을 넣으면서 최초 창작자와 거래자에게 다양하고 지속적으로 부가 가치를 줄 수도 있다. 이러한 장점을 다양한 영역에 활용될 것으로 기대한다.

　앞으로 NFT를 이용해 게임 아이템이나 디지털 아트 작품 등만 거래하는 것을 넘어 더 발전할 것이다. 예를 들어 동산을 용도에 따라 다양한 사용 방식으로 구분해서 NFT로 계약사항과 함께 자산 사용에 대한 가치를 묶어 구성할 수 있다. 이 방식이 구현된다면 소유주와 구매자 및 이용자가 쉽게 거래할 수 있을 것이다. 더 나아가 실물 예술작품을 만드는 과정을 디지털 콘텐츠로 스토리텔링하고 제작한 다음, 이를 실물자산과 묶어 NFT화해서 거래할

▲ 비플의 첫 작품 〈매일:첫 5천일〉

수도 있을 것이다. 더 나아가 메타버스에서 보다 입체적으로 활용할 수 있도록 여러 종류의 디지털 아이템과 패키지로 묶어서 NFT로 거래하는 것도 가능하리라 생각한다.

지난 2021년 3월에 NFT 디지털 아티스트 비플의 〈매일:첫 5천일〉이라는 작품이 785억 원에 거래되면서 NFT 역사를 새로 썼

◀ 비플의 두 번째 작품 〈휴먼 원〉

다. 비플의 두 번째 작품 〈휴먼 원〉은 이미 크리스티 뉴욕 록펠러 센터에 실물 작품으로 전시되었다. 4개의 비디오 스크린 벽으로 만들어진 2미터의 LED 미디어 아트인데, 이 작품은 각기 다른 1분짜리 비디오 클립을 배경화면으로 제공하며 매분마다 배경이 바뀐다. 배경은 비플이 죽을 때까지 계속 업데이트하며, 작품은 NFT로 만들어 실물 작품과 함께 이더리움에 올라간 동영상 클립도 제공한다.

둘째, 국가 간 무역거래처럼 이해관계자가 많아 물류 현황과 계약 서류 등의 복잡한 인증 절차가 필요한 영역에서의 블록체인 활용 사례다. 2018년부터 이 같은 무역거래에 블록체인 기술을 활용한 사례가 많지만, 성과를 거두고 있는 곳은 IBM과 조인트 벤처를 만들어 사업하는 머스크A.P. Moller Maersk다. 머스크는 덴마크에 본사를 둔 세계 최대의 해운 그룹이자 물류 기업으로 해당 산업에 대한 영업망과 비즈니스 경험이 있고, 특히 머스크의 경쟁사도 이 솔루션을 사용할 만큼 블록체인의 보안성과 신뢰도를 갖췄다. 특히 분산원장에 기록되기 전의 데이터 위조와 변조를 막기 위한 하이퍼레저 패브릭Hyperledger Fabric(블록체인 솔루션과 응용 프로그램을 개발하기 위한 모듈형 아키텍처 플랫폼으로 허가형 프라이빗 블록체인의 형태) 등의 보완점을 지속적으로 찾아 업그레이드한 것도 주효했다.

셋째, 성과를 보이는 블록체인 영역은 인증 분야다. 그간 대부분의 인증 시스템은 대외적 신뢰를 갖춘 공공기관이나 공인된 신용업체, 인지도가 높은 빅테크 기업이 중앙화해서 운영했다. 이로 인해 발생하는 데이터 오남용과 빅브라더 등의 이슈로 인해 보다 투명한 인증 시스템 운영에 DID(분산신원 인증 기술)라는 이름으로 블록체인이 사용되고 있다. 이렇게 블록체인을 이용한 탈중앙화 인증은 중앙화된 기존 인증과 달리 '나'임을 인증하는 증명 데이터를 사용자가 컨트롤하는 지갑에 보관한다. 블록체인 위에는 공개키를 저장해 투명성을 담보하고, 검증기관은 개인정보

없이 사용자가 승인한 최소의 정보만을 기록한다. 인증이 필요한 이벤트가 발생하면 검증기관에 기록된 정보를 분산원장의 공개 키를 통해 승인 후 확인하는 과정을 거친다. 이런 과정에서 개인은 본인의 인증정보가 어떤 이벤트, 어떤 사업자, 어떤 서비스에서 언제, 어떻게, 어디까지 사용되었는지 투명하게 확인할 수 있다. 특히 코로나19로 블록체인의 분산 ID가 널리 이용되기 시작했고 SKT에서는 사람이 아닌 사물 인증에도 이 기술을 이용하면서 투명하게 IoT 인증 시스템을 운영하는 데 신뢰도를 확보하고 있다.

마지막으로 3년 전에도 여러 시도가 있었던 보상, 즉 인센티브를 주는 용도로서 블록체인과 토큰 이코노미의 활용이다. 대개 환경보호나 특정 활동에 대해 토큰으로 보상을 주는 여러 사례가 그럴듯하게 나타났다가 사라진 경우가 많다. 이유는 측정의 모호함과 평가의 불균형, 보상으로 받은 토큰 활용처의 제약 등이다. 2013년 설립되어 지속적으로 서비스를 운영하는 밴쿠버의 사회적기업 플라스틱 뱅크Plastic Bank는 1킬로그램의 폐플라스틱을 가져오면 SPCC Social Plastic Collection Credit(사회적 플라스틱 수집 크레딧) 1토큰을 지급하는데, 이는 폐플라스틱의 시세에 따라 변동된다. 이 단체가 오래도록 살아남아 성과를 창출할 수 있었던 배경은 토큰 지급과정에서 폐플라스틱 수거 장소와 용량 확인 및 보상으로 받

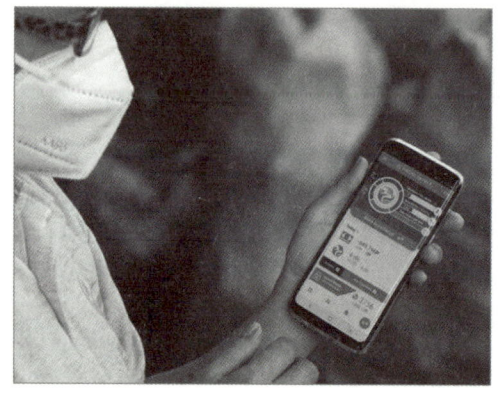

◀ 플라스틱 뱅크의 SPCC 토큰 지급 내역과 기여 활동 내역을 확인할 수 있는 앱

은 토큰을 확인하기 쉽다는 데 있었다. 더 나아가 토큰의 각종 사용처에 대한 정보와 구매, 실제 결제 등 전 과정을 댑으로 구현해 편리하게 서비스를 제공했기 때문이다. 그 과정에서 실제 폐플라스틱의 수거 내역과 처리 과정, 재활용 방안 등을 모두 분산원장으로 기록해 투명하게 공개하면서 선순환이 되었기에 지속적으로 성과를 내며 성장 중이다.

플라스틱 뱅크만큼은 아니지만, 로레알이나 부킹닷컴 등 일부 기업에서도 사내 구성원 대상으로 친환경 활동이나 캠페인 진행 시 사용하는 에코 코인EcoCoin도 2018년부터 운영하며 서비스를 유지하고 있다. 성과 창출요인은 취득한 코인으로 에코 코인 재단이 제공하는 마켓플레이스에서 여러 친환경 상품들을 구매하고 서비스를 이용하는 데 결제 수단으로 쓸 수 있기 때문이다. 또 이

캠페인에 참여한 기업도 에코 코인을 이용해서 댑에 광고를 실을 수 있다. 이렇듯 코인을 사용할 수 있는 실질적인 수단이 있기에 토큰 이코노미 생태계를 지속해서 운영할 수 있다. 비즈니스 솔루션으로 성과를 내는 블록체인의 실질적 사례를 벤치마킹한 다양한 기업의 성과 창출요인은 3가지로 정리할 수 있다.

첫째, 사용자, 즉 블록체인 솔루션의 이해관계자가 이용하는 댑의 사용성이다. 디파이나 NFT를 이용할 때 카카오뱅크나 아마존을 쓰는 것처럼 빠르고 직관적인 화면 구성을 들 수 있다. 플라스틱 뱅크나 에코 코인처럼 보상으로 받은 코인을 댑에서 편하게 사용하고, 구매 가능한 상품이 다양해 댑에서 모든 것을 처리할 수 있다는 것이 주요 요인이다. 2019년경의 블록체인으로 구현된 서비스는 웹이나 앱이 느릴 뿐 아니라 사용 편의성이 떨어졌지만 최근의 성공적인 블록체인 솔루션은 기본적으로 빠르고 편리하다. 불편한 댑들은 대부분 독창적인 서비스 아이디어와 차별화된 서비스 철학으로 화려하게 데뷔했지만 대부분 자취를 감췄다.

둘째, 탈중앙화 금융 서비스와 스마트 컨트랙트, 인증 등을 이용할 때 필수적인 지갑이 표준화되어 가입과 인증 절차가 빠르고 편해졌다는 것이다. 바로 메타마스크라는 이더리움의 로그인을 위해 사용되던 지갑이 여러 메인넷과 거래소 등을 지원하면서 로그인이나 인증 절차가 무척 편해졌다. 마치 카카오톡이나 페이스북 아이디로 어디든 회원 가입을 하고 로그인할 수 있는 것과 같다. 블록체인을 쉽게 이용할 수 있는 표준화된 인증 서비스가 나타난 것이다. 이 지갑은 크게 2가지 기능을 수행한다. 첫째는 인증, 둘째는 토큰의 보관이다. 이를 제공하는 단순한 지갑이 범용화되면서 메타마스크를 이용해 블록체인 솔루션과 댑을 쉽게 가입하고 이용할 수 있는 생태계가 형성되었다.

기업의 블록체인 성과 창출요인 마지막으로는 이더리움으로의 대동단결이다. 대부분의 블록체인 솔루션이 퍼블릭 블록체인을 이용할 때 메인넷으로 이더리움을 선택하고 있다. 2021년 전체

이더리움 플랫폼이 떠오른 이유

윈도우	이더리움
1. 인터넷 연결 웹브라우저 기본 탑재(익스플로러), 손쉬운 인터넷 연결	1. 자유로운 참여가 이룬 확장 오픈소스, 공정한 이윤 분배
2. 소프트웨어 개발 지원 통합개발 툴 배포, 일부 소프트웨어 무료 공개	2. 다양한 토큰 연계 다양한 토큰 발급 지원
3. 사용자 친화적 UI/UX 그래픽 유저 인터페이스	3. 댑 개발의 확대 개발 툴 공개, 개발자 지원
	4. 지속적인 개선 네트워크 속도/가스비 개선, 채굴 에너지 감축

블록체인 암호화폐를 이용한 거래 금액의 95%는 이더리움이 차지할 만큼 이더리움 메인넷을 이용한 댑들이 크게 늘고 있다. 물론 독자적 메인넷을 개발하는 페이스북, 카카오, SM엔터테인먼트 등의 기업이 여전히 존재하지만, 이는 빅테크 기업이나 버티컬 영역에서 특별한 사업을 추진하고자 진행하는 경우로 매우 제한적이다. 또한 영향력이 확대되려면 이 메인넷을 이용하는 댑이 많아져야 하는데 그런 모습은 아직 보이지 않는다. 마치 스마트폰에서 iOS와 안드로이드로 OS가 표준화된 것처럼 블록체인 메인넷도 승자독식의 구조로 가고 있다.

1990년대 춘추전국시대나 다름없던 PC 운영체제 시장이 2000년대에 접어들며 윈도우로 통일된 것처럼, 블록체인 메인넷 시장도 지금은 이더리움 2.0이 거의 대세로 자리 잡았다. 이더리움 재단이 마치 안드로이드처럼 오픈소스 기반으로 자유로운 참여를 독려하며 생태계를 오픈 이노베이션시켰고, 이더리움 기반으로 다양한 토큰들이 생성될 수 있도록 유연성을 갖추었기 때문이다. 더 나아가 댑이 요구하는 다양한 개발툴과 API 등을 업그레이드하며 더 나은 서비스가 나올 수 있도록 기술 지원을 했기 때문이기도 하다. 물론 댑의 UI/UX를 가능하게 하는 메인넷의 사용자 친화적인 개발 지원도 한몫했다.

2009년 1월 프로그램 소스가 배포된 비트코인의 탄생 이후 10년간 블록체인은 기술적 보완이 이루어지며 암호화폐 중심으로 거품이 부풀어 올랐다. 2020년에 접어들면서 블록체인의 옥석이 가려지며 3가지의 주요 서비스와 기술이 부각되었다. 첫째 퍼블릭 블록체인인 이더리움 메인넷이 백엔드 인프라로서 부상했고, 둘째 쉽게 블록체인 댑들이 접근 가능한 메타마스크라는 월렛이 범용화되었고, 마지막으로 블록체인 기반으로 구현된 댑의 편의성이 커졌다는 것이다. 이제 블록체인은 본격적인 사업 시도가 가능한 단계로 도약하기 위한 준비가 갖춰진 것으로 보인다.

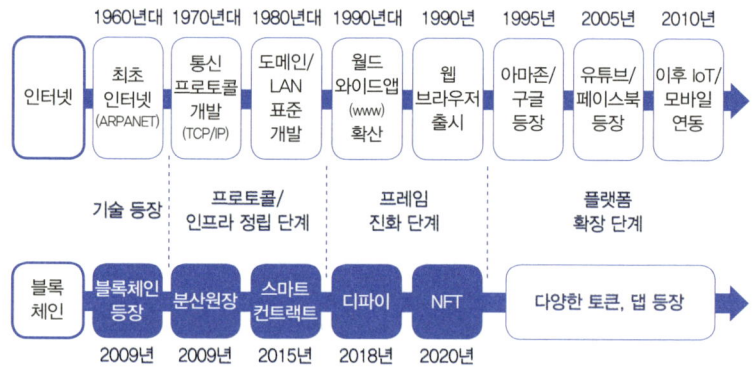

웹3와
블록체인의 궁합

블록체인은 2020년을 지나면서 기술의 거품은 걷어내고 각성하면서 비즈니스 솔루션으로 자리매김하고 있다. 특히 웹3가 지향하는 탈중앙화의 공정한 인터넷 가치 실현이라는 철학에 부합한다. 제도권에서도 블록체인을 활용한 글로벌 금융 서비스(씨파이)를 선보이고 있으며, 디파이코인과 NFT를 비롯한 각종 인증과 무역 거래, ESG 경영에 블록체인이 활용되고 있다. 이 지점에서 블록체인은 웹3를 실현하는 기술 도구로 평가받고 있다.

블록체인의 금융 혁신, 디파이

	핀테크	씨파이	디파이
예	카카오뱅크, 토스	빗썸, 코빗	유니스왑, 메이커
거래수단	법정화폐	암호화폐	토큰
규제	전자금융거래법	특정금융정보거래법	없음
관리주체	중앙화	서비스 제공사	탈중앙화
거래장부	단일	단일/분산	완전한 분산
데이터 저장	중앙화	중앙화	노드 참여자
데이터 접근	허가받은 사용자	등록 사용자	모든 참여자

블록체인이 웹3의 도구로 부활한 이유는 크게 2가지로 해석할 수 있다. 첫째, 블록체인의 운영을 위한 보상 기제로 작동되는 암

호화폐가 글로벌 금융 서비스를 구현하는 데 본격적으로 쓰이기 시작했다. 디파이 코인은 기존의 은행을 경유하지 않고 송금, 예금, 대출 등을 할 수 있는 탈중앙화된 금융 서비스를 구현할 수 있다. 또 NFT는 암호화폐에 자산을 결부해 유일무이한 코인을 만들어 자산과 함께 거래할 수 있도록 한다. 그렇다 보니 디지털 아트 등의 작품이나 기념비적인 역사적 사건, 이벤트 등을 NFT 화폐로 만들어 쉽게 거래하게 해준다. 그간 무분별 상장과 투기의 온상으로 비판받던 암호화폐 거래소도 탈중앙화 거래소^{DEX}로 이름을 바꾸고 보다 투명하고 신뢰를 갖추며 재탄생했다. 유니스왑, 팬케이크스왑^{Pancakeswap} 등이 그렇게 글로벌 암호화폐 거래소로 거듭났으며, 다양한 블록체인 기반의 금융 서비스를 이용하는 데 중요한 수단인 인증과 코인의 보관, 송금 등의 기능을 제공하는 메타마스크 같은 표준화된 공용 암호화폐 지갑도 널리 사용된다. NFT를 거래하는 바이낸스^{Binance}, 오픈시 등도 자리 잡아가며 다양한 종류의 자산을 손쉽고 안전하게 거래할 수 있도록 한다.

이렇게 기존 화폐로는 도저히 상상할 수조차 없는 다양한 금융 서비스를 블록체인 기반으로 개발한 코인을 통해 운영하는 실증사례가 나오면서 기존 금융기관이나 제도권에서 관심을 가지고 투자와 동참에 나서고 있다. 소위 씨파이는 그렇게 기존 제도권에서 블록체인을 이용해 만든 금융 서비스다. JP모건은 JPM이라는 블록체인 기반 스테이블 코인을 직접 만들어 기업 고객 간 송금과 결제 수단으로 활용하고 있다. 또 골드만삭스도 블록체인 기업 실적을 평가하는 블록체인 ETF 상장지수펀드를 운영 중이다.

둘째, 블록체인의 기존 시스템과 차별화된 기능의 핵심인 분산원장이 암호화폐의 거래를 기록하기 위한 수단을 넘어 다양한 정보와 가치거래를 저장하는 수단으로 사용되고 있다. 특히 암호화폐 그 자체의 거래가 목적이 아닌 부동산 거래, 무역 거래, 환경보호나 탄소 저감 등의 사회공헌 내역 등을 기록하며 투명성과 신뢰성을 확보하는 데 주력한다. 이를 위해 공신력 있는 메인넷을 이용해서 분산원장을 기록하는 것이 확산되고 있다. 이더리움은 다양한 블록체인 앱이 이용하는 메인넷으로 정착했고 트론코인과 비트코인 등이 뒤를 잇고 있다.

블록체인 기반의 다양한 서비스들이 확대되기 위해서는 표준화된 플랫폼이 필요하다. 블록체인 메인넷은 비트코인과 이더리움을 필두로 EOS, 퀀텀, 트론 등 상상할 수 없을 만큼 다양한 메인 네트워크가 난립했다. 하지만 암호화폐에 대한 냉혹한 비판과 함께 이들 메인넷도 옥석이 가려졌다. 그렇게 남은 것이 이더리움과 비트코인 등 일부다. 앞으로도 상황이 더 정리되면서 메인넷은 마치 대부분의 인터넷 서비스가 그래왔던 것처럼 WTA^{Winner}

Takes All 효과로 승자 일부만이 살아남을 것이다. 그 과정에서 블록체인의 표쥰이 자리 잡고 탈중앙화라는 블록체인만이 갖는 고유한 기술적 특장점을 이용해야만 하는 서비스와 사업의 성과로 블록체인 기술에 대한 재평가가 이루어질 것이다.

블록체인을 오직 암호화폐, 그것도 듣도 보도 못한 일명 '잡코인'이라 불리며 탐욕을 구현하는 수단으로만 오해해서는 안 된다. 블록체인은 암호화폐로 세상에 선보였지만, 실제 블록체인으로 할 수 있는 기능은 기존 화폐의 역할을 넘어선다. 그런 블록체인의 탈중앙화라는 특징을 활용한 다양한 비즈니스 솔루션들이 웹3의 바람과 함께 최근 들어 실질적 성과를 보여주고 있다. 그것이 앞으로 블록체인을 재평가해야 하는 이유이기도 하다.

블록체인의 다양한 기능

블록체인은 암호화폐 발행만 하는 것은 아니다. 블록체인의 핵심은 분산원장이고, 이 분산원장에 무슨 데이터를 저장하느냐에 따라 활용도는 다양하다. 화폐 발행과 발행된 화폐의 거래 내역을 분산원장에 기록하면 금융 서비스로서 블록체인을 이용할 수 있다. 반면 무역거래나 계약사항, 사용자 인증, 원산지 추적 등의 데이터를 기록하는 데 사용하면 전혀 다른 솔루션으로 이용할 수 있다.

블록체인 용어 설명서

- **메인넷**: 원래 용어의 의미는 실제 사용자에게 배포하는 버전의 네트워크를 말하고 반대말로는 테스트넷이 있다. 블록체인에서 말하는 이더리움, 퀀텀, 네오 등 주로 사용하는 플랫폼이 아니라 독립적으로 생태계를 구성하는 것을 말한다.
- **분산원장**: 복제나 공유가 된 디지털 데이터에 대한 합의 기술로 중앙집중의 데이터 저장소가 존재하지 않고 여러 시스템에 파일을 분산해서 저장할 때 필요하다. 블록체인은 분산원장을 활용해 분산화된 네트워크에 참여자가 공동으로 데이터를 기록하고 관리한다.
- **코인**: 독립된 블록체인 네트워크를 기반으로 발행된 암호화폐를 말한다.
- **토큰**: 독자적인 블록체인 네트워크가 아닌 다른 블록체인 플랫폼을 기반으로 발행된 암호화폐를 일컫는다.
- **ICO**: 암호화폐를 통해서 자금을 모집하는 방법이다. 일종의 크라우드펀딩과 비슷하지만, 암호화폐를 발행해서 이를 투자자에게 지급한다는 점이 다르다.
- **오라클 문제**^{Oracle Problem}: 블록체인 밖에 있는 데이터를 블록체인 안으로 가져올 때 발생하는 문제를 말한다. 블록체인으로 원산지를 추적해 무결성, 신뢰성을 확보하고 싶어도 실제 분산원장에 원산지 내역을 기록할 때 현실에서 거짓으로 데이터를 기록하면 해당 정보는 완전하지 못하다는 뜻이다.

- **사이드 체인**: 블록체인을 확장하는 데 이용하는 것으로 기존의 메인체인 옆에 나란히 붙어서 작동하는 하위체인을 뜻한다. 메인체인의 노드에 추가되는 방식으로 작동된다. 블록체인 네트워크 위에서 발생하는 트랜잭션을 온체인, 네트워크 밖에서 발생하는 트랜잭션은 오프체인이라고 부른다.

계약서를
품은 화폐 NFT

 2019년 블록체인발 암호화폐와 ICO가 투자를 빙자한 투기의 온상으로 점철되었다면, 2021년은 NFT로 그 열기가 이어졌다고 해도 과언이 아니다. 과연 어떤 가치가 있을지, 어디에 사용할지 모호한 상황에서 많은 셀럽이 관심을 보인 NFT 컬렉터블, 예술 작품이 수천만 원에서 수억 원까지 거래되면서 투기의 온상이 되었다. 아니나 다를까 2022년부터 NFT 시장에 대한 회의론과 냉정한 비판이 떠올랐고, 시장이 급랭하면서 NFT 가치가 수직하락하고 있다. 하지만 그 과정에서 옥석이 가려지면서, NFT 소유자 중심으로 튼튼한 커뮤니티가 형성되고 여러 혜택과 서비스가 운영되는 등 일부를 중심으로 재평가가 이루어지고 있는 것도 사실이다.

 2021년 3월에 35억 원에 판매된 트위터 창업자 잭 도시의 첫 트윗이 1년 후 매매로 나왔는데, 2022년 4월 17일 기준 최고가로 구매하겠다고 나선 금액이 약 2천만 원이다. 1년 만에 100분의 1도 안 되는 가격으로 추락했다. 그렇다 보니 국내에서도 전통기업을 중심으로 NFT 사업 진출 소식이 이어지고 있다. 삼성전자와 LG전자는 NFT 작품을 스마트TV에 연계해서 디스플레이하거나 NFT 스토어를 탑재하는 제휴를 추진하고 있다. 제일기획과 현대카드는 NFT 전담팀을 구성해 자체적으로 보유한 콘텐츠와 각종 IP를 기반으로 NFT화하는 사업을 구상 중이다. SK스퀘어는 코빗, SK플래닛과의 제휴를 기반으로 토큰 비즈니스에 뛰어드는 등 전통기업이 블록체인 기반의 사업 혁신에 발벗고 나서는 중이다. 3~4년 전의 ICO와 달리 전통 대기업까지 참여한 NFT 시장을 과연 어떻게 이해해야 할까.

1980년대에 한때 우표와 주화 모으기에 빠져있었는데, 비단 나뿐만이 아니라 그 시대에는 중고생은 물론 성인들도 그 취미에 몰두했다. 그렇게 매년 수십 개씩 모으면 당연히 비용이 부담되었지만, 시간이 지나면 골동품처럼 가치가 높아질 것이라는 믿음이 있었다. 하지만 약 20년이 지나 창고에서 찾은 우표와 주화는 당시 구매 가격보다 훨씬 값어치가 떨어져 있었다. 물론 개중 서너 개 정도는 가격이 오른 것도 있었지만 가뭄에 콩 날 정도로 적었을 뿐 아니라 99%나 되는 나머지 수집품의 가치가 워낙 떨어져, 아니 정확히 말하면 팔 수조차 없을 만큼 수요가 없어서 전체적으로는 큰 손해를 보았다. 그때 비싼 가격으로 산 우표와 주화는 실제 사용도 할 수 없는 수집품에 불과했고, 유일무이한 것이 아니다 보니 가격이 기대만큼 오르지도 않았다.

이런 옛 기억이 NFT 수집품으로 소환되고 있다. NFT로 구매하는 도무지 이해가 안 가는 작품, 사진, 게임 아이템 등을 보고 있으면 엉뚱한 헛발질을 하는 것은 아닌가 하는 생각도 한다. 하지만 명확히 구분해야 할 것이 있다. 모든 수집품이 가치가 없는 것은 아니라는 점이다. 대부분의 우표와 주화가 무용지물이 되었지만, 몇몇 개는 희소성 등으로 자산 가치가 실제 오른 것처럼 NFT로 구매한 작품 중에는 의미 있는 작품도 있을 것이다. 그런 작품까지 모조리 비난할 필요는 없다. 그리고 우표를 구매할 때 사용하던 화폐가 아무런 죄가 없듯(문제라면 가치를 몰라본 무지) NFT는 아무 잘못이 없다. NFT는 소유권을 증명할 수 없는 디지털 파일에 저작권자의 권리를 증명할 수 있게 하고, 이를 쉽게 거래할 수 있도록 해준 기술일 뿐, 이를 가치 있게 활용하느냐 마느냐는 인간의 몫이다.

대표적인 NFT 작품들을 거래하는 오픈시에는 옥션이나 11번가처럼 수많은 매물 정보가 올라와 있다. 다른 점은 실물 상품이 아닌 디지털 아트라는 것과 각 작품의 소유자와 거래내역이 투명하게 공개되어 있다는 점이다. 누가 원작자고, 언제, 누가, 누구에게 작품을 양도 혹은 매도했는지 등 모든 정보가 공개되어 있다. NFT 기술 덕분에 이렇게 거래내역과 디지털 파일의 소유권에 대한 정보를 투명하게 관리할 수 있는 것이다. 그렇다 보니 이들 작

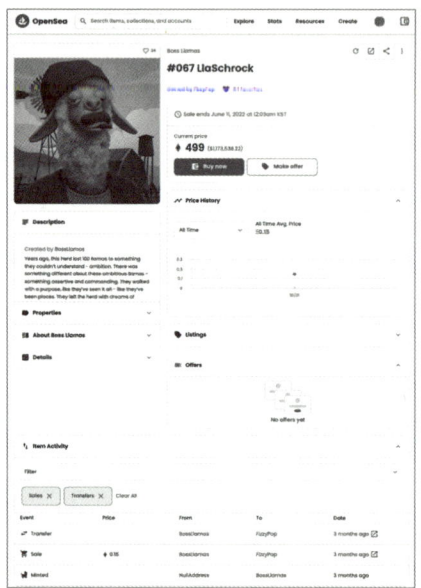

◀ 10억 원이 넘는 비싼 매물로 올라왔지만 수개월째 거래가 없는 NFT

품이 만들어져 거래된 내역을 보면 상당수의 작품이 아무도 구매조차 하지 않고 가격만 비싼 것들이 많음을 알 수 있을 것이다. 매물만 많고 수개월째 아무도 거들떠보지도 않고 구매하려 들지 않는 작품이 수두룩하다.

2가지 의문이 생긴다. 왜 누구나 복제해서 스마트폰에, 컴퓨터에 저장하고 볼 수 있는 디지털 파일에 대한 소유권을 가져야만 할까. 설사 그 소유권이 필요하다고 해도 그 파일이 그럴 만한 가치가 있는 것일까. 우선 그 가치 유무는 파일마다 다를 것이다.

마치 우표가 그런 가치가 있느냐와 같은 이치다. 어떤 파일은 그럴 가치가 있을 수 있고, 없을 수도 있다. 파일을 만든 작가의 명성이나 저작물의 작품성에 따라 달라질 것이다. 남보다 일찍 이 시장에 뛰어들어 NFT 작품을 만들어 초기에 주목을 받은 작가, 유명 셀럽이 구매해서 그 인기로 작품의 주목도가 높아진 경우에 이르기까지, 다양한 이유로 이해할 수 없는 가격이 매겨지곤 한다. 물론 개중에는 기존에 구글링으로는 찾을 수 없는 멋진 작품도 발견할 수 있긴 하다. 명확한 것은 역사적 이벤트를 기념해 한정된 수량을 만드는 것처럼 NFT로 연결된(이걸 민트라고 하는데, 디지털 아트나 자산이 이더리움 블록체인을 거쳐 토큰이 되는 것을 말한다) 디지털 파일도 복제는 무한히 할 수 있지만, 소유권은 일부만이 행사할 수 있도록 제한할 수 있다.

하지만 그런 디지털 파일도 누구나 복제해서 사용할 수 있는데, 비싼 돈을 주고 구입할 이유가 있어야 한다. 최근 트위터는 NFT로 구매한 작품으로 내 트위터 프로필 사진을 설정할 수 있도록 했다(NFT 프로필 픽처 서비스). 그렇게 NFT 소유권을 활용할 수 있는 서비스가 생긴 것이다. 구글 검색으로 어떤 사진이든 다운로드해서 내 트위터 프로필을 변경할 수 있지만, 그 사진은 누구나 소유하고 사용할 수 있다. 반면 트위터의 이 서비스는 메타마스크 등의 암호화폐 지갑을 연동시켜 이더리움 위에 민팅된 각자가 소유한 작품만을 설정할 수 있다. 물론 그런 작품을 복제해서 직접 트위터 사진으로 업로드할 수는 있지만 민팅된 파일이 아니라는 것이 공개되기 때문에 떳떳할 수 없고 저작권 관련 문제도 뒤따른다.

링크다오LinksDAO는 골프장 매입 자금을 마련하기 위해 NFT를 발행했다. NFT 구매자에게 골프장 멤버십 구매권과 이용료 할인 등의 특전을 제공하면서 NFT가 실물경제와 긴밀하게 연계될 수 있는 발판을 마련했다. 기존의 골프장이나 콘도 등에서는 거대 자본이 미리 투자해서 토지와 건물 등을 건설한 후에 회원권을 발행했는데, 이렇게 NFT를 이용해서 다수의 개인 투자자가 함께 자금을 만들어 실물자산 투자자로 참여하고, 이들에게 멤버십 특전을 제공하는 것이 가능해진 것이다.

이렇게 앞으로 더 많은 서비스는 물론 메타버스 같은 차세대 인터넷 플랫폼에서 NFT로 민팅된 파일들을 더 폭넓게 사용할 수 있게 되면 자연스레 그 가치도 커질 것이다. 기존에 수집한 우표나 주화는 매도 전까지는 서랍에서 잠만 자고 있어야 하니 사용 가치가 현저히 떨어지지만, NFT 작품들은 이렇게 다양하게 활용할 기회가 있다. 그러면 그렇게 사용 가치를 다양하게 만들 수 있는 장치나 특징을 제공하는 작품들이 더 가치가 높아지게 될 것이다. 그런 이유로 IP를 가진 콘텐츠 사업자나 브랜드, 대기업들이 NFT에 관심을 갖는 것이다. 또한 팬덤을 넘어 강력한 로열티를 갖춘 커뮤니티의 확보까지 가능해서 고객을 사로잡으려는 B2C 기업들의 참여도 점차 늘어나고 확대되고 있다.

사용 가치를 한층 높여주는 NFT

NFT라는 도구로 할 수 있는 것은 다양하다. 신세계백화점은 NFT 기업 메타콩즈MetaKongz와 제휴해 백화점 대표 캐릭터인 푸빌라를 NFT로 1만 개를 제작해 판매했다. 이 NFT는 각각 6개의 등급이 부여되어 실제 백화점에서 이용할 수 있는 우수고객 혜택을 등급에 따라 다르게 제공한다. 발레파킹 무료 이용권이나 VIP 라운지 입장권, 커피 쿠폰과 식사권 등 다양한 혜택을 제공한다. 실제 오프라인 백화점에서 받을 수 있는 혜택이고 NFT로 만들어져 매도가 가능한 데다, 타인에게 소유권을 자랑할 수도 있어 기존의 멤버십 혜택과 차별화된 장점을 보인다. 싱글몰트 위스키 브랜드 글렌피딕Glenfiddich은 블록바BlockBar와 제휴해 주류 NFT를 15개 한정으로 출시했다. 이는 실제 제품으로 출시되어 NFT로 소유할 수 있다. 최초 소유자는 NFT를 타인에게 매도할 수 있고, 소유한 사용자는 언제든 실제 물리적인 위스키를 배달 신청해서 받을 수 있다. 단 실제 배송을 요청하는 순간 NFT는 소각된다. 이렇게 NFT는 다양한 전통산업에서 독특한 사용자 경험을 제공하며 이용되고 있다.

NFT 용어 설명서

- **민팅**: NFT로 자산을 생성하는 것이다. 디지털 파일을 블록체인에 올리고 해당 파일이 저장된 URL과 함께 발행자, 날짜, 제목 및 기타 정보들을 기록해 블록체인에 올리는 것을 말한다. 즉 NFT에서 블록체인 기술을 활용해 디지털 콘텐츠에 대해 대체불가능한 고유 자산 정보를 부여해 가치를 매기는 작업이다.

- **에어드랍**: NFT 작품을 무료로 제공하는 것을 말하며, NFT를 판매하기 위해 마켓 플레이스에 업로드하는 것을 드랍이라고 한다.

- **스마트 컨트랙트**: 블록체인을 이용해 제3의 인증기관 없이 개인 간 계약이 자동화되어 이루어지게 한 것을 말한다.

- **가스비**: 블록체인에서 송금이나 스마트 계약을 실행할 때 들어가는 블록체인 네트워크 사용에 대한 수수료다.

- **화이트 리스트**: NFT를 초기에 싸게 살 수 있는 권리를 말한다. 프로젝트 초기에 관심을 가지는 사람을 선별한 다음, 특정 이익과 권리를 부여해 홍보와 NFT 거래 활성화를 유도한다.

- **AMA** Ask Me Anything: NFT 운영진에게 투자자가 궁금한 것을 질문하고 답변하는 것을 의미한다. 주로 디스코드나 텔레그램을 이용해 소통이 이루어진다.

전통 기업의
성장수단이 된 NFT

 스타벅스의 돌아온 CEO 하워드 슐츠^{Howard Schultz}는 2022년 4월 4일 내부 직원 대상의 타운홀 미팅을 통해 "올해 안으로 NFT 사업을 할 것"이라고 밝혔다. 국내의 현대카드는 공연, 음반 등의 브랜딩 활동에 NFT를 발행해 고객 경험을 확장할 것이라고 밝히고 현대카드 언더스테이지 공연에서 NFT 티켓을 발행해 일반 티켓보다 더 비싼 가격으로 판매하는 대신, 공연장 뒷무대를 투어하고 디지털 아트를 경험할 수 있는 등 여러 혜택을 묶어 제공했다. 그리고 제일기획 역시 전문 아티스트 그룹 스마스^{SMATh}와 협

▲ 스타벅스는 폴리곤과 손잡고 스타벅스 오디세이를 출시할 계획

약을 맺어 아티스트의 작품에 대한 지적재산권 사업과 새로운 마케팅 개발을 추진 중이다. 거래 가치에 대한 의구심만 많던 비트코인에 이은 제2의 가상 투기로 우려의 대상이기도 한 NFT가 왜 갑작스레 전통기업들의 희망이 된 것일까. 엔터프라이즈Enterprise NFT는 어떤 효용 가치가 있고 이를 위해 필요한 것은 무엇일까. NFT가 디지털 작품이나 예술품을 거래하는 것을 넘어 실물경제의 자산 거래와 전통산업 영역에서 다양하게 이용되면서, 기업의 NFT 개발과 이를 위한 솔루션에 대한 필요성도 확대되고 있다. NFT 서비스를 제공하기 위해서는 기본적으로 블록체인 네트워크와 NFT를 저장하고 확인하기 위한 지갑, 이런 NFT를 거래하기 위해 사용되는 마켓플레이스, 소유한 NFT를 기업이 제공하고자 하는 서비스를 구현해 사용자에게 제공하기 위해 댑이 필요하다.

물론 이 4가지가 모든 NFT 사업에 필요한 것은 아니다. 기업의 NFT 활용 목적에 따라 선별해 독자적인 시스템을 구축하기도 하고, 기존의 범용적인 솔루션에 기댈 수도 있다. NFT 서비스 구현을 위해 어떤 블록체인에 기댈 것인지 독자적인 메인넷을 구성할 것인지는 중요한 결정이다. 인터넷 서비스를 개발할 때 A부터 Z까지 독자적으로 내재화하는 것이 과거의 방법이었다면, 검증된 클라우드를 기반으로 필요한 인프라, 시스템, 모듈을 취사선택해서 빠르게 구축하는 것이 현재의 방법이다. 마찬가지로 이 4가지 영역 모두 내재화해서 독자 구축할 필요는 없다. 필요에 따라 선별해서 내재화 여부와 외부 의존을 판단해야 한다.

이 중 가장 중요한 것은 블록체인 네트워크의 선택이다. NFT 서비스를 위해 블록체인 네트워크의 근간인 메인넷을 독자적으로 개발하는 것은 배보다 배꼽이 크다고 할 정도로 보편적 메인넷을 선택한다. 물론 외부 메인넷을 사용할 때 가스비 부담과 커스터마이징의 유연성이 부족하다는 한계가 있기에 사업 목적에 맞춰서 선택해야 한다. NFT 사용을 위한 지갑의 경우 사용자의 인증과 NFT 발급, 소유권의 증명과 조회, 거래 시 서명을 목적으로 이용하는데, 대부분은 범용적인 메타마스크 같은 지갑을 이용한다. NFT 서비스의 대상 범위가 광범위하고 거래하는 자산이 많고 독자적인 NFT 생태계를 구성하기를 원한다면 자체적인 지갑을 만드는 것이 나을 수 있다. NFT 마켓플레이스는 독자적으로 구축하기보다는 오픈시를 포함해 이미 대중적으로 널리 이용되는 마켓을 이용하는 것이 효율적이다. NFT로 민팅한 자산이 많은 고객에게 선보이는 것이 거래 기회가 높아지는 것이기에, 여러 마켓 플레이스를 활용해서 더 많은 사용자가 기업의 NFT 서비스를 경험할 수 있도록 하면 좋다. 댑은 NFT 서비스를 통해 기업이 사용자와 창작자 및 이해관계자들에게 제공하고자 하는 가치를 구현하는 데 중요한 역할을 수행한다. 전통기업의 NFT는 기업이 가진 지적재산권이나 브랜드 및 기존 경쟁력을 활용해 고객들에게 새로운 경험과 가치를 제공하고자 하는 것이 일반적이다. 이때 댑은 그런 경험을 최적화하는 데 도움을 준다. 특히 기업, NFT 소유자, 이 거래에 관심을 가진 사용자, 이해관계자들과 커뮤니티를 구성해 원활한 소통을 하는 데도 댑이 큰 역할을 할 수 있다.

전통기업은 이 같은 시스템을 이해하기도 쉽지 않을뿐더러 아직은 범용적이지 않은 블록체인 기술과 대중의 과도한 관심이 쏠린 NFT를 활용해야 하기에 사업화 과정에 난관이 많다. 그런 만

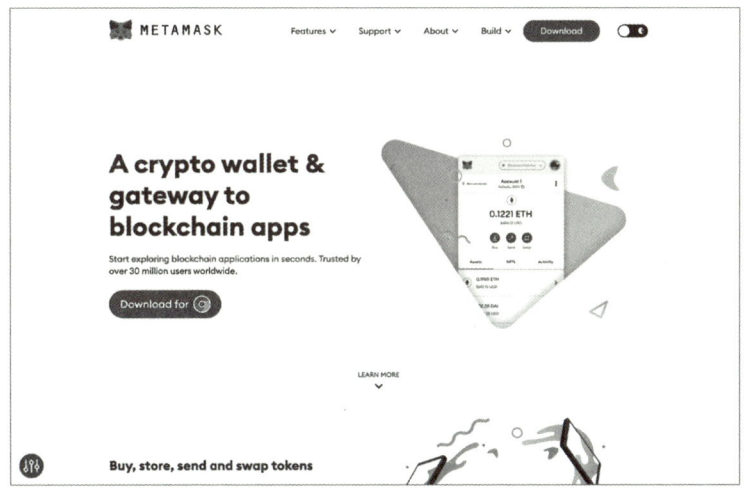

▲ 대표적인 범용 지갑 메타 마스크

큼 기존의 클라우드 기술과 다양한 기업 솔루션 개발 경험을 갖추고 블록체인에 대한 이해가 높은 전문 SI$^{\text{System Integrator}}$(시스템에 대한 전반적인 개발, 유지 보수 또는 시스템 통합 개발 서비스를 제공하는 업체) 기업의 도움을 받는 것이 바람직하다.

전통기업이 NFT에 뛰어들려면

　　전통기업이 NFT 사업에 뛰어들 때 가장 먼저 해야 할 것은 목적에 대한 정의다. 이후 어떤 방식으로 NFT에 진출할 것인지 방법을 선택해야 한다. 누구와 제휴할 것인지 혹은 자체적으로 직접 개발할 것인지 등을 판단해야 한다. 결국 '목적'에 대한 답을 찾으려면 NFT가 무엇이며, 실제 NFT를 기반으로 사업을 하는 기업에 대한 사례 연구와 학습이 필요하다. 이후에 NFT를 직접 민팅할 것인지, 어떤 지갑을 이용할 것인지, NFT를 어디에서 거래할 수 있도록 할 것인지 등 방법을 정해야 한다. 그다음에 아웃소싱할지, 내부에서 할지 여부를 결정한다. 대개 전통기업에서 NFT를 활용하려는 목적은 3가지로 구분된다. 첫째, MZ세대 고객에 대한 마케팅이다. 신세계백화점의 푸빌라, 현대카드의 NFT 굿즈와 NFT 티켓이 그 예다. 물론 이 과정에서 부분 수익화의 기회도 생길 수 있다. 둘째, NFT를 활용한 신규사업 혁신의 기회 확보다. 기업이 가진 지적재산권이나 콘텐츠 등을 NFT화하는 과정에서 새로운 비즈니스의 기회가 만들어질 수 있다. 그런 NFT를 게임이나 메타버스 등의 인터넷 서비스들과 연계하거나 기존 상품과 융합하면서 비즈니스 모델 혁신의 기회가 만들어진다. 나이키, 스타벅스 등이 대표적인 예다. 셋째, NFT를 통해 수집된 거래 이력이나 소유자 정보 등의 데이터를 통해서 고객관리나 분석이 가능하다. NFT의 최대 장점은 거래 내역에 대한 모든 정보가 기록된다는 것이다. 그렇게 기록된 내역을 활용해 시장 분석이나 고객 마케팅 등의 기회로 삼을 수 있다. 목적을 명확히 한 후에 그에 맞는 NFT의 활용 방안 그리고 개발 방법을 찾아야 한다.

참고로 앞선 사례의 NFT는 모두 VIP 멤버십 관리를 위해서 발행된 것이다. 특정 고객에게 물리적으로 줄 수 있는 혜택을 NFT로 묶어서 제공한 것이다. NFT로 발행한 덕분에 소유자는 그 혜택을 타인에게 쉽게 양도할 수 있고, 기업은 NFT 거래 이력 기반으로 소유자 데이터를 확보할 수 있다는 장점이 있다. 게다가 그 NFT를 통해 다른 사용자들에게 멤버십 프로그램과 브랜드 홍보가 가능하다는 것도 부수적으로 얻을 수 있는 마케팅 효과다.

> 웹3의 완성은 프로토콜 비즈니스

그간 빅테크 기업들의 비즈니스 모델을 플랫폼 비즈니스로 해석한다면, 웹3를 표방하는 인터넷 기업의 비즈니스 모델은 프로토콜 비즈니스로 대변된다. 한마디로 웹3의 공정한 이윤의 분배를 프로토콜 기반의 토큰을 통해서 이해관계자에게 나눠준다는 것이다. 대표적인 모바일 플랫폼 비즈니스인 우버의 공유경제 모델을 프로토콜 비즈니스 모델로 전환한 것이 라주즈라는 블록체인 기반의 앱이다. 이 모델은 운전자와 승객 간에 거래를 자체 토큰 '주즈'를 사용하게 하고, 라주즈는 아예 수수료를 받지 않은 채 토큰 가치를 높이면서 비즈니스 모델을 만들어가는 방식으로 운영한다. 주즈 토큰은 마이닝으로 생겨나는 것이 아니라, 운전자가 일정 거리를 운전하면 토큰으로 보상받고 승객들은 이더리움을 주즈로 스왑해서 교통비를 지불한다. 이미 2015년부터 지금까지 사업을 운영하고 있는데, 기존 우버 같은 서비스와 비교해 유의미한 시장 점유율을 보이지 못한 점이 앞으로 극복할 과제다.

프로토콜 비즈니스의 등장과 한계

이미 2017년부터 토큰 기반의 프로토콜 비즈니스가 다양하게 있었지만, 의미 있는 성과를 거두지 못한 이유를 돌이켜보자. 참여자들이 실제 해당 서비스들이 추구하는 웹3의 가치를 공감하고 실제 사용자로서 동참하며 서비스 활성화에 기여한 것이 아니라, 온전히 투기 목적으로 이들 기업의 ICO에 투자만 했을 뿐이기 때문이다. 또한 프로토콜 비즈니스를 구성하며 발행한 토큰 이코노미의 디자인이 불안정해 토큰 가격이 불안정해지면서 서비스 운영에 부담을 주었다.

그런 부침 끝에 코로나19로 인한 유동성으로 암호화폐 시장과 블록체인은 제2의 전성기를 맞이했다. 그와 함께 20년간 인터넷 시장을 지배해 온 빅테크 기업의 플랫폼에 대한 반작용으로 웹3

기업이 투자 호황을 맞은 것은 사실이다. 하지만 코로나19가 잦아들고, 루나 사태가 발생하면서 웹3 기업에 몰리던 묻지마 투자도 냉정해지고 있다. 굳이 블록체인을 이용하지 않아도 되는데도 분산원장에 데이터를 기록하고, 토큰을 발행하며 웹3 기업이라 포장하는 기업에 철퇴를 내리고 있다. 웹3 기업이 실제 성과를 거두려면 프로토콜 비즈니스 모델 관점에서 어떤 비즈니스 모델을 갖추고 있는지 분석해 보며 차후 수익 실현의 가능성을 전망해야 한다.

하지만 그간의 시행착오와 프로토콜 비즈니스의 기반이 되는 토큰과 디파이, NFT, DAO 같은 블록체인 기반의 기술이 발전하고 관련 솔루션들도 다양해지면서 프로토콜 비즈니스의 가능성을 다시 진단할 필요가 있다. 다만 이 프로토콜 비즈니스가 기존의 플랫폼 비즈니스의 대척점에서 기존 비즈니스 모델을 전환할 수 있을 것인가에 대한 의문은 여전히 남아있다. 클라우드와 블록체인의 관계처럼 서로 다른 철학의 기술이지만 상호보완제가 될 수 있는 것처럼, 프로토콜 비즈니스는 기존 플랫폼의 대체가 아닌 보완제로서 작동하는 것이 오히려 더 어울리지 않나 싶다. 한마디로 프로토콜 비즈니스가 만병통치약인 것처럼 기존 플랫폼 비즈니스나 대부분의 인터넷 서비스에 적용하기에 적합하지는 않을 것이다. 그렇다면 프로토콜 비즈니스를 어디에 적용해 어떤 가치를 만들 수 있을지 살펴보기 위해 프로토콜 비즈니스를 구성하는 요소와 구체적인 수익 모델을 이해해야 한다.

프로토콜 비즈니스가 기존 비즈니스 모델과 가장 크게 다른 점은 토큰을 발행해 서비스 내의 거래수단이자 보상 인센티브로 사용하고 이를 기업의 투자 목적으로도 활용한다는 것이다. 그렇게 발행된 토큰은 다른 웹3 서비스를 이용하기 위한 다른 토큰으로도 교환되고, 해당 기업의 토큰을 지분 삼아 서비스 운영정책에 목소리를 반영할 수 있다는 것도 기존 인터넷 서비스와 다른 점이다. 사실 모든 웹3 기업이 기업의 수익 모델로 프로토콜 비즈니스 모델을 삼는 것은 아니다. 블록체인을 이용해 서비스를 운영하더라도 돈 버는 것은 기존 플랫폼 비즈니스를 답습하는 경우도 있다. 하지만 웹3 서비스가 지향하는 철학이 참여자들과의 수익 분배와 보상을 주는 것이다 보니, 기존 플랫폼 비즈니스 모델을 적용하면 수익의 영속성이나 규모가 제한적일 수밖에 없다. 그래서 대체로 웹3 기업들은 프로토콜 비즈니스를 지향하는 경우가 일반적이다. 그런 프로토콜 비즈니스는 블록체인 기반으로 만들어진 서비스 댑과 토큰 이코노미를 기반으로 운영되며, 비즈니스 모델의 특성에 따라 스마트 컨트랙트와 DAO를 적극 활용한다.

프로토콜 비즈의 핵심 에너지이자 자원으로 활용되는 것이 토큰이다. 마치 구글, 페이스북, 네이버, 카카오톡 등의 대부분의 인터넷 무료 서비스들이 트래픽을 자원으로 비즈니스 모델을 구현한 것처럼, 프로토콜 비즈니스는 토큰을 자원으로 한다. 그런 토큰을 통한 수익 모델은 토큰의 트랜잭션이 커지면서 자연스럽게 토큰의 가치가 높아져, 자산으로의 수익과 서비스 내의 가치 거래수단으로서 작동하면서 수수료를 얻는 것이 본질적 수익이다. 한마디로 사용자 트래픽을 토큰화한 것이나 다를 바 없다.

그 외에 웹3 서비스들은 NFT 자산처럼 여러 서비스를 넘나들며 사용하는 데이터 등이 기존 인터넷 서비스에 비해 많다 보니, 그런 과정에서 서비스 사용에 대한 수수료와 블록체인 인프라와 솔루션 사용에 대한 사용료를 받는 비즈니스 모델이 있다. 하지만 프로토콜 비즈니스가 보편화되기 위해서는 토큰 가치에 의존하는 수익 모델을 탈피해 비즈니스 포트폴리오를 다각화해야 하는 숙제를 안고 있다. 지금처럼 암호화폐 하락장에서는 투자 가치로의 토큰 수요가 떨어지기 때문에 서비스 사용이나 거래 및 외부 생태계와의 연계를 통해 토큰의 트랜잭션(블록체인에서 이뤄지는 송금 등의 거래)을 높일 수 있도록 해야 한다. 또 공정한 비즈니스 운영을 위해 사업 운영정책 등을 코드화하고 자동화한 스마트 컨트랙트가 오히려 다양한 비즈니스 환경에 빠른 대응이 늦

프로토콜 비즈니스 생태계와 수익 모델

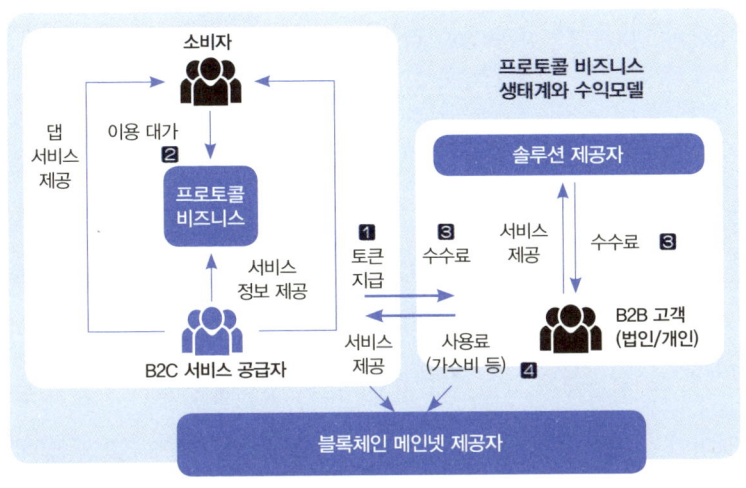

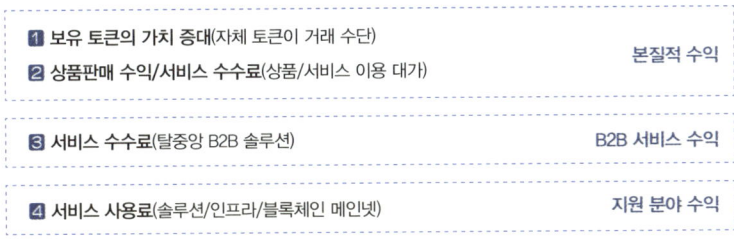

고, 참여자의 이해관계에 따라 의견충돌 시에 혼란이 발생할 수 있다. 즉 100% 자동화된 프로토콜로 시스템을 운영할 수 없고, 변수를 만나면 결국 컨트롤 타워의 매니징에 따라 이해관계자를 참여시켜 해결해야 하는 이슈가 있다. 프로토콜 비즈니스를 추진하는 과정에서 참여한 여러 이해관계자를 잘 조정할 수 있는 사람과 조직 운영체계가 기존 비즈니스 모델보다 더 중요해질 수

있다. 그렇기에 프로토콜 비즈니스는 궁합이 맞는 특정 영역, 즉 제한된 영역에서 성과 창출 가능성이 높을 수도 있다.

그런 면에서 DAO라는 새로운 조직체계는 프로토콜 비즈니스를 성공적으로 운영하는 데 크게 기여할 수 있는 지점이 있다. 모든 프로토콜 비즈니스에 DAO가 필수적인 것은 아니지만, 신뢰 기반의 커뮤니티를 통해 투자자를 넘어 고객과 내부의 구성원 모두가 참여함으로써 프로토콜 비즈니스의 성공에 실질적 도움을 줄 것이다. 이렇게 DAO라는 조직체계가 프로토콜 비즈니스 운영에 활용되기 위해서는 이 같은 조직 운영을 도와주는 DAO 참여자들을 위한 서비스, 즉 커뮤니티와 토큰 시스템, 조직 운영을 위한 거버넌스가 시스템화된 스마트 컨트랙트를 필요로 한다.

프로토콜 비즈니스에 최적화된 조직체계, DAO

	주식회사	DAO
조직구조	중앙집중/수직적	분산/수평적
오너십	주식	토큰
의사결정	경영자/주주총회	참여자 제안/투표
규정	문서화	스마트 컨트랙트

토큰 이코노미는
웹3의 강력한 축이 될까

　프로토콜 비즈니스의 중요한 비즈니스 모델의 축인 토큰 이코노미는 블록체인만으로 구현할 수 있는 것은 아니다. 사실 큰 기업에서 운영하는 포인트, 마일리지 시스템 역시 토큰 이코노미의 하나다. 다른 것은 폐쇄형이냐 개방형이냐의 차이다. 또 토큰 이코노미는 공유경제처럼 플랫폼 비즈니스로 진화할 수 있는 새로운 경제 개념으로 이해해야 한다.

　토큰 이코노미는 프로토콜 비즈니스의 하나로 기존 플랫폼 비즈니스인 오픈마켓 비즈니스, 공유경제와는 다른 새로운 개념의 비즈니스 생태계에 대한 신경제를 말한다. 특히 블록체인이라는 기술과 가장 어울리는 개념이다. 토큰은 블록체인을 통해 만든 암호화폐인 코인을 기반으로 만들어진 광의적 화폐로 정의된다. 코인은 블록체인 네트워크에서 만들어진 화폐로 거래를 위해 존재하는 금전적 가치를 가진다. 반면에 토큰은 블록체인 네트워크 내에서 어떤 가치를 거래하고자 정의한 기준이다. 그렇다 보니 토큰에는 금전적 가치 이외에 그것으로 할 수 있는 서비스가 기록된다. 토큰 이코노미는 바로 이처럼 토큰을 이용해서 만들어진 경제 시스템을 뜻한다.

토큰 이코노미의 가치

	검색 비즈니스	오픈마켓 비즈니스	SNS 비즈니스	공유경제	토큰 이코노미
이해 관계자	사용자, 크리에이터	소비자, 판매자	사용자, 브랜드	수요자, 공급자	기여자, 개발자, 서드 파티, 제공자, 수요자 + 기계, 채널, 앱 (더 넓어짐)
비즈니스 모델	광고 (측정과 타깃팅)	판매 수수료 (규모의 경제)	유료, 광고, 판매 (공급자와 셰어)	중개 수수료 (사용자 간 가치 거래)	+ 투자, 거치 거래 (비용없는 추가 이득) (다양해짐)
가치 제안	빠르고 정확 한 정보 연결	가격, 상품 → 검색 → 배송	쉬운 흐름 → 강력한 저작 툴	편의	인센티브 보상 (신뢰, 공정)

    토큰 이코노미가 기존의 플랫폼 비즈니스와 다른 점은 3가지다. 첫째, 더욱 많은 이해관계자의 참여가 가능하며 이들 간 거래를 도와준다. 블록체인의 토큰 경제는 분산원장의 데이터 기록과 읽기를 위한 컴퓨터 자원을 제공하는 자발적 노드 제공자에게 보상을 한다. 또한 ICO를 통해서 초기 본 사업을 믿고 투자한 투자자들에게도 토큰을 지급한다. 더 나아가 블록체인의 개발에 참여한 개발자들에게도 토큰을 준다. 또 이렇게 지급 받은 토큰을 거래소와 거래 당사자들 간에도 쓸 수 있다. 그리고 블록체인 플랫폼의 댑 개발사와 사용자들도 토큰을 사용한다. 이렇게 많은 이

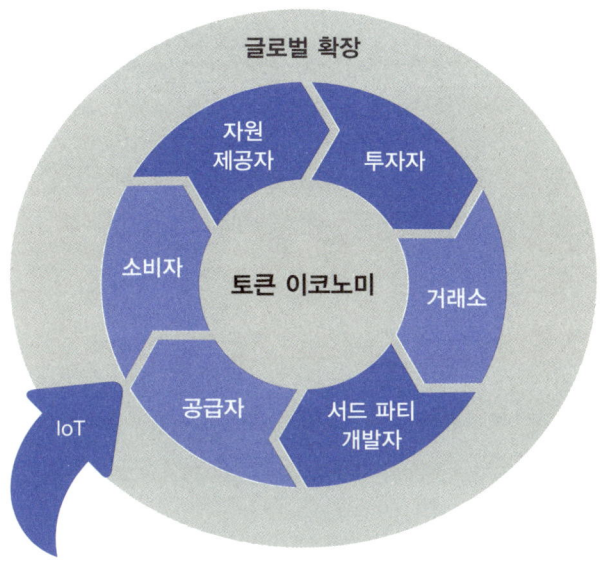

해관계자를 모두 포함해 토큰을 운영할 수 있다.

 기존의 공유경제는 자원을 제공하는 공급자와 자원을 사용하는 사용자 간에 거래하는 행위에 해당한다. 가치에 해당하는 금전적 화폐가 중심이 되는 양면시장이었지만 토큰 이코노미는 더 넓은 다면시장에 비즈니스 모델을 구현할 수 있다. 게다가 사물인터넷 시대에 사물 간에 데이터를 주고받게 될 경우, 토큰 이코노미는 사람이 아닌 사물 간에도 데이터 거래에 해당하는 토큰이 자동으로 교환될 수 있어 이해관계자의 범위가 무한 확대될

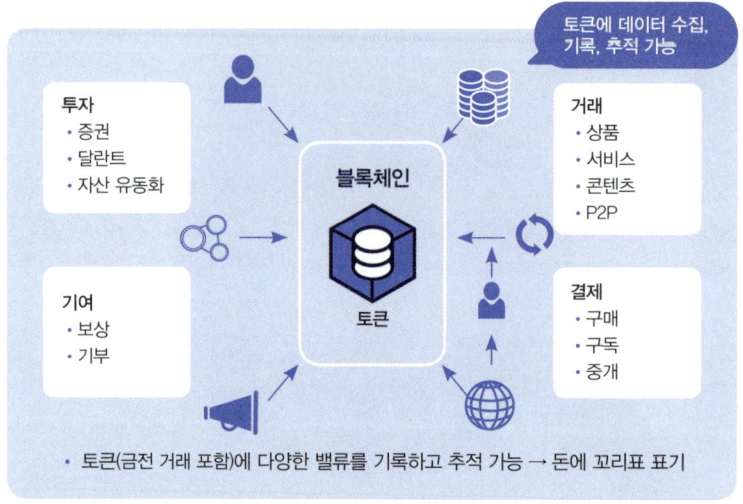

토큰을 이용한 모든 비즈니스 활동 관측

수 있다. 여기서 중요한 것은 토큰 이코노미에 있어 사물도 이해관계자의 대상으로 포함될 수 있다는 점이다. 향후 인터넷 플랫폼은 컴퓨터, 스마트폰에 이어 자동차, 세탁기, 냉장고와 건물, 공장, 기계에 이르기까지 다양한 사물이 참여하게 될 것이다. 이들 기기가 상호작용하고 데이터를 주고받으면서 자동화된 시스템으로 동작하는 것이 미래의 비전이다. 그런데 기기가 데이터를 주고받으며 고도로 잘 작동하기 위해서는 기기 간 데이터 거래가 활성화되어야 한다. 그 활성화되는 마중물, 즉 작동의 기제로 토큰이 중요한 역할을 할 수 있다. 사람의 개입 없이 기기들이 토큰이라는 보상을 더 많이 받기 위해 서로 공정한 규칙에 따라서 데이터를 활발하게 주고받게 된다면 IoT 플랫폼의 중요한 요소(인공지능의 에너지)인 데이터를 확보하는 데 큰 도움이 될 것이다.

둘째, 복잡한 비즈니스 모델의 구현이 가능하다. 기존 플랫폼 비즈니스 모델은 광고, 판매 수수료, 유료화, 중개 수수료 등이었다. 그런데 토큰 이코노미는 이런 기존 거래 외에도 ICO나 거래소의 암호화폐 투자 같은 형태의 투자 수익도 가능하다. 또 토큰은 금전적 가치만 내포한 것이 아니기에 토큰에 할당된 특별한 서비스를 이용할 수 있다. 금전적 가치 거래를 넘어 특별한 혜택을 제공 받을 수 있는 설계도 가능한 것이다. 이렇게 되면 더욱더 다양한 가치교환에 적용될 수 있다. 특히 사회적 가치 거래 등의 비즈니스 모델을 구현하는 데 있어서 토큰 이코노미가 훌륭한 대안이 될 수 있다.

실제로 에너지 거래 산업 분야에서 토큰 이코노미는 하나의 솔루션으로 검토되고 있다. 지금의 에너지는 정부가 개입해서 사고 팔지만, 실제 미국 등에서는 자유 거래 시장으로 바뀐 지 오래다. 그렇게 되면 개인이 태양열 전기 에너지를 생산하고 사용한 후 남은 에너지를 개인에게 판매할 수 있다. 이렇게 P2P 전기 에너지 거래 시장이 활성화되면 누가 거래 가격을 책정할지, 중간에서 이것을 공정하게 조율할 수 있을지가 큰 고민이다. 사실 전기

에너지는 지역과 시간에 따라 가격이 크게 변동하기 때문에 가격 설정이 쉽지 않다. 그런 면에서 토큰 이코노미가 이 복잡한 문제를 조율해 주는 솔루션이 될 수 있다.

셋째, 공정한 보상이다. 이미 존재하는 플랫폼의 가장 큰 취약점은 의심이다. 플랫폼 주체가 언제든 룰을 변경함으로써 생태계에 참여한 참여자들의 이득에 손해를 끼칠 수 있다. 그렇다 보니 플랫폼을 이용해 사업을 하려는 서드 파티 입장에서는 플랫폼에 종속될 우려를 항상 가지고 있다. 반면 토큰 이코노미를 블록체인으로 설계할 경우 합의 알고리즘, 스마트 컨트랙트 등의 제도와 기술 활용이 가능하다. 서드 파티를 포함한 플랫폼 참여자가 공정한 협의나 임의로 변경할 수 있는 스마트 컨트랙트 등을 통해 이와 같은 문제를 방지할 수 있다.

페이스북을 이용하면서도 개인정보가 어떻게 남용되고 악용될 것인지에 대한 의심은 누구에게나 있다. 실제로 페이스북은 미국 선거에 개입한 적이 있는데, 페이스북 이용자의 SNS 데이터를 정치권에 제공해서 크게 이슈가 되기도 했다. CCTV 영상, 집 IP 카메라 영상이 클라우드에 쌓여가면서 이 데이터가 어떻게 이용될 것인지에 대한 우려는 끊임없이 사회적 문제로 제기되는데, 이 모든 정보가 중앙에 쌓여 특정 기업이 관리하기 때문에 발생하는 문제다. 따라서 토큰 이코노미를 이용한 블록체인이 훌륭한 솔루션이 될 수 있다.

이 같은 특징으로 토큰 이코노미는 새로운 프로토콜 비즈니스로 향후 다양한 비즈니스 혁신에 활용될 것으로 기대된다. 그렇다면 토큰 이코노미를 설계하는 데 있어서 어떤 관점과 방법이 필요할까. 블록체인 플랫폼 혹은 특정한 댑에서 사용하는 토큰을 살펴볼 때는 토큰이 생태계에 참여하는 이해관계자에게 자발적으로 참여하도록 기제 역할을 하는지 따져야 한다. 한마디로 왜 토큰을 만들어 지급하는지 명확한 가치철학이 있어야 한다. 그 가치가 좋은 토큰의 경우 이해관계자가 블록체인 플랫폼과 서비스에 더 많이 참여할 수 있게 유도한다. 토큰을 계속 지급 받고 싶고, 보유하고 싶고, 토큰으로 무언가를 거래하고 사용하게 하고, 다시 사게 만드는 유인책이 있어야 한다는 것이다. 그렇게 되기 위해서는 4가지 중요한 설계 요소가 필요하다.

첫째, 토큰을 발행할 때 얼마의 금전적 가치로 할 것인지를 정해야 한다. 이때 중요한 것은 전체 발행량은 곧 회사의 부채라는 사실이다. 토큰을 회사가 찍어낼 수는 있지만 그렇게 발행한 토큰의 금전적 가치는 회사가 가진 부채나 다름없다. 그렇기에 얼마의 가치로 토큰의 값을 매겨서 이를 부여할 것인가 고려해야 한다. 회사의 원가 내역과 향후 비즈니스 모델에 따른 기대 이익에 비춰 토큰의 최대 가치를 산정해서 해당 값을 상회하지 않게 가격을 설정해야 한다. 시큐리티 토큰이나 스테이블 토큰일 경우에는 가격 변동이 고정적이니 가격 변동성에 대한 부담이 없겠지만, 유틸리티 토큰의 경우 가격 변동이 통제 범위 밖에 있을 수 있는 만큼, 토큰의 급격한 가격 하락과 상승은 토큰 발행처 입장에서는 상당한 부채이자 비용 부담이다.

둘째, 누구에게 어떤 액티비티에 토큰을 지급할 것인지를 정의해야 한다. 발행한 토큰은 누군가에게 지급되어야 하고 지급될 때는 어떠한 행위가 있었기에 주는 것이다. 그런 만큼 토큰을 어떤 대상에게, 어떤 이유로 줄 것인지 정의해야 한다. 일례로 자율주행 사업을 하는 회사는 더욱 많은 주행 데이터가 필요하다. 데이터가 많아야 자율주행 인공지능이 더 고도화되기 때문이다. 반면 차량 주행 데이터를 가진 수많은 개인은 어떤 보상이 주어지지 않는데 굳이 이 회사에 데이터를 제공할 이유가 없다. 또 그 보상이 개인정보 오·남용 불신을 완벽하게 해소할 만큼 크지 않으면 기꺼이 데이터를 제공하지 않을 것이다. 이 갭은 신뢰와 공정한 보상이 주어진다면 해결된다. 그런 면에서 토큰 이코노미는 서로의 이해관계를 해결하기 적합한 솔루션이다. 블록체인 기반의 토큰 이코노미는 데이터의 사용 내역을 투명하게 관리하기 때문에 데이터 제공자 입장에서는 신뢰할 수 있고, 보상은 공정한 메커니즘으로 주어지기 때문에 데이터를 제공하는 것에 대한 가치 창출이 가능하다. 특히 플랫폼 사업자 입장에서는 토큰을 통해 비용에 대한 통제와 다양한 형태의 서비스로서 보상을 줄 수 있어, 포인트나 현금을 주는 것과 비교하면 저렴하면서 플랫폼에 충성도를 가진 잠재 고객을 확보할 수 있는 장점도 있다.

셋째, 토큰을 어디에 사용할 수 있는지를 정리해야 한다. 토큰은 거래소에서 화폐로 환전하는 것을 목적으로 해서는 안 된다. 토큰을 보유한 소유자가 오래도록 토큰을 보유하도록 하고, 이 토큰을 활용해 다양한 사용처에서 가치 거래를 위해 사용하도록 해야 한다. 그렇게 하려면 토큰으로 살 수 있는 것, 토큰으로 이용할 수 있는 것에 대한 상세한 설계가 중요하다. 마치 앱스토어를 꾸준히 유지하려면 앱스토어에 등록되는 앱이 다양하고 끊임없이 새로운 앱이 나와야 하는 것처럼 토큰 기반의 생태계를 구축하는 데 가장 중요한 요소는 사용 가치가 다양해야 한다는 점이다. 그래서 토큰을 구매해 서비스를 이용하도록 유도해야 한다. 이렇게 하기 위해서는 토큰이 다양한 곳에서 사용할 수 있도록 서비스를 담아야 한다. 내부에서 만들어 제공할 수도 있지만, 더 큰 생태계를 구현하려면 외부의 서비스도 토큰과 결합해야 한다.

넷째, 토큰 설계에서 마지막으로 중요한 것은 토큰 거버넌스다. 토큰을 발행해 지급하고, 점차 사용되면 토큰 거래소에서도 통제가 점점 어려워진다. 토큰을 사고파는 일이 확대될수록 토큰의 급격한 가격 하락과 상승으로 발생하는 문제 또한 커진다. 그런 만큼 토큰의 거래 가치를 안정적으로 유지하게 하는 통제 장치와 최소한의 규제, 정책이 중요하다. 토큰 발행 주체와 발행량에 대한 가이드, 가격통제 장치, 토큰 거래 규칙 등에 대해서 정의하고 마련하지 않으면 차후 토큰의 급격한 가격 변동으로 인한 손해를 감당할 수 없게 된다.

탈중앙화로 풀어낸 새로운 솔루션, 토큰 이코노미

토큰 이코노미가 기존 인터넷 비즈니스 모델과 비교해 가장 큰 차이는 바로 공정한 보상이다. 그렇기에 토큰이라는 암호화폐가 생태계의 중심에 있다. 사용자의 참여로 만들어진 생태계에 기여한 것은 토큰으로 보상한다. 또 이 생태계에 다양한 이해관계로 참여한 모든 참여자에게도 상응하는 토큰을 준다. 물론 생태계 내에서 서로 가치거래를 하는데 이렇게 발행한 토큰을 그대로 사용하기도 한다. 또한 다른 생태계나 경제계에서도 사용할 수 있도록 타 토큰과의 환전을 지원한다. 그 과정에서 이런 생태계를 운영하는 기업이나 운영자가 임

> 의로 중앙화된 권력을 행사하며 편익을 취할 수 없도록 운영된다. 그 운영이 보다 신뢰 있는 체계를 갖출 수 있도록 토큰을 활용해 서비스 운영의 거버넌스 의사결정에 참여하도록 할 수도 있다. 그것이 기존의 인터넷 경제계와 가장 다른 핵심적 특징이다.

프로토콜 비즈니스의 완성, DAO

토큰 이코노미와 함께 프로토콜 비즈니스의 완성도를 높여주는 것이 바로 DAO다. DAO는 기업 이해관계자의 결속을 다지고 사업의 확장과 신뢰도를 높이는 조직 운영 툴이다. 이와 유사한 개념이 바로 5년 전의 ICO다. 전 세계인을 대상으로 블록체인 기술 기반으로 야심찬 사업 비전을 실현하겠다는 이상을 펼쳤다. 백서라는 이름으로 만천하에 공개하고 해당 기업에 누구나 투자할 수 있도록 했다. 그때를 기억하는 사람들이라면 그때 ICO로 기업 공개를 했던 대다수가 잠적하거나 별다른 성과를 내지 못하고 고군분투하고 있음을 잘 알고 있을 것이다. 그렇게 잊힌 ICO의 향기를, 특정 주체의 개입 없이 개인들이 자발적으로 모여 자율적으로 운영되는, 탈중앙화 자율조직을 뜻하는 DAO에서 느끼고 있다. 이렇게 운영되는 대표적인 조직이 2016년 이더리움의 창시자 비탈릭 부테린^{Vitalik Buterin}이 출범한 이더리움 프로젝트를 위한 재단으로, 그 이후에도 블록체인 프로젝트의 조직 운영 방식으로 주목받았다. 그런 DAO가 최근 들어 다양한 영역으로 확산되고 있다.

DAO는 ICO처럼 돈을 좇는 것은 비슷하지만, 다른 점이 있다. ICO가 위에서 아래로 회사가 투자자를 찾아 자금을 모으는 반면, DAO는 아래에서 위로 뜻이 같은 사람이 모여 커뮤니티를 구성한다. 그다음 함께 할 회사 혹은 프로젝트를 찾아 창업이나 프로젝트를 지원하고 투자하는 방식이다. ICO가 비록 백서로 사업 계획서의 모든 것을 공개한다고는 하지만 사업 이행 과정의 모든 내역을 싣지는 않는데, DAO는 계획서나 기획안이 아닌 프로젝트의 진행 과정, 운영 내역이 커뮤니티를 통해 공유되고 주요 의사결정이 상호 약속된 규정이나 합의에 따라 정해진다는 점이 다르다. 이렇게 2가지가 다르다는 점에서, DAO는 ICO와는 다른 길을 갈 것으로 기대된다.

인터넷의 시작을 살펴보면 전 세계의 개인들을 서로 소통할 수 있도록 해준 커뮤니티에서 비롯된다. FTP, 고퍼, IRC 등의 초창기 인터넷 서비스는 그렇게 사람들이 함께 이야기 나누고 정보와 자료, 취미, 일상을 공유하면서 생각을 키우고 지식을 넓혀갔다. 커뮤니티를 통해서 때로는 학교보다 더 많은 것을 배우고 함께 창업할 수 있는 미래의 동료를 만났다. 하지만 딱 거기까지다. 이 커뮤니티가 카페에서 아이러브스쿨, 마이클럽과 싸이월드, 페이스북으로 진화했지만, 그저 신변잡기를 떠들거나 정보를 나누는 정도의 수준에 그쳤다.

DAO는 그런 커뮤니티를 돈이 되게 한다. 그저 서로의 생각을 나누는 것에서 벗어나 세상을 바꾸고 참여자와 이해관계자에게 이윤을 배분한다. 그저 즐거움이나 학습을 넘어 돈 벌 기회를 제공하기 때문에 커뮤니티가 단단한 결속력을 갖추게 된다. 그것을 가능하게 해주는 것이 블록체인의 스마트 컨트랙트와 디파이, NFT 등이다. 한마디로 블록체인의 탈중앙화된 데이터 저장 시스템이 이 같은 자율조직의 금융거래를 보다 투명하고 글로벌화할 수 있도록 해준 것이다.

DAO는 ICO와 달리 소리 없이 아우성댄다. ICO처럼 대놓고 투자자를 찾아다니지 않는다. 조용하지만 여러 동조자가 모여 함께 할 프로젝트를 찾아 나선다. 디스코드Discord, 텔레그램, 카카오톡 오픈채팅 그리고 밋업Meetup, 클럽하우스 등을 이용해 이야기 나눈다. 지난 2022년 1월 간송미술관에서 불교 문화재 불상 2개를 케이옥션 경매에 내놓았다. 국내 최초로 국보가 경매에 나온 것인데 역사적 의미를 가진 국보가 개인이나 기업의 손에 넘어가는 것을 막고자 커뮤니티가 조성되었다. '국보DAO'라는 이름으로 커뮤니티가 조성되어 수많은 개인이 50억 원을 모으는 것을 목표로 프로젝트가 가동되었다. 국보DAO의 시작은 2022년 1월 18일 한 개인의 트윗이었고, 이후 23일에 국보DAO가 NFT로 만들어져(민팅) 24억 원가량을 모금했다. 비록 최소 목표 금액 50억 원 도달에 실패했지만, 이것이 주는 의미는 상당하다. 불과 5일 만에 제안부터 DAO 결성, 자금 마련을 위한 민팅이 이루어졌고 3일 만에 무려 24억 원을 모은 것이다. 생면부지의 사람이 단순히 커뮤니티를 조성한 것이 아니라, 50만 원에서 수백만 원을 실제 암호화폐로 송금해서 투자하는 DAO를 결성한 것이다. 이 과정에 은행이나 어떤 기업, 단체의 개입은 없었다. 이들은 누굴 믿고 그 많은 돈을 투자한 것일까. 바로 블록체인의 분산원장에 기반한 NFT를 믿고 투자에 나선 것이다. 물론 목표 모금액 달성에 실패한 이 프로젝트의 투자자 모두 투자금을 돌려받았다.

미국에서도 헌법 초판본이 소더비 경매에 나왔고, 마찬가지로 DAO가 결성되어 사흘 만에 4천만 달러를 모았다. 목표 금액 도달과 낙찰에는 실패했지만, 사적 수익이 아닌 공공 목표를 향한 역사적인 모금이 기념으로 남아 이 DAO에 참여한 NFT의 가치는 15배 가까이 뛰었다. DAO에 참여한 멤버들의 참여 자체가 기록되고 화석화되면서 가치가 생긴 것이다.

DAO의 운영체계에서 가장 중요한 것은 운영 규약과 관련된 정책을 프로그래밍 코드에 기록해 자동화되어 운영한다는 것이다. 이를 위해 블록체인의 스마트 컨트랙트 툴을 이용한다. 또한 DAO를 구성하는 요소로는 DAO의 설립 취지와 목적 및 운영 철학, 정책이 코드화된 프로토콜, 의사결정을 위한 투표 시스템, 정보를 공유하고 소통하기 위한 커뮤니티, 참여자들의 권리와 지분을 보장하기 위한 토큰이 있다. 이 4가지의 기본 구성요소의 기반 아래 다른 외부 토큰과 연계하기도 하고, 디파이에서 토큰을

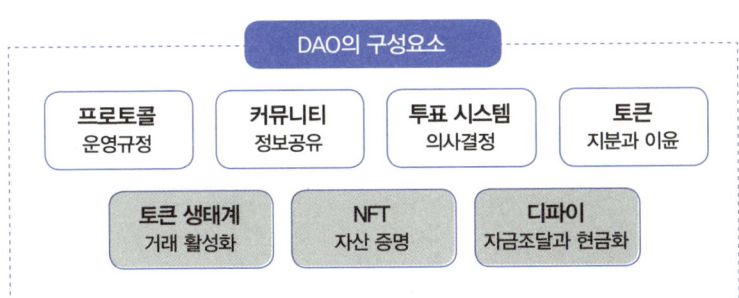

거래하고, NFT를 통해 투자한 자산의 소유권을 보장받기도 한다. DAO는 기업 내부보다는 외부에서 웹3 스타트업 투자나 특정 프로젝트에 관심 있는 커뮤니티가 권리를 행사하기 위한 목적으로 이용된다. 그래서 기존 조직구조와 크게 다른 것이 수평적 의사결정 구조와 지분에 대한 증명을 주식이 아닌 토큰으로 하고, 규정을 문서가 아닌 스마트 컨트랙트에 코드화되어 공개한다.

DAO가 구성되는 과정을 살펴보면 먼저 공동의 관심을 가진 볼런티어가 모여 DAO의 설립 취지나 목적을 정의하고, 운영 관련한 지침을 스마트 컨트랙트로 기록한 후, 이 DAO에 참여할 커뮤니티 멤버를 모은다. 그 과정에서 참여자들에게 토큰을 통해

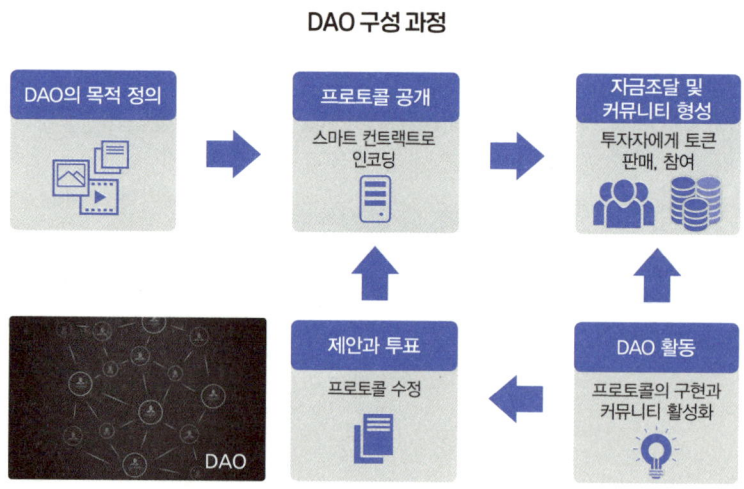

DAO 구성 과정

DAO의 투표권을 제공한다. 이후 커뮤니티를 통해 정보를 공유하고 프로토콜로 자동화되어 실행된 내역을 공유한다. 또 주요 사안별 의사결정이 있을 때 투표를 해서 결정하고 그 내역을 분산원장에 기록해 공개한다.

DAO의 운영 과정에서 무엇보다 중요한 것은 이런 DAO를 설립하고 운영하는 사람의 역량이다. 운영진이 프로토콜, 즉 자동화된 코드로는 해결하지 못하는 여러 이슈를 적극적으로 참여해 중재하고 중론을 모으며 DAO의 설립 취지와 목적에 맞게 그때그때 합의를 도출해 가는 것이 성과 창출의 핵심이다. 이미 미국에서는 작년에 DAO를 합법 법인으로 승인하고 우크라이나 전쟁으로 인한 모금에도 DAO를 통해 후원자들이 커뮤니티를 구성해 141만 달러를 모금하고, 이 커뮤니티 통해 여러 아이디어가 보태지면서 NFT로 국기도 만들어 675만 달러를 모금하고 기부자에게 NFT 국기를 제공하기도 했다. 그 외에도 노화 치료제를 연구하기 위해 의료정보 데이터를 수집하고 투자자의 커뮤니티인 비타다오나 헤드헌팅과 인력 중개에 적용된 오폴리스 DAO 등 다양한 영역에서 DAO가 적용되고 있다. 특정 NFT 컬렉터블에 투자한 투자자들이 그 NFT를 중심으로 커뮤니티를 구성해 해당 NFT의 가치를 높이기 위한 노력을 하기도 하지만, DAO가 먼저 구성되어 이 DAO의 커뮤니티를 통해서 특정 NFT를 선정하거나

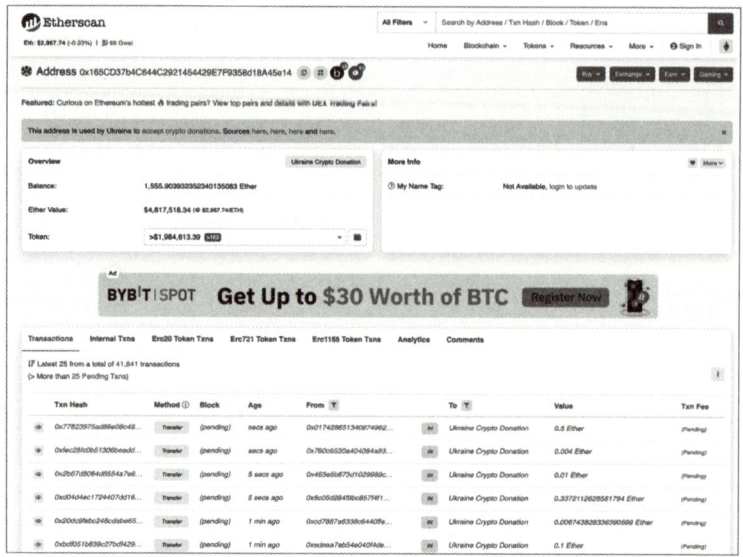

▲ 우크라이나 전쟁 기부 내역을 누구나 확인할 수 있는 이더스캔

개발해 함께 NFT의 가치를 높이기도 한다. 이처럼 DAO는 다양한 목적으로 여러 영역에서 같은 뜻을 가진 사람들이 모여 경제적 가치와 보상을 함께 하기 위한 용도로 운영되고 있다.

DAO가 갑작스레 다양한 주제로 만들어지며 커가고 있는 비결은 DAO의 설립과 운영 관리를 도와주는 다양한 툴에서 찾을 수 있다. 마치 다음 카페 덕분에 공동의 관심사를 가진 사람들이 쉽게 커뮤니티를 구성할 수 있었고, 싸이월드 덕분에 개인이 홈페이지를 쉽게 만들 수 있었던 것처럼, DAO를 쉽게 운영할 수 있는 툴이 다양해지면서 DAO가 확산될 수 있는 여건이 조성되었다. 프로토콜 비즈니스를 위한 토큰 이코노미와 DAO를 우리는 어떻게 활용하고 대응해야 할지 2가지 관점에서 생각해 볼 수 있다.

먼저, 프로토콜 비즈니스의 비전은 훌륭하나 실험실이 아닌 사업 현장에서 이 모델이 작동되기에 한계가 명확하다. 사람의 개입 없이 자동화된 프로토콜만으로 사업을 운영할 수는 없으니 아무 데나 적용할 수 없다. 마치 자율주행차가 고속도로 등 지극히 제한된 영역에서만 그나마 잘 작동될 수 있고, 고속도로에서도 운전자 없이 운영하기 어려운 것과 같다. 그래서 프로토콜 비즈니스를 우리 사업 현장에 무작정 적용하는 것은 지양해야 할 것이다. 웹3나 블록체인 관련 기업에 투자할 때 프로토콜 비즈니스 모델의 구성요소나 특징, 수익 모델 및 한계 등에 대한 사항을 참고하면 어디에 어떻게 투자할 것인지 기준으로 삼기 좋다. 더 나아가 해당 웹3 기업이 이용하는 메인넷, 토큰 디자인, 스마트 컨트랙트에 기록된 내역, DAO의 역할, 더 나아가 토큰 기반의 수익 모델 외에 어떤 수익화 방안들이 있는지를 따져보면 기업의 가치를 평가하는 데 실질적 도움이 된다. 앞으로의 10년은 블록체인 기반의 웹3를 표방하는 새로운 스타트업에 일부 기회가 주어질 것으로 보인다. 기업을 평가할 때 프로토콜 비즈니스 모델의 구성요소나 수익 모델 측면에서 얼마나 잘 디자인되어 있는지 따져

보고, 앞의 제시사항을 참고하면 좋을 것이다.

다음은 프로토콜 비즈니스의 한 구성요소인 DAO를 활용해 외부 투자자와 충성 고객을 우리 사업 혁신에 동참하도록 유도해야 한다. DAO는 주로 외부에서 바텀업Bottom-up(전망이 좋을 것 같은 기업을 분석한 후, 해당 산업과 전체적인 시장흐름을 살펴보는 투자 방식) 방식으로 커뮤니티를 구성한다. 기업의 비전이나 프로젝트 취지에 공감해 투자하고 의사결정에까지 참여하며 소비자나 투자자를 넘어 공헌자로의 역할을 하는 지지자다. 예를 들어 길거리 패션 의류를 크라우드 펀딩하는 플랫폼 기업 메타팩토리MetaFactory는 다른 펀딩 서비스와 달리 디자이너가 의류를 디자인하면 DAO 멤버가 이 중에서 어떤 의류를 실제로 얼마나 생산할지 투표로 결정한다. 판매한 후 지분으로 받은 토큰을 디자이너, DAO 등에게 수익으로 배분한다. DAO에 참여한 투자자는 의사결정에 참여할 뿐 아니라 이들 제품의 마케터로서, 때로는 생산 공정의 효율화에 자문을 주는 전문가로서 공헌한다. 이처럼 DAO를 활용하면 우리 기업의 고객을 소액 투자자이자 공헌자로서 참여시킬 수 있어 기업의 사업 혁신에 적극적인 지지자로 확보할 수 있다.

DAO를 통한 팬덤 비즈니스

DAO는 결국 기업 외부의 고객 중 기업의 비전과 사업에 공감하고 동참하려는 팬을 그저 소비자가 아닌 파트너이자 투자자로 확보할 수 있는 도구다. 한 예로 애플의 제품을 그냥 사용하는 것이 아니라 거의 팬이 되어 열광하는 소비자를 DAO를 이용해 제품의 개선과 신규 상품에 대한 아이디어는 물론 판매와 마케팅에 실질적 도움을 주는 외부의 구성원으로 만들 수 있다. 단 기업 혁신에 실질적 도움을 주고받으려면 DAO를 그저 자금 투자자의 확보로만 생각해서는 안 된다. DAO의 구성원이 다양한 의견을 내고 생각을 말할 수 있도록 해야 한다. 그들의 생각을 적극적으로 듣고 소통할 수 있는 커뮤니티의 활성화가 DAO의 성공에 핵심이다. 현재 DAO는 주로 기업의 니즈에 의해 시작한다기보다는, 외부에서 관심 있는 기업에 투자하는 방식으로 운영되고 있다. 물론 그런 투자 대상 기업은 DAO에 열려있는 웹3 기업이다. 하지만 앞으로는 전통기업에서도 DAO를 활용해 투자자와 기업 혁신에 동참시킬 외부의 조력자를 커뮤니티화할 것이다. 더 나아가 기업들이 주도적으로 DAO를 구성해서 외부인들을 기업의 성장에 적극 활용하려 할 것이다. 또 외주 용역이나 프리랜서에게 일을 맡기고 긱워커Gig worker를 고용하는 과정에서도 DAO를 활용해 그 효과를 극대화하려는 움직임들이 있을 것이다.

눈여겨볼 국내외 웹3 기업, 그들의 가치에 더 주목하라

웹3 기업은 크게 B2C, B2B 기업으로 구분해서 살펴볼 수 있다. 대상이 일반 대중인지, 기업인지에 따라 구분된다. 그리고 두 영역별로 상세하게 시장 분류를 하면 금융, 데이터 분석, 커머스, 콘텐츠, 마케팅, 플랫폼 등에 따라 수십 개 이상으로 구분할 수 있다. 이와 같은 웹3 기업 관련 주목할 기업에 대한 정보는 구글에 "web3 landscape" 키워드로 검색하면 수많은 리서치 기업이 정리한 자료를 볼 수 있다.

이 중 주목할 사항만 추려서 정리하면, 국내에서는 블록체인 기반 솔루션과 메인넷을 개발하는 코인플러그와 BaaS를 지향하는 람다256의 루니버스와 블로코의 아르고, 메타버스 플랫폼으로 크리에이터 이코노미를 추진 중인 레드브릭Redbrick을 들 수 있다. 또 NFT 자산 관리 플랫폼인 NFT뱅크와 글로벌 디지털 자산 환전과 거래 솔루션을 갖춘 체인파트너스Chain Partners 등이 있다. 해외에서는 탈중앙 분산형 클라우드 시스템인 IPFSInterPlanetary File System 기술을 갖춘 파일코인Filecoin, 데이터 거래에 블록체인을 활용해 신뢰를 높인 솔루션을 갖춘 스트리머Streamr, 분산형 음악 스트리밍 서비스를 제공하는 오디우스Audius 등이 있다. 그 외에도

NFT를 거래하는 세계적인 마켓플레이스 오픈시, 가상의 땅을 사고파는 플랫폼 더샌드박스, 탈중앙화 가상화폐 거래소 유니스왑, 메타버스의 아바타를 표준화해서 사고팔 수 있는 지니스가 있다.

이런 기업들 외에도 워낙 많은 웹3를 표방하는 스타트업이 부지기수다. 중요한 것은 웹3 기업인지 아닌지를 살펴볼 때, 블록체인을 어떻게 서비스 모델에 활용했는지, 토큰을 발행해서 누구에게 언제 얼마나 지급하는지, 서비스의 가치를 왜 탈중앙화로 두었고 궁극적으로 고객에게 주고자 하는 가치가 무엇인지를 명확하게 파악하는 것이다. 그 과정에서 굳이 웹3를 지향할 이유도 없고, 실제 블록체인을 이용하지 않는 경우도 많을 것이다. 또 발행된 토큰이 서비스 내에서 어떻게 가치 거래에 사용되는지 등도 따져봐야 한다. 이런 요인들로 웹3의 사업성이 전망이 있을지 없을지 결정된다.

> 메타버스 시대와 창작자 경제

웹3가 인터넷 세상을 움직이는 가치철학이라면, 프로토콜 비즈니스는 인터넷 철학 기반으로 만들어져 운영되는 서비스의 비즈니스 모델을 뜻한다. 그렇다면 메타버스는 무엇일까. 메타버스는 웹3라는 가치철학에 접목되는 데 어울리는 인터넷 플랫폼이다. 기존의 웹2.0 세상과 어울리는 플랫폼이 웹과 모바일이라면 메타버스는 웹3와 찰떡궁합이다. 메타버스 플랫폼에서는 기존의 인터넷 경제와 다른 경제 모델이 주목받을 것이고 그런 경제 생태계로 창작자 경제를 들 수 있다. 모든 참여자가 메타버스의 가상 경제계에서 놀고 보고 배우기만 하는 것이 아니라 경제활동까지 할 수 있는, 즉 돈을 벌 수 있는 것이 창작자 경제Creator economy다.

창작자에 의한, 창작자를 위한, 창작자의 시대

　이제 유튜브에서 활동하는 연예인이나 유명인을 쉽게 볼 수 있다. 또 SNS에는 수많은 인플루언서가 활발하게 활동 중이다. 빅테크 기업의 서비스 플랫폼에 둥지를 튼 이들은 콘텐츠를 무료로 제공해 인기를 얻으면 광고와 상품 판매로 수입을 거둔다. '1인 미디어 창작자 수입금액 현황(2019년 국세청에 공개된 더불어민주당 양경숙 의원실의 자료)'에 따르면 유튜버나 BJ로 활동하는 미디어 콘텐츠 창작자 중 상위 10%가 아닌 대부분의 90%는 월평균 소득이 57만 원에 불과했다. 사실 대부분의 창작자가 인터넷 콘텐츠 서비스 성장에 마중물 역할을 하는데도 불구하고 실질적 수익은 턱없이 부족하기만 하다. 하지만 앞으로 펼쳐질 창작자 경제 시대에는 균등하게 수익이 분배되고 이들의 권리가 보장될 것으로 전망된다. 이는 웹3의 가치철학인 공정과 분배와도 맞닿아 있다.

　물론 지난 20년간 블로그와 유튜브, 인스타그램, 틱톡, 웹툰 등의 등장으로 재능 있는 콘텐츠 창작자가 세상에 드러나고 주목받는 기회가 생겼다. 또 수익도 시간에 얽매인 직장인보다 더 많고 자유로우니 유튜버나 인플루언서를 꿈꾸며 도전하는 사람도 늘어가고 있다. 생각해 보면 이들 채널이 미니홈피에서 블로그와 유튜브로, 인스타그램과 틱톡 등으로 시대에 따라 수단이 달라졌을 뿐 그 운영 방식이나 성공 공식은 비슷했다. 20년 전 파워 블로거, 와이프로거라는 이름으로 블로그에서 제법 주목받는 유명인이 많았는데 이들은 훌륭한 필력으로 다양한 주제에 대한 글을 올리며 인지도를 높였고, 그 인기를 기반으로 광고와 출판, 쇼핑몰 운영 등을 통해 수익을 창출했다. 그 공식이 고스란히 유튜브나 인스타그램으로 옮겨졌을 뿐이며, 그 과정에서 새로운 채널, 즉 매체 특성에 발맞춰 변신하지 못한 기존 유명인은 새로운 채널에서 새로운 모습으로 등장한 인플루언서에 밀려났다. 새로운 채널이 등장하면 늘 성공 가능성을 염두에 둔 개인 창작자가 몰려들고 그 덕분에 해당 채널은 쉽게 콘텐츠를 확보하면서 채널 지배력을 갖출 수 있게 되었다. 채널이 충분한 영향력을 갖추며 안정되면 그 지배력을 기반으로 더 많은 수익 확보를 위해 거버넌스와 추천 알고리즘 등을 조정해 창작자들이 채널의 노예가 되도록 했다.

그 결과 지난 20년간 다양한 채널이 등장하며 창작자 경제 시대를 열었지만, 창작자가 주도하기보다는 채널 주도로 개인 창작물이 흘러가는 구도가 된 것이 사실이다. UCC$^{User\ Created\ Contents}$ 시대는 개인에 의한 콘텐츠는 맞을지라도 개인의, 개인을 위한 콘텐츠는 아닌 셈이다. 수많은 개미의 참여로 만들어진 서비스에서 안정적이고 고도성장을 하는 주체는 정작 그 서비스를 운영하는 플랫폼 사업자였던 것이다. 그렇게 공고해진 플랫폼 파워로 쌓은 수익은 눈덩이처럼 커졌으며, 개미들에게 분배되지 않고 플랫폼 지배력을 확장하는 데 재투자했을 뿐이다. 하지만 앞으로의 20년은 달라질 것으로 전망된다. 무엇보다 메타버스라는 새로운 인터넷 패러다임의 등장과 블록체인을 이용한 NFT와 DAO가 부각되면서 창작자 경제 시대, 즉 게임을 하면서 돈 버는 P2E^{Play to Earn}와 다양한 창작물을 만들어 돈을 벌 수 있는 C2E^{Create to Earn} 기회가 부각되고 있기 때문이다. 이는 진정한 창작자에 의한, 창작자를 위한, 창작자의 콘텐츠 시대라는 점에서 기존과 크게 다르다.

무엇보다 창작자 경제 패러다임의 특징은 창작물의 형태가 다양하다는 점이다. 글, 사진, 영상을 넘어 메타버스에서 나를 표현하는 옷, 장신구, 신발부터 공간을 꾸미는 사물에 이르기까지 다양하다. 또 디지털 예술품처럼 온라인, 메타버스 공간에 전시할 수 있는 작품도 창작물의 범주에 속한다. 이렇게 새로운 창작자 경제 시대에서는 기존보다 더 다양한 형태의 창작물을 보고 듣고 즐기는 사용자의 경험도 훨씬 풍부해진다. 그저 텍스트, 이미지, 오디오, 비디오로 된 콘텐츠들을 일방적으로 읽고, 듣고, 보기만 하는 것이 아니다. 창작물을 내가 직접 입어볼 수 있고 이를 이용해서 메타버스 공간을 유영하거나 함께 창작물을 나눠 사용하면서, 더욱 입체적인 콘텐츠 경험을 할 수 있다. 이렇게 다양한 종류의 창작물이 나올 수 있는 배경은 그만큼 콘텐츠 저작 툴이 고도화되었기 때문이다. 글이나 영상을 멋스럽게 편집하는 기능을 넘어 3D 그래픽과 메타버스 내 디지털 오브젝트를 쉽게 개발할 수 있는 오쏘링 툴authoring tool이 고도화되면서 개인이 창작물을 전문적으로 제작할 수 있는 기반이 마련되었다. 그래서 로블록스나 포트나이트, 제페토, 렉룸 등의 차세대 메타버스 서비스에서는 창작자들이 참여해 다양한 콘텐츠를 만들 수 있는 저작 툴, 스튜

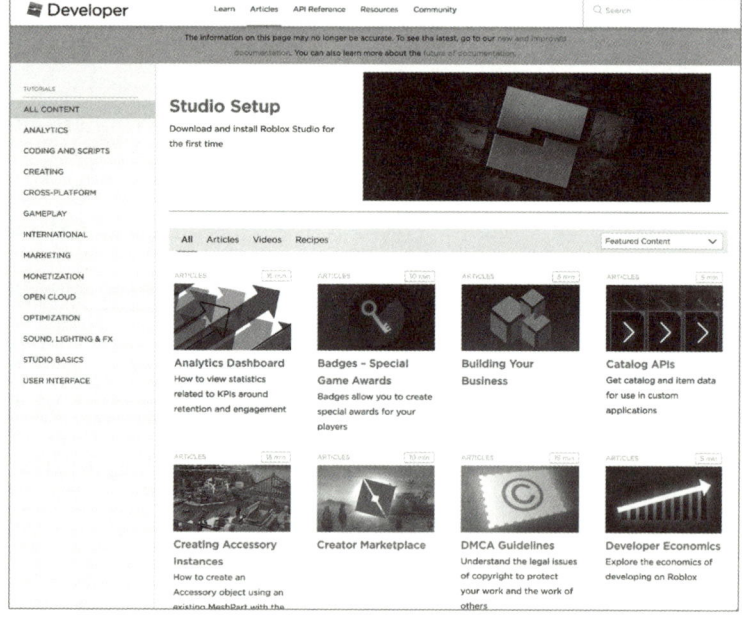

▲ 로블록스에서 창작자를 위해 제공하는 저작툴의 사용법을 안내하는 스튜디오

디오를 제공한다.

창작자 경제 시대에는 무엇보다 창작자에게 주어진 권한이나 영향력이 더욱 커질 것이다. 사실 유튜브나 인스타그램 등에서는 알고리즘의 변화에 따라 인플루언서에 쏠리는 주목도가 크게 달라지기 마련이다. 추천을 받지 못하면 그만큼 인기도 하락하게 된다. 그렇다 보니 '좋아요와 구독 설정' 메시지를 꾸준히 노출하며 팬을 확보하려고 노력한다. 하지만 이마저도 채널의 영향력이 떨어지면 처음부터 다시 시작해야 하기 때문에 인플루언서 입장에서는 독자적으로 직접 소통할 수 있는 창구를 만들려는 욕구가 점점 커질 수밖에 없다.

반면, 창작자 경제는 채널보다는 창작자에 더 집중되어 창작자 주도적인 서비스로 운영하며 채널의 종류도 다양하고 탈중앙화된 형태를 띠고 있어 알고리즘이나 채널의 노예가 되지 않을 수 있다. 이미 미국에서는 서브스택Substack과 패트리온Patreon이라는 창작자 주도형 콘텐츠 플랫폼이 큰 주목을 받고 있다. 이 서비스는 작가, 팟캐스터, 음악가가 뉴스, 소설, 음악 등의 다양한 형태의 콘텐츠를 구독 방식으로 팬들과 직접 거래하게 한다. 국내에는 미디어스피어Mediasphere, 글리버리Glivery 서비스가 유료 이메일 뉴스레터 서비스를 제공한다. 비록 이들 서비스가 메타버스나

NFT 등을 활용하는 것은 아니지만, 기존 콘텐츠 미디어 플랫폼 중심에서 벗어나 창작자들의 권익을 보장하고 더 다양한 콘텐츠를 중계하는 게이트웨이로 부상하고 있어 창작자 경제 시대의 가능성을 보여주는 대표 사례라 말할 수 있다.

이와 함께 플랫폼을 통해 팬과 만난 창작자가 더욱 다양한 방식으로 창작물을 거래할 수 있게 하는 결제 서비스와 손쉽게 광고를 연계하고 쇼핑몰을 연동해 상품판매로 인한 수수료를 받을 수 있는 수익화 툴이 다양해지면서 창작자 경제가 더욱 활성화될 전망이다. 특히 블록체인 기반의 NFT는 창작자가 저작물을 투명하게 거래하고, 판매된 저작물의 후속 거래와 2차 사용에 대한 권리 행사가 가능하다. 이를 통해 경제적인 재원 확보에 대한 믿음을 기반으로 창작 활동에 집중할 수 있다. 즉 창작물을 거래하는 데 사용되는 계약서이자 화폐로 NFT가 창작자의 권익과 수익을 보장하는 것이고, DAO는 창작자와 작품을 홍보하고 후원하는 커뮤니티로 창작자의 노력과 참여에 대한 공정한 보상과 분배의 툴로 활용될 가능성이 커지고 있다. 이렇게 블록체인과 메타버스는 창작자 경제 시대를 개막하는 데 밀알이 되고 있다. 결론적으로 창작자 경제 시대에는 '어디서 무엇을 말하느냐'에서 '누가 어떻게 전달하느냐'로 패러다임이 전환될 전망이다.

돈 버는 기술, P2E와 C2E

게임하면서 돈을 버는 P2E는 게임 엑시 인피니티^{Axie Infinity, AXS}에서 주목받으면서 국내 게임사와 세계적인 게임 스타트업의 중요한 성공요소로 꼽힌다. 사실 10대들 사이에선 이미 로블록스나 마인크래프트 등에서 게임을 만들거나 아이템을 거래하며 돈을 벌기도 한다. 이미 이전부터 게임을 하며 돈 버는 방안이 있었는데 갑작스레 P2E라는 키워드가 뜬 것일까. 왜 게임사들이 저마다 블록체인을 활용해 P2E를 부르짖으며 암호화폐로 돈 버는 마케팅을 적극적으로 하는 것일까.

게임은 재미를 위해 돈과 시간을 쓰는 소비적인 놀이 문화다. 그런 게임 시장의 경쟁이 갈수록 치열해지고 시장의 성장이 주춤하면서, 더 많은 시간을 점유하기 위한 마케팅이 치열해졌다. 게임 내 보상을 받기 위해 아이템이나 캐릭터를 제공하기 시작했고 이용자 간에 희귀한 아이템 등을 서로 거래하면서 자연스럽게 시세차익을 얻을 수 있었다. 게임을 하며 돈까지 버니 로열티 높은 게임 마니아가 생겨나고, 이들이 다른 게이머를 유인하고, 더 오래 게임을 한다. 그 과정에서 아예 게임머니를 제공해 게임 내 아이템 거래나 환전을 장려하고, 아이템을 사용자가 직접 만들 수 있는 스튜디오까지 열어 사용자 간 아이템 개발과 거래를 제도권으로 활성화한 것이 로블록스 등의 특징이다.

그렇다면 왜 블록체인이 P2E에 적용되기 시작한 걸까. P2E의 대표 게임 중 하나가 크립토키티CryptoKitties다. 사용자끼리 고양이 모양의 캐릭터를 거래하는 것이 게임의 본질이다. 캐릭터를 처음 소유하려면 이더리움 블록체인 암호화폐로 거래해야 한다. 기존처럼 게임머니를 만들어 운영해도 되지만, 굳이 블록체인 기술 기반의 암호화폐를 도입한 이유는 이 고양이를 거래할 때만 블록체인 기술을 이용하는 것이 아니기 때문이다. 크립토키티의 고양이는 다른 고양이와 교배하고 합성할 수 있다. 그 과정에서 블록체인 분산원장에 고양이의 거래 내역과 소유권, 교배와 합성 내역 등을 기록한다. 게임사의 서버에 남기지 않고 블록체인에 기록하는 이유는 그 모든 내역을 투명하게 관리하고 절대 위변조할 수 없도록 해, 게임사가 망하더라도 그 사용권리를 보장하기 위함이다. 사실 게임사가 자체적인 내부 시스템을 통해서 제공하는 게임머니나 사용자 간에 임의로 거래한 내역은 게임사가 망하거나 정책을 바꾸면 무용지물이 된다. 하지만 블록체인에 기록된 소유권과 약속된 사용권에 대한 권한은 게임사가 망하더라도, 심지어 정책 변경과 무관하게 소유주가 원치 않으면 보장된다. 그것이 블록체인을 이용해 P2E를 도입하는 이유다.

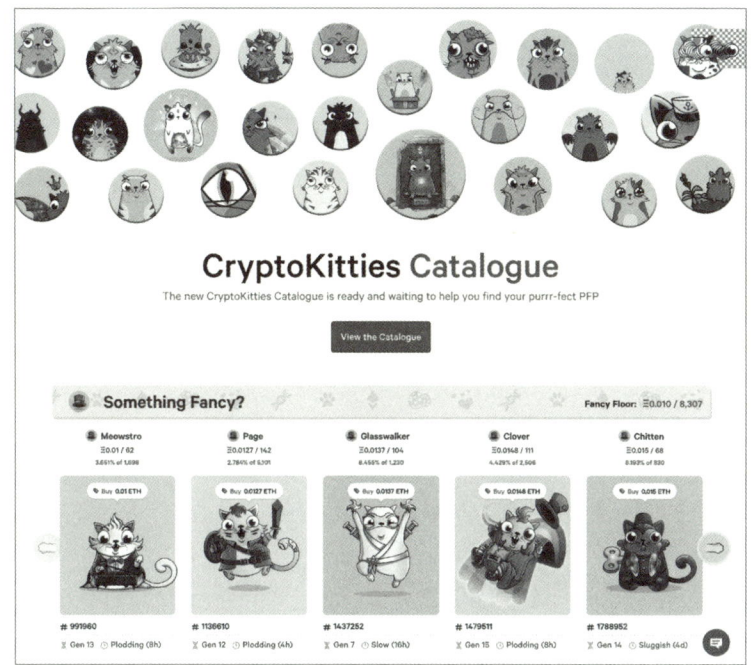
▲ 크립토키티에서 거래되는 고양이 캐릭터

그렇게 블록체인을 통해 구현된 P2E의 대표 게임은 '엑시 인피니티'로 동남아시아에서는 이 게임으로 생계를 유지하는 사람이 있을 정도다. 게임을 재미가 아닌 수입을 위해 하는 것인데, 직접 캐릭터를 만들어 플레이하고 다른 플레이어와 전투하며 SLP라는 내부의 게임머니(암호화폐 기반으로 개발)를 받고, 이를 AXS라는 암호화폐로 환전해서 현금화하는 것도 가능하다. 또 캐릭터 간 교배를 통해 새로운 캐릭터가 나오면 NFT화할 수 있다. 이렇게 만

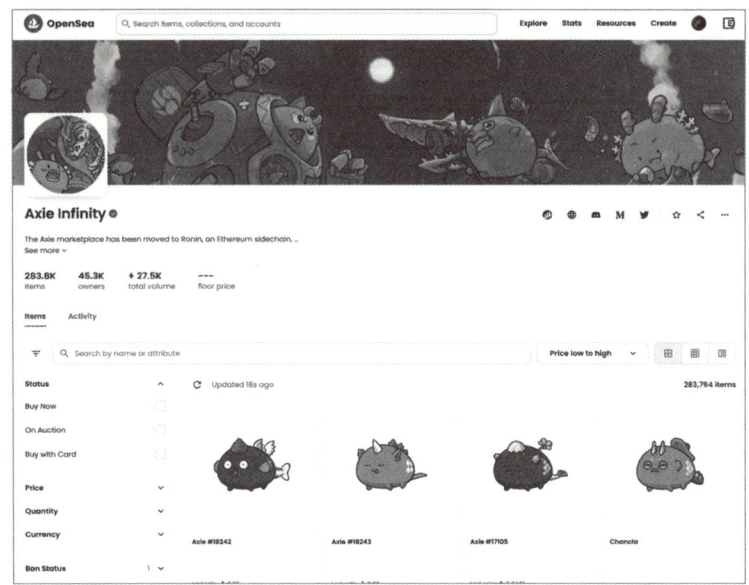

▲ 오픈시에서 거래되는 엑시 인피니티 캐릭터

들어진 NFT 캐릭터는 게임을 벗어난 곳에서 사용할 수 있고 이를 NFT 거래 플랫폼 오픈시에서 거래할 수 있다.

게임머니나 아이템 거래를 보다 투명하게 보장하고, 게임 밖에서 블록체인, 암호화폐 기술 덕분에 사용이 가능해지면서 전 세계 게임사가 이를 도입하고 있다. 국내의 위메이드Wemade에서 개발한 미르4 글로벌 버전에는 게임 내의 자원인 흑철을 드레이코 토큰이라는 암호화폐로 바꾸고, 이를 위메이드의 위믹스 암호화폐로 환전할 수 있다. 위믹스는 업비트, 코빗 등의 암호화폐 거래소에 상장되어 있어 실제 현금으로 환전하는 것도 가능하다.

게임사 입장에서는 게임 활성화는 물론 암호화폐를 활용한 시세차익 등을 위해 블록체인 기반의 P2E를 도입한다지만, 게임 내의 아이템 거래를 위한 암호화폐와 NFT를 통한 캐릭터의 거래 과정에서 문제점도 발생한다. 과도한 투기 세력의 탐욕 때문에 가격 변동성이 커지면서 게임을 재미있게 즐기기 위한 아이템, 캐릭터의 가치보다는 부수적으로 만들어진 암호화폐에 대한 욕심이 커지는 등 P2E의 환상이 깨지고 있다. 특히 2021년 말 위메이드가 사전 고지 없이 위믹스 코인을 대량 매각하면서 시세가 30%나 폭락하고, 2022년 5월 암호화폐 루나 사태로 인한 암호화폐 시장의 위축과 엔데믹 시대를 맞이하며 각국 정부의 자금 유동성 축소 등 암호화폐 시장이 냉각기에 접어들면서, P2E를 부르짖던 기업들이 발행한 암호화폐가 폭락하기 시작했다. 실제로 2022년부터 엑시 인피니티는 SLP 재화를 현금화하는 사용자가 늘고, 엎친 데 덮친 격으로 발생한 악재로 사용자가 급감하고 있다. 그럼에도 P2E 시장에 대한 게임사의 기대는 여전하다. 메타버스와 웹3라는 키워드가 IT 산업에 새로운 기회의 바람을 불어다 줄 것이라는 기대와 함께 블록체인 게임은 선택이 아닌 필수라는 것이 일부 게임사들의 당찬 포부다. 최근 넥슨, 엔씨소프트가 가세해 블록체인 사업 진출 의사를 밝혔고 아를랜드의 해적,

샌드박스, 엑시 인피니티는 여전히 P2E를 게임 비전으로 삼고 지속적으로 사업을 운영 중이다.

사실 P2E는 게임 업계 입장에서는 새로운 패러다임으로 변화할 기회인 것은 사실이다. 상향 평준화된 시장에서 게임 산업이 한 단계 도약하려면 새로운 트렌드는 게임의 비즈니스 모델을 혁신하는 데 필요하기 때문이다. 그런 면에서 P2E는 게임에 새로운 성장동력을 제공하기 충분하다. 2021년에 암호화폐와 NFT로 대변되는 P2E에 대한 막연한 기대 속에서 너도나도 P2E를 부르짖었다면, 2022년은 암호화폐 시장의 냉각기 속에서 옥석을 가릴 기회가 될 것이다. P2E를 접목한 게임의 실질적 성과와 암호화폐와 NFT를 통한 실질적인 비즈니스 모델의 확장성, 게임 사용자에게 주는 가치가 입증된다면 새로운 게임 패러다임을 선도할 수 있게 될 것이다. 게임사는 게임의 유료화나 아이템 판매 외에 P2E를 통해서 NFT 아이템 거래 수수료와 암호화폐 거래 수수료, 암호화폐의 가치 증대를 통한 매출원의 다각화로 비즈니스 모델을 혁신 할 수 있을 것이다. P2E가 확대된 것이 C2E, 아바타 아이템이나 각종 디지털 아트 작품을 만들어서 돈을 버는 것이다. 꼭 게임이 아닌 메타버스 서비스에서 각종 디지털 작품을 만들어 돈을 벌 수 있다.

P2E 시장이 발전하려면 게임 규제와 법 제도의 개선이 필요하다. 현행 게임산업진흥에 관한 법률에는 P2E 게임의 자산 형성과 환전을 통한 현금화 과정을 사행성으로 규정해 NFT나 아이템 유통 자체를 금지한다. 한마디로 P2E 게임으로 사용자가 획득한 아이템이나 자산을 현금화할 수 없다. 그렇다 보니 국내 게임사 역시 P2E 게임 론칭을 국내가 아닌 해외 글로벌 시장을 타깃으로 하고 있다. 실제 스마트폰 앱스토어에서 유통되던 P2E 게임과 NFT 게임 32개를 적발해 퇴출시킨 것이 지난 2022년 7월이다. 또한 위메이드의 미르4에 적용된 P2E 기능은 국내 버전에는 제외되었고 글로벌 버전에만 적용되고 있다. 넷마블, 넥슨, 엔씨소프트에서 적용할 P2E 게임의 핵심 기능인 암호화폐 자산과 NFT의 기능 역시 국내 버전에서는 빼고 해외 버전에만 적용할 예정이다. 이렇게 P2E에 대한 보수적인 국내의 게임 규제는 글로벌의 표준과는 동떨어져 있어 미래 게임 산업의 중요한 패러다임이 될 P2E가 한국만 갈라파고스 군도처럼 고립될 가능성이 높다. 그렇게 되면 국내 게임사들의 경쟁력을 떠나 한국 게임 사용자들의 게임 서비스에 대한 경험과 가치가 반감될 우려가 있다.

중국의 IT 규제가 가져올 한국의 나비효과

　IT 굴기를 꿈꾸던 중국이 2020년부터 자국 빅테크 기업에 규제의 칼날을 휘두르고 있다. 사실 빅테크 기업에 대한 규제는 전 세계적인 추세지만 중국의 경우 그 규모가 광범위한데다 조세나 정책 차원을 넘어 벌금 부과와 앱 삭제, 투자 자금 유입 동결, 지분 매입을 통한 경영 참여에 이르기까지 방법이 과도하다는 비판을 받고 있다. 심지어 중국 당국이 인터넷 기업의 모든 데이터에 대한 접근과 관리를 가능하게 하는 데이터보안법을 제정해 빅브라더 문제가 현실이 되고 있다.

　이렇다 보니 홍콩, 미국 등에 상장한 중국 기업의 주가가 심각한 타격을 받고 있다. 틱톡을 운영하는 중국 바이트댄스ByteDance는 미국 나스닥에 상장하려던 것을 포기했고, 중국 시장감독총국은 알리바바Alibaba에 시장 지배적 지위를 남용했다는 이유로 2019년 매출의 4%인 3조 1천억 원에 이르는 사상 최대 규모의 과징금을 부과했다. 2022년 6월에는 나스닥에 상장한 중국의 택시 중개 서비스 디디추싱DiDiChuXing이 중국 당국의 반대에도 불구하고 기업 공개를 한 대가로 보안조사를 받아 신규회원 가입을 중단해야 했다. 특히 9월 들어 텐센트Tencent, 넷이즈NetEase 등 대형 게임업체 대상으로 신규 게임에 대한 판호(서비스 허가) 발급 중단을 통보하고 청소년 온라인 게임 시간 제한을 강화하면서 콘텐츠 기업과 기술 전반에 먹구름이 몰리기 시작했다.

　이런 유례없는 중국의 빅테크 기업에 대한 통제는 어떤 나비효과를 만들어 낼까. 이미 세상은 연결되어 있고 특히 인터넷 산업은 상호 연계되는 거대한 생태계와 같다. 중국 당국의 인터넷 기업 옥죄기는 전체 인터넷 생태계에 투자 심리를 얼어붙게 만들고 인터넷 사용 전반에 부정적인 영향을 주는 것임에는 틀림없다. 무엇보다 인터넷 기업에 대한 투자를 경색시켜 연관된 스타트업 성장의 발목을 잡을 것이고, 중국의 개인정보 데이터 접근은 인터넷 서비스 이용에 대한 거부감을 키울 것이다.

그렇다면 우리 한국 기업에도 중국발 빅테크 규제는 악재일까. 악재라면 어떻게 극복해갈 수 있을까. 첫째, 투자자 관점에서 보면 단기적으로는 악재가 틀림없다. 중국 글로벌 빅테크 기업 중에는 미국이나 홍콩 증시에 상장한 경우가 많고 투자 자금의 손실이 커지면 당장의 손실 만회와 투자 포트폴리오 조정을 위해 신규 투자를 줄이고 안정자산 중심으로 보수적인 투자 운영을 한다. 실제로 소프트뱅크 비전펀드는 중국 투자를 중단하겠다고 선언했고, 국내 증권사와 투자자도 2020년과 대비해서 중국 기업 투자에 대해 보수적인 관점으로 돌아서고 있다. 하지만 장기적으로는 회수된 자금을 성장성이 높은 다른 국가의 인터넷 기업에 투자하면 포트폴리오를 다각화하는 계기를 만들 수 있다.

둘째, 게임 업계에는 큰 악재다. 특히 중국 시장을 겨냥한 국내 게임 업체는 큰 부담을 안고 사업을 진행하며, 이는 기업가치에도 반영된다. 크래프톤은 중국 정부의 유례없는 게임 규제 발표로 주가가 휘청대고 있으며 이는 게임 업계 전반으로 확대되고 있다. 또 중국의 게임 규제는 청소년을 대상으로 게임 시간제한과 관련된 것이라 중국 게임사의 출구전략으로 한국시장 공략을 강화할 것이기에, 고스란히 한국 게임사의 투자 자금과 기업가치에 영향을 줄 수 있다. 하지만 국내 게임사들은 중국시장 공략을 다른 국가보다 오래전부터 시작해 판호 발급에 대한 이해가 높고 청소년이 아닌 성인 대상의 게임을 주력 이용자로 삼고 있어 오히려 경쟁력을 가질 수 있는 계기가 된다는 의견도 있다.

셋째, 국내의 인터넷 기업, 특히 글로벌을 지향하는 인터넷 스타트업 입장에서는 호재다. 2010년 이후 중국의 인터넷 기업들은 탄탄한 내수 시장과 중국 정부의 적극적인 지원으로 고도성장을 이루며 글로벌로 진출해 사업 영역을 확대할 수 있었다. 그런데 2020년 들어서 시작된 규제는 인터넷 서비스의 공백을 초래했고, 이 공백을 메울 수 있는 대체 기업은 반사이익을 볼 기회가 생긴 것이다.

넷째, 사용자 관점에서는 개인정보 보호와 데이터 주권에 대한 인식이 강화되는 계기가 될 것이다. 중국의 데이터보안법은 개인정보를 불법 수집하는 인터넷 서비스들에 대한 제재와 동시에 사업자의 데이터 관리를 당국이 직접 참여할 수 있다는 양면성을 띤다. 그런 만큼 전 세계의 인터넷 서비스 사용자에게는 개인정보와 데이터 보호 주권

> 에 대한 인식을 다시금 만드는 기회가 될 것이다. 또 개인정보가 어디
> 까지 인터넷 서비스에 수집되고 이를 어떻게 활용하는지, 이 데이터
> 가 안전하게 보호되고 열람권 등이 제한되는지에 대한 요구가 커지는
> 계기가 될 것이다. 이 과정에서 블록체인과 같은 탈중앙화 기술에 대
> 한 수요와 필요성이 대두되고 인터넷 기업 역시 사용자들 요구에 답
> 하기 위한 탈중앙화 데이터베이스 구축에 관심을 두고 투자를 늘릴
> 것이다.

NFT는 진정
욕망의 화신인가

3년 전 블록체인은 ICO라는 무분별한 암호화폐 상장으로 홍역을 치렀다. 속어로 잡코인이라 불리는 가치없는 코인들이 난립하면서 투기의 온상이 되었다. 환상적인 사업 계획서를 블록체인 기술로 구현한다고 말로만 떠들어대고 블록체인과 전혀 무관하거나 굳이 블록체인 기술을 적용할 가치가 없는 서비스들에 돈이 몰렸다. 그렇게 나락을 겪으면서 거품이 가라앉고 블록체인을 이용한 NFT가 다시 주목받고 있다. ICO가 기업에 대한 투자라면 NFT는 예술작품 등의 자산에 대한 투자에 활용되고 있다. 과연

NFT는 이제야 블록체인을 활용한 제대로 된 쓰임새가 발견된 것일까. ICO에 이은 욕망의 재탕인 것일까.

NFT가 기존의 비트코인, 이더리움 등과 다른 점은 자산에 토큰이 포함되어 하나로 묶여 구성된다는 점이다. 암호화폐의 경우 암호화폐 1코인에 해당하는 가치가 수시로 바뀐다. 만일 특정 시점에 1.43 코인을 구매하고 지갑에 보관한 코인은 시세 변동에 따라 가치가 달라진다. 내가 소유한 것은 지갑에 기록된 1.43이라는 암호화폐 숫자에 불과하다. 그 숫자는 유일하지도 않고 그 숫자가 가진 가치도 늘 변동된다. 반면 NFT는 게임 아이템이나 디지털 그림, 영상 혹은 문서나 역사적으로 기념비적인 이벤트에 대한 정보 등 특정한 자산을 암호화폐화한 것이다. 무한 복제가 가능한 이미지 파일을 NFT로 화석화하면 암호화폐와 함께 블록체인의 분산원장에 기록된다. 물론 그 파일 자체가 저장되는 것은 아니지만, 저장 위치와 함께 해당 파일의 저작권자와 사용 관련 정보 및 거래 내역 등이 기록된다. 그 이력 정보를 토대로 더욱 투명한 자산 거래와 관리가 가능하다. 거래하고자 하는 자산별로 별도의 토큰이 만들어지기 때문에 대체불가능한 유일무이한(NFT) 코인이라고 부르는 것이다.

엔씨소프트는 2021년 3분기 어닝쇼크와 8월 신작 게임의 부진으로 약세장을 거듭해왔지만 11월 경영실적 컨퍼런스콜에서 NFT 게임 신작 출시 계획을 밝히면서 주가가 무려 30%나 뛰었다. 기존 게임사들도 블록체인을 활용한 NFT, P2E 지원 계획을 밝히면서 본격적으로 P2E 시대가 개막되고 있다. 사실 NFT를 지원하는 것은 아니지만 이미 로블록스나 포트나이트에서는 초등학생도 게임 속에서 돈을 벌고 있으며 이를 장려하고 있다. 이렇게 NFT는 디지털 아트 거래로 시작해 적용 영역이 확대되고 있다. 특히 연간 국내 18조, 해외 240조나 되는 게임 산업 규모에 비춰볼 때 P2E를 통한 NFT의 적용은 블록체인의 서비스적인 기회와 비즈니스적인 가능성을 열어줄 것으로 기대된다.

블록체인을 적용한 비즈니스 분야에 새로운 희망이 보이니 과열 양상과 무모한 투기가 성행하고 있는 것도 사실이다. 너도나도 디지털 작품이라며 사진과 영상을 NFT로 남발하고 있으며, 방송 클립이나 스포츠 카드, 심지어 방귀소리마저 NFT로 팔며 한몫 잡으려고 안달 난 모습이다. NFT나 P2E의 핵심은 거래 등에 참여한 이해관계자에게 주는 가치다. 그냥 돈이나 포인트 등을 통해 거래할 수도 있지만, 굳이 NFT를 이용하고, 기존에도 있던 게임 내 아이템 거래 등을 P2E라는 이름으로 공식화한 것은 참여자에게 거래의 투명성과 영속성을 보장하기 위함이다.

무엇보다 NFT로 얻을 수 있는 최대의 가치는 거래에 참여한 이해관계자와 관심을 갖는 모든 사람을 상호 연결해 의견 교환과 소통하게 해주는 커뮤니티에서 찾을 수 있다. 블록체인이 P2P에 근간한 것에서 엿볼 수 있듯이 참여한 모든 노드를 촘촘하게 상호 연결해서 자원을 공유하는 것처럼 NFT를 둘러싼 참여자를 연결하는 기회를 준다. 미술품 등의 작품을 기존 방식으로 거래하면 거래에 참여한 당사자들만 관련 내용을 알 뿐 타인의 정보 접근과 작품을 둘러싼 다양한 파생 스토리를 아는 것이 어렵다. 반면 NFT로 거래되는 자산에 대한 정보와 다양한 이야기는 NFT 덕분에 관련 이해관계자가 쉽게 커뮤니티를 구성할 수 있어 이에 대한 의견과 정보를 교류하면서 그 가치를 키울 수 있다. 그 과정에서 거래는 더욱 확대되고 그 덕분에 자산의 가치도 더 커질 기회가 생긴다. 앞으로 NFT나 P2E가 거품이 아닌 혁신으로 평가받으려면 참여자들에게 줄 수 있는 차별화된 가치와 소통의 창구로서 커뮤니티를 발굴해야 할 것이다.

이상적인 NFT의 미래 모델은 무엇일까

쇼핑몰에서 상품을 진열해 두고 판매할 때 5만 원이라는 돈은 그저 돈에 불과하지만 NFT를 통해 상품을 판매하면 언제, 누가, 어디서, 누구에게 구입했는지 그리고 이후 그 상품의 중고거래 내역도 기록될 수 있다. 이처럼 NFT는 단순한 화폐가 아니다. 복잡한 거래 내역과 조건에 대해서 자동화해서 기록하고 이를 관리할 수 있는 새로운 솔루션이다. 그런 솔루션의 기술적 특징을 잘 이해한다면 마치 AI가 다양한 산업 분야에서 활용될 수 있듯이 NFT 역시 여러 영역에도 다양한 용도로 이용될 수 있을 것이다.

플랫폼 권력, 웹3와 메타버스가 이어간다

웹은 정보의 교환 비용을 줄였고, 모바일은 사람 간 소통을 대폭 늘렸다. 그렇다면 세 번째 세상 메타버스는 어떤 변화를 가져올까? 바로 공간 비즈니스의 기회를 확대해줄 것이다. 메타버스는 온전한 가상 속이든VR, 현실에 디지털을 입히든AR 공간을 중심으로 인터넷 서비스가 구현된다. 기존의 인터넷이 사각형의 평면 디스플레이 위에 배치되었다면 메타버스는 3차원의 입체적 공간 속에 서비스가 디자인된다. 그렇기에 기존과 다른 서비스의 구현과 비즈니스의 기회가 생기는 것이다.

MS 홀로렌즈 2를 쓰고 집에서 거실, 안방, 서재, 다이닝룸을 돌아다니면 공간 곳곳에 있는 가구와 벽, 액자를 그대로 볼 수 있다. 또 식탁, 책상, 벽면 등에 디지털로 구현한 액세서리를 올려둘 수 있다. 서재 책상 위에는 멋진 피규어를, 거실 벽면에는 캘린더와 디지털 액자를 둘 수 있으며, 다이닝룸 식탁 위에는 근사한 꽃을 올려둘 수 있다. AR을 벗으면 보이지 않지만 언제든 쓰기만 하면 각 공간에 둔 장식물들을 만날 수 있다. 그렇게 디지털로 집안 공간을 풍성하게 꾸밀 수 있다. 그저 눈만 호강하는 것이 아니다. 거실에 벽면 전체를 차지하는 커다란 TV를 두고 영상을 시청

▲ 홀로렌즈를 이용해 스포츠 TV 시청 중 선수 정보를 테이블 위에 띄워서 보는 모습 (출처:MS)

할 수 있고, 소파 주변에 스피커를 배치해서 음악을 들을 때 귀를 호강시킬 수도 있다.

　VR도 마찬가지다. 아직 완전하지는 않지만, 메타 퀘스트 2(오큘러스 퀘스트 2)에는 전면에 카메라 렌즈가 있어 미리 지정한 영역을 벗어나면 주변의 장애물을 확인할 수 있다. 또 책상과 의자를 VR에서 인식할 수 있어서 정확하게 책상 앞 의자에 앉을 수 있다. VR 서재에서 키보드를 사용하는 것은 실제 현실 속에 있는 물리적 키보드를 타이핑하는 것과 같은 키감이나 정확하고 빠른 입력이 불가능하다. 하지만 물리적 키보드를 실제 VR에서 인식할 수 있다면 가상 속에서 컴퓨터 사용하는 것이 훨씬 편리해질 것이

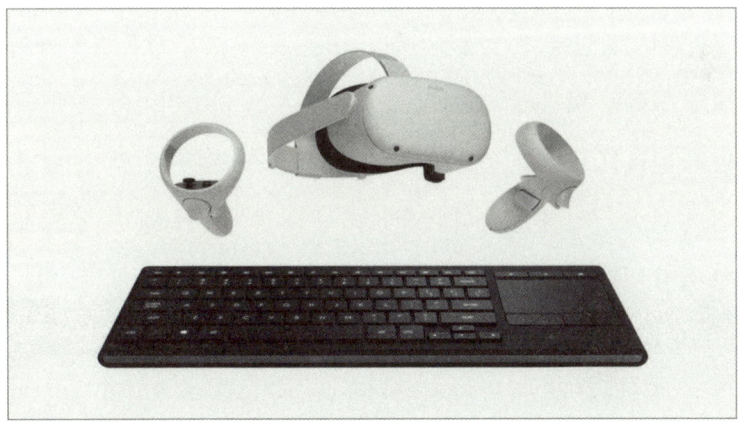

▲ VR에서 인식되는 K830 키보드 (출처:로지텍)

다. 실제로 메타는 로지텍Logitech과 제휴해서 가상공간에서 타이핑을 할 수 있는 키보드를 개발했다. 현실 공간의 가구와 키보드를 넘어 마우스, 조명기구 등이 VR에서 인식된다면 메타버스 이용은 더욱 편리해질 것이다.

오프라인 공간과 메타버스 공간이 현실 속 사물과 가상 속 디지털과 상호 연계되면서, 지금보다 더욱 개선된 서비스가 구현될 것이다. AR 고글을 쓰고 책상 위 스탠드 조명을 바라보면 조도와 색상을 조정할 수 있는 버튼이 나타나 조명을 제어할 수 있고, 거실 TV를 바라보면 최근 시청 중이던 넷플릭스 영상과 추천 유튜브 영상을 선택해 TV에서 재생할 수 있을 것이다. VR 고글을 쓰고 집 안 곳곳을 돌아다니면 곳곳에 있는 책상, 소파, 문을 인식해 문손잡이를 잡으려 할 때 실제 현실 속에서의 촉감과 체험을 고스란히 재현할 수 있을 것이다. 이를 통해 모델 하우스를 개인별로 원하는 벽지와 가구, 각 공간을 채우는 가전기기와 조명, 주방의 빌트인 수납장 등을 취향에 맞게 진짜처럼 구현할 수 있다. 실제 현실 공간을 돌아다니면서 가상의 경험을 누릴 수 있어 보다 실감 나는 인터넷 서비스 경험이 가능하다.

그 과정에서 여러 비즈니스가 파생되어 나타날 것이다. AR, VR 등의 디바이스에서 공간과 사물을 인식하는 인증 비즈니스부터 시작해서 디지털 오브젝트를 제작하기 위한 저작 툴, 제작된 오브젝트를 사고파는 거래 비즈니스에 이르기까지 다양한 상상이 가능하다. 더 나아가 NFT 예술품을 전시하기에 최적화된 공간을 대관하는 것도 비즈니스가 될 수 있다. 또 메타버스 게임이나 메타버스 스포츠 등을 최적으로 즐기기 좋은 공간을 디자인해서 제공하는 비즈니스도 가능하다. 대형 콘퍼런스나 파티, 결혼식 등의 행사를 위해 공간을 대여하는 게 아니라 메타버스 서비스를 위한 공간 디자인과 대여 사업도 가능하다.

메타버스 이전에는 온라인 서비스의 성장은 곧 기존 오프라인 사업에 위기가 닥칠 것이라고 해석되었다. 실제로 웹, 모바일 생

▲ VR 앱 스페이셜Spatial에서 디지털 아트 작품을 감상하는 모습 (출처:스페이셜)

태계의 성장 이면에는 전통적으로 오프라인 사업을 하던 많은 기업이나 소상공인의 입지가 줄어든 것이 사실이다. 특히 코로나19로 사회적 거리두기가 일상이 되면서 비대면 서비스가 커지고, 오프라인에 기반을 둔 사업은 더욱더 어려움에 봉착했다. 하지만 메타버스는 특히 공간을 기반으로 한 서비스와 사업이 커질 것이다. 단, 기회는 주어지는 것이 아니라 쟁취해야 한다. 오프라인 중심의 기업이나 전통기업, 특히 공간 관련한 사업을 하는 기존 사업체라면 메타버스의 공간 비즈니스 기회를 혁신의 발판으로 삼아야 할 것이다.

기존의 인터넷 이코노미는 실물경제와 맞닿아 있었지만, 가상경제는 실물경제와 연결되기도 하고, 온전히 다른 독립된 경제로 존재하기도 할 것이다. 쿠팡이나 배달의민족, 카카오T를 사용할 때 온라인에서 주문하고 결제하지만, 실제 상품을, 음식을, 택시를 접하는 건 오프라인 실물경제다. 반면 카카오톡의 이모티콘은 순수하게 모바일에서만 구현되는 가상의 상품이다. 이렇게 가상경제는 기존 웹과 모바일에서 극히 적을 만큼 제한적이었지만, 앞으로 게임 시장처럼 더 늘어날 거라 예상한다. 그런 면에서 메타버스는 온전한 가상경제계를 선사할 것이다.

새로운 사용자 경험을 선사할 메타버스 플랫폼

메타버스 플랫폼은 크게 전용 하드웨어인 AR이나 VR 기기를 기반으로 한 것과 스마트폰이나 메타버스 기기에서 작동되는 서비스로 구분해서 살펴볼 수 있다. 전자가 바로 메타의 퀘스트와 MS의 홀로렌즈로 구현된 메타버스 플랫폼이다. 이들 기기에서는 기본적으로 메타버스 세상이 보이고, 그 생태계에서 작동되는 다양한 앱이 있다. 기존의 스마트폰이나 PC로는 도저히 경험하기 어려운 새로운 사용자 경험을 제공한다. 그렇다 보니 메타버스를 지향하는 많은 서비스가 이들 디바이스를 기반으로 개발되고 있다. 앞으로 이 시장에 소니, 애플, 삼성전자 등이 참여하면 더욱 빠르게 확대될 것이다. 메타버스 서비스로는 제페토, 로블록스, 포트나이트, 스페이셜 등 다양한 서비스가 있다. 메타도 호라이즌 월드Horizon world 서비스 플랫폼을 선보였고, MS도 알트스페이스AltspaceVR로 서비스를 공격적으로 투자하고 있다. 작은 스타트업부터 기존에 있던 빅테크 기업 카카오의 컬러버스colorverse, SKT의 이프랜드ifland와 에이닷A. 등 모두 메타버스 플랫폼을 지향한다.

PART 3.

미래의 웹과 기술

기술은 우리 일상과 사회와 산업에 커다란 변화를 이끈다. 기술 그 자체의 변화를 넘어 그 기술을 사용하는 사람의 의도로 영향을 끼치는 것이다. 셰프의 손에 들린 칼과 강도의 칼, 의사의 칼로 할 수 있는 것, 즉 세상에 주는 변화가 각자의 위치에 따라 다른 것처럼 기술 자체보다는 그것을 사용하는 인간의 의도에 따라 결과는 달라진다. 지난 20년간 인터넷 기술을 어떻게 사용했고, 앞으로의 기술을 어떻게 사용할지, 그 과정에서 어떤 폐단이 있었는지 그리고 앞으로 우리 일상을 더 행복하고, 사회를 더 신뢰 있고, 산업을 더 혁신적으로 만들기 위해 고민하고 알아야 할 몇 가지 상식을 살펴본다.

> 플랫폼 권력에서 벗어난 인터넷의 변화

지난 20년간 기술이 우리 삶과 사회 전반에 끼친 영향은 과거 200년보다 훨씬 더 컸다. 웹과 모바일로 인해 우리 생활과 사회 인식이 어떻게 바뀌었는지 주변을 살펴보면 금세 알 수 있는데, 신문과 잡지, 서점과 레코드판 가게, 비디오 대여점을 생각해 봐도 간단하다. 기술이 우리 일상과 사회에 어떤 영향을 끼치고 있으며 앞으로 우리가 고민해야 할 사항은 무엇인지 전망해 본다.

독점에서 시작한
플랫폼 혁명

　2021년 10월 초 페이스북(현재 메타)의 내부고발자가 CBS에 등장해 페이스북이 사용자의 이용시간을 붙들어 두기 위해 알고리즘을 편향적으로 적용했다고 공개했다. 이어 미국 상원에서도 페이스북의 비도덕성에 대한 내부고발을 이어서 증언했다. 전 세계를 지배하는 소셜 미디어 서비스인 메타는 글로벌 미디어로의 영향력이 상당하기에 그만큼 사회적 책임이 요구된다. 그런 책무에 대한 요구 때문에 그간 여러 차례 건강한 사이버 공간을 만든다는 기치 아래 공정한 알고리즘을 만들기 위한 노력을 해오는 것처럼 외부에 홍보를 해오고 있다. 그런데 그 활동이 거짓임이《월스트리트저널》탐사보도에 의해 드러났다. 보도에 따르면 메타 등에 올린 글 중 사용자에게 악영향을 주는 게시물은 알고리즘에 의해 자동으로 삭제해 왔는데 유명인의 게시물에는 그러한 알고리즘을 적용하지 않고 그대로 노출했다. 그 외에도 인스타그램이 10대 소녀들에게 불안, 우울증 등을 끼친다는 사실을 내부 분석 결과로 확인하고도 공개하지 않고 적극적으로 대응하지도 않았다. 이 사건으로 당시 페이스북의 주가는 폭락했고 많은 사용자의 지탄을 받았다.

비단 미국의 메타에만 적용되는 것은 아니다. 국내에서도 국회 공정거래위원회 국정감사(2021년 10월)에 카카오를 포함해 국내 주요 빅테크 기업의 대표들이 출석했다. 특히 카카오에는 골목상권 침해에 대한 여러 지적이 나왔다. 미용실, 꽃 배달, 대리운전과 택시 중개 등 문어발식 사업 확장과 소상공인의 비용 과중에 대한 질타를 받았다. 전 국민의 서비스가 된 카카오톡은 다른 대안을 선택할 수 없는 국민 메신저로 영향력을 갖게 되었고 이로 인해 다양한 서비스를 연계하며 사업 영역을 확장하고 있다. 그 과정에서 플랫폼 지배력을 남용, 악용해 소상공인의 비용 부담을 가중하고 독점적 사업 지배자의 위치를 행사해 불공정 거래를 할 수 있다. 그러한 이슈에 대해 경고를 한 것으로 해석할 수 있다.

택시 중개 사업자로 막강한 영향력을 행사하는 카카오T 역시 자유롭지 못하다. 실제 카카오T는 택시 콜 몰아주기, 기사 유료 멤버십, 호출 수수료 인상 등의 서비스 정책으로 업계의 강한 비판과 시민단체의 갑질 공정거래위원회 신고를 받고 있다. 교통 시장에 혁신의 바람을 불고 온 타다 역시 편리한 모빌리티 서비스로 승객의 환영을 받으며 플랫폼 지배력이 급속하게 커지자 기존 택시 사업자의 반발과 사회 갈등을 불러일으켜 결국 2020년 4월경 사업을 중단하고 말았다. 그만큼 플랫폼의 위상이 커지면서 발생하는 후폭풍은 거세기만 하다.

◀ 우버처럼 실행하면 바로 주변 차량이 보이는 타다

그렇다면 기업은 어떤 선택을 해야 할까? 플랫폼 지배력을 더 공고히 하고 기업 이윤을 추구하는 것은 기업의 당연한 숙명이다. 하지만 그 과정에서 단기적 이윤 극대화를 위해 잘못된 선택을 하면 지속경영은 위태로워지기 마련이다. 인터넷 기술 발전과 다양한 소셜 미디어의 등장으로 인해 소비자의 권익이 갈수록 커지고 있으며, 경쟁 환경이 워낙 빠르게 변화하면서 제휴사들도 언제 이탈할지 모른다. 때문에 장기적 안목에서 플랫폼 운영정책을 수립해야 한다.

문제는 기술 기반으로 서비스 플랫폼을 만들고 사업 혁신에 성공한 기업의 지배력이 늘 유지되는 것만은 아니라는 점이다. 야후, 라이코스, 프리챌, 아이러브스쿨, 싸이월드, 네이트온, 마이스페이스 등 한 시대를 풍미했던 서비스는 이미 영향력을 잃은 지 오래다. 또 전혀 다른 서비스들도 서로의 영역을 침범하며 치열한 경쟁이 벌어지는 곳이 인터넷 서비스 시장이다. 검색 서비스인 구글과 쇼핑몰인 아마존은 전혀 다른 시작점에서 출발했지만, 지금은 클라우드, 광고 마케팅, AI, 디지털 디바이스 제조와 스마트홈에 이르는 전 영역에서 경쟁하고 있다. 영역별로 새로운 스타트업의 등장도 눈부시다. 아무리 빅테크 기업이 플랫폼 지배력을 갖추고 있다고는 하지만 모빌리티에서 우버, 숙박 중개에서 에어비앤비, 새로운 모바일 소셜 미디어로 틱톡 등 신규 스타트업이 기회를 노리고 기존 플랫폼의 영향력을 축소시킨다. 플랫폼 간 경쟁은 국경을 가리지 않기에 국내 플랫폼 기업 간 경쟁을 넘어 글로벌 플랫폼과의 경쟁도 치열하다. 국내에 국한된 사회적 책임에 발목이 잡혀 자칫 해외 플랫폼과의 경쟁에서 뒤처질 수 있다. 이렇게 되면 글로벌 빅테크 기업의 일방적 플랫폼 운영 정책에 한국의 특수한 사회적 상황에 맞는 책임을 요구하기가 더 어려워진다.

플랫폼 기업의 서비스가 여러 이해관계자의 대중적 사랑을 받는 이유는 기존의 산업 영역에서 해결하지 못한 편익과 가치를 제공하기 때문이다. 한마디로 카카오T의 택시 호출이나 대리운전 서비스는 기존의 콜택시나 대리운전 업체보다 더 투명하고 편리하기 때문에 승객이나 운전자의 선택을 받은 것이다. 그 과정에서 합리적이고 공정한 수수료를 보장하기도 한다. 하지만 법인택시 사업자나 대리운전 대행업체 입장에서는 입지가 줄어든다. 이에 골목상권 침해라는 명분으로 공격이 가능하다. 기술 혁신을 통한 서비스 플랫폼은 기존 밸류체인을 와해하기 마련이고 그 과

◀ 모빌리티의 모든 탈것을 중개하는 카카오T

정에서 기존의 기득권, 즉 기존 시장 지배적 사업자들은 위기를 겪는다. 플랫폼 사업자에 대한 사회적 책임을 이야기할 때는 기존 지배적 사업자들의 저항인지, 플랫폼을 통해 가치 거래를 하는 공급자의 권익을 침해해 더 큰 사회악에 대한 우려인지를 명확하게 구분해야 한다. 또 플랫폼에 대한 사회적 책임을 요구하는 과정에서 사회 시민, 즉 대중의 편의를 훼손하지 않도록 하는 것도 고려해야 한다.

배달 앱의 대명사 배달의민족도 플랫폼에 입점해 공급자의 역할을 하는 음식점과 배달원, 과거의 아파트별 상가수첩 등 소상공인 관점에서 생각해 볼 만하다. 상가수첩의 권익을 보호한다고 배달 앱을 규제했다면 편하게 음식 배달 서비스를 이용하던 사용자의 불편을 초래했을 것이다. 게다가 더 많은 음식점이 더 많은 소비자에게 더 자주 음식을 배달할 기회를 얻었다. 단, 배달 앱이 전국을 대상으로 독점적인 지배력을 행사하면서 음식점과 배달원들에게 과도한 수수료나 희생을 강요한다면 소비자의 편익이라는 명분 뒤에 숨은 사회악이 될 것이다. 배달의민족 같은 기업은 쿠팡이츠 등 다른 업체와 끊임없이 경쟁하기 때문에 이해관계자를 만족시키지 못한 기업은 외면당하게 된다. 그래서 플랫폼 기업은 균형적인 시각을 가지고 운영정책을 변화하면서 이해관계자의 만족을 위해 노력한다. 그런 만큼 거대한 지배력을 갖춘 플랫폼 기업에 대한 사회적 책임을 요구하고 규제하는 것은 균형 감을 갖추고 이루어져야 한다.

플랫폼 기업의 성장 배경, 초심을 잃지 말자

대기업 차별 규제는 특정 산업 영역에서 독점적 지위를 갖춘 기업이 기득권을 무기로 중소기업의 사업 기회를 잠식하거나 불공정 거래를 막기 위해 존재한다. 또 기존 사업에서의 경쟁 우위를 기반으로 타 산업으로 진출해 스타트업이나 중소기업의 성장 기회를 박탈할 우려도 있기 때문이기도 하다. 그렇게 유통, 제조, 금융 등 거대 산업 영역에서 전통적으로 시장 독점적 위치를 공고히 해 온 소위 대기업들의 위세가 전 같지 않다.

바로 빅테크 기업이 파죽지세로 플랫폼 지배력을 기반으로 사업 확장을 하고 있기 때문이다. 네이버는 이미 언론사보다 더 막강한 미디어 파워를 가지고 콘텐츠 시장을 주름잡고 있으며, 스마트 스토어는 쿠팡보다 더 많은 거래액으로 커머스 시장을 장악하고 있다. 또 네이버파이낸셜은 네이버페이를 기반으로 대출, 보험 등의 금융 사업에 진출하고 있다.

이렇게 디지털 기술을 기반으로 인터넷을 통해 고객 접점을 확보한 빅테크 기업이 기득권을 기반으로 타 산업으로 비즈니스 포트폴리오를 다각화하고 있다. 그 과정에서 부작용도 발생해 시장의 공정 경쟁과 사용자 권익 보호를 위한 빅테크 기업 대상의 규제에 발동이 걸리고 있다. 기존 대기업 규제와 다른 점 중 하나는 그 대상이 내수기업을 넘어 해외의 빅테크 기업도 포함한다는 점과 규제가 자칫 전통 산업의 혁신 기회를 박탈할 수 있기에 신중해야 한다는 것이다.

그렇게 글로벌 인터넷 서비스를 제공하는 애플, 구글과 메타 등의 빅테크 기업을 대상으로 한 제동이 전 세계 정부들에 의해 시작되고 있다. 실제 2021년 8월 31일 대한민국 국회는 앱스토어 내 인앱 결제를 강제화하는 애플, 구글의 앱마켓 운영정책을 규제하는 '구글갑질방지법'을 통과시켰다. 이미 세계 각국의 정부에서는 빅테크 기업을 겨냥한 규제법 제정에 대한 목소리가 높아지고 있었는데, 이와 관련된 이해관계자 간의 첨예한 대립과 기준안에 대한 견해 차이로 인해 실제 법률안 확정까지 이어지지 못한 와중에 한국에서 최초로 인앱 결제 관련 규제안이 통과된 것이다. 이후 빅테크 기업 대상의 규제가 본격 궤도에 오르면서 확대될 것으로 보인다. 물론 글로벌 기업이 아닌 자국 내 플랫폼 독점적 지위력을 갖춘 네이버, 카카오, 배달의민족과 같은 빅테크 기업들 대상의 규제도 잇따를 전망이다.

빅테크 기업의 꼼수

빅테크 기업의 규제 대상은 크게 3가지다. 첫째, 조세 회피. 글로벌 시장 장악력을 갖춘 이들은 전통산업 영역과 달리 국가별 규제 정책을 패스해 경영 시스템을 구성할 수 있기에 조세 회피가 쉽다. 온라인 특성상 공장의 위치나 생산, 유통 과정의 지역별 과세 정책의 틀에서 자유롭기 때문에 법망을 피해가며 세금을 최소화할 방안을 찾아 절세와 탈세의 줄타기를 할 수 있다. 이런 이유로 애플, 구글, 메타 등의 글로벌 빅테크 기업들의 조세 회피나 로컬 서비스 사업자들 대상의 과도한 수수료에 대한 제재와 견제가 유럽 등을 시작으로 구체화되고 있다. 실제 EU(유럽연합) 중심으로 소위 '구글세'라 불리는 디지털세 도입을 추진하고 있다. 또한, OECD에서도 이와 관련된 논의가 지난 5년간 이루어지면서 다국적 기업의 조세 회피 방지 대책이 구체적으로 협의가 되고 있다.

둘째, 공정과 경쟁 라운드Competition Round, CR다. 플랫폼 독점을 무기로 사업을 확장해 경쟁 우위 전략을 추진하기 쉽다. 사실 기존 대기업의 성장 과정에서도 자연스럽게 특정 영역에서의 독점적 기득권을 기반으로 타 산업으로의 확장을 통해 사업 포트폴리오를 다각화하고 성장 전략을 추구하는 것은 당연한 권리다. 특히 기존의 밸류체인을 와해하며 혁신하는 과정에서 비효율이 제거되고 불필요한 중간 거간꾼을 없애는 것은 건강한 산업 발전에도 도움이 된다. 그런데 플랫폼 지배력이 독과점으로 치달으면서 자칫 소상공인의 설 자리가 사라지거나 이 플랫폼에 노동자로 살아가는 공급자의 권리가 침해될 수 있다. 우버, 배달의민족, 카카오T 등에 운전기사로, 배달기사로 용역을 공급하는 노동자들의 권익과 안전을 보호하기 위한 처우 개선과 노동시간, 차별에 대한 규제가 논의되는 것도 이러한 이유 때문이다. 애플과 구글의 스마트폰 앱스토어에 입점된 인터넷 기업을 대상으로 판매액의 30% 수수료를 지불하는 정책도 국내외의 앱 개발사들의 반발에 부딪히면서 뜨거운 감자가 된 것도 그런 맥락이다.

셋째, 개인정보다. 빅테크 기업은 사용자와의 접점(채널)을 통해 전 세계 수많은 사람을 대상으로 서비스를 제공한다. 애플의 아이폰, 구글의 지메일과 검색, 메타의 SNS, 네이버의 포털서비스, 카카오의 카카오톡이 그 예다. 이들 빅테크 기업은 전 세계 사용자에 대한 다양한 개인정보를 얻는다. 누가, 언제, 어디서, 무엇을 했고 어떤 것에 관심이 있는지 알 수 있다. 이런 정보 독과점을 통해 광고나 유통 등의 다양한 인터넷 비즈니스를 하는 것이다. 이 과정에서 심각한 빅브라더의 이슈가 발생할 수 있기에 개인 데이터 수집과 사용의 범위에 대한 철저한 방침과 규제가 논의되고 있다. 2021년 메타 CEO 마크 저커버그는 개인정보를 외부의 앱에서 수집하고 악용할 수 있음을 알고도 이에 대한 적극적 대응이 없었다는 지적을 받았고, 2016년 미국 대선을 앞두고 정치 컨설팅업체 케임브리지 애널리티카 Cambridge Analytica

> 는 당시 페이스북 이용자 8천만 명의 데이터를 불법 수집해 정치 광고 목적으로 악용하는 사건까지 있었다. 이러한 문제들이 빅테크 기업을 둘러싼 개인정보 규제를 검토하는 계기가 되었다.

AI는 미래 인간이 될까

이제 AI는 자율주행차에 탑재되고, 스마트 스피커에 내장될 만큼 우리 일상 속에서 쉽게 발견할 수 있는 기술이 되었다. 그렇다 보니 인공지능에 대한 오해와 과장으로 맹신한다거나 종말론적으로 상황 파악을 제대로 못 하는 경우가 많다. 인공지능이 탑재된 로봇이 인간에게 대항하는 영화 〈터미네이터〉와 같은 세상이 올까 걱정하고, AI가 사람처럼 감정을 가지고 인간에게 해를 끼치지 않을까 걱정한다. 하지만 그런 일은 최소한 당분간은 50년 내는 일어나지 않을 것이다. 아직 로봇이나 AI는 그저 우리가 시킨 일을 할 뿐이지 스스로 동기부여를 해 인간이 시킨 이외의 일을 하지 않는다. 그렇다면 지금 이 순간 우리는 AI에 대해 어떤 것을 고민하고 준비해야 할까.

AI 기술을 진단하고 활용할 때 가장 중요한 것은 그 AI가 닫힌계closed system가 아닌 열린계open system에서 사용된다는 것이다. 자율주행차가 어느 길로 얼마나 빨리 가고 있는가, 어느 길로 접어들어야 하는가, 근처에 다른 물체가 있는가, 그들은 어디에 있고 어떻게 움직이는가, 어디로 운전해서 가야 하는가 등에 답을 하며 운전하면 그것이 자율주행이다. 그런데 문제는 폭우로 도로가 잠기거나, 앞에 달리던 트럭에서 스티로폼이 무더기로 쏟아지는 등 돌발사태에 AI는 대비하지 못하고 혼란에 빠질 수 있다는 점이다. 주변의 물체를 알아보는 AI는 기술적으로 사람보다 더 정확할 만큼 상당한 수준으로 발전한 것이 사실이다. 그러나 제한된 영역에서는 완벽하지만 여러 변수가 발생할 수 있는 열린계에서는 AI가 오작동할 가능성이 크다.

또 다른 AI의 문제는 상황 인식이다. 주변의 물체들이 집합적으로 의미하는 바를 이해하는 것이 상황 인식인데, 이것은 AI가 인간을 흉내내기조차 어렵다. 아이들이 칼싸움하느라 장난감 칼을 가지고 싸우면서 소리를 질러대며 쓰러지는 장면과 못이 박힌 나무를 가지고 아이들이 서로를 찔러 대며 노는 장면 중 어떤 것이 더 위험한지 AI는 알 수 없다. 귀여워서 아이에게 꿀밤을 주는 것과 따귀를 때리는 것의 차이를 AI는 알기 어렵다. 그렇다 보니 로봇이 모든 것을 다 알아서 해줌으로써 인간의 일자리가 사라지는 일은 없을 것이다. 아직 로봇은 아이의 기저귀는 물론 빨래도 갤 수 없다. 휴머노이드가 AI의 미래가 아니라 진공청소기나 로봇 청소기가 발전하는 것이 AI의 미래다. 물론 감자를 튀기고 커피를 만들고 서빙하는 로봇 AI는 미래가 아닌 현실에서도 이미 만날 수 있지만, 그것은 정해진 장소에서 제한된 기능만을 수행하기에 가능한 것이다.

AI와 로봇을 냉정하게 돌아봐야 한다. 막연하고 과도한 AI 기술에 대한 기대와 곡해는 잘못된 해석을 만들어 AI를 거부하거나 제대로 활용하지 못하게 만들 뿐이다. 물론 AI, 로봇 기술은 하루가 다르게 진화하고 있다. 지금의 한계는 5년 후, 10년 후 극복되어 상당한 진전이 있을 수 있다. 그럼에도 다 알아서 하는 로봇은 지금의 빅데이터, 딥러닝 기반의 AI 알고리즘만으로는 구현할 수 없다. 만병통치약처럼 쓰이는 로봇은 강화된 인지 모델과 상식이라고 말하는 인간의 정신을 닮은 AI가 필요하다. 새로운 알고리즘이 필요하고 아마도 인간은 그런 AI를 앞으로 만들어낼 수는 있겠지만, 적어도 당분간의 기술로는 불가능할 것이다.

그렇다면 우리는 지금 무엇을 준비하고 고민해야 할까. 바로 신뢰할 수 있는 AI를 위해 안전 법규를 제대로 마련하고 로봇이 가져야 할 가치관과 같은 AI 윤리 규범을 고려해야 할 때다. 앞으로 만들어질 AI가 자칫 인류에 재앙이 되지 않도록 법규를 제대로 마련하고 업계의 자성이 필요하다. 지금까지의 AI는 굳이 그런 것까지 심각하게 고려할 필요는 없었지만, 앞으로의 AI에는 필요하다. 인스타그램에 포스팅하는 사진 속 인물을 자동 태깅하는 기능의 신뢰도야 90%만 되어도 훌륭하지만, 경찰이 감시 카메라에 찍힌 사진 속 용의자를 찾아내야 한다면 그 신뢰도는 99% 이상이 되어야 할 것이다. 구글 서치에는 AI의 성능에 대한 고도의 평가 검사가 필요 없을지 모르지만, 자율주행차에는 상당한 수준의 평가 잣대가 반드시 필요하다.

현재의 기술로는 언제 다다를지 알 수 없지만, 앞으로 기대 이상의 AI가 나올 수 있음을 인정하고, AI 개발자들은 통제 불능에 빠질 가능성을 만들지 않기 위해 노력해야 한다. 로봇, AI를 설계하고 개발하는 과정에 면밀하게 감독해야 하며 예측하지 못한 문제가 발생하면 즉각 시스템을 끌 수 있는 최소한의 안전장치에 대한 규제가 필요하다. 즉 초지능을 가진 AI가 새로운 알고리즘으로 기술이 자가 발전해서 만들도록 방치할 것이 아니라 구조화된 일련의 핵심 윤리 가치를 내장시킬 수 있도록 인간이 가이드를 제시해야 한다. 범용 지능을 갖춘 시스템이 자기 행동의 결과를 이해하고 인간의 안녕을 고려할 수 있도록 가치관을 내장시켜야 하고 법적 의무가 적용될 수 있도록 해야 한다. 식칼은 자기 행동의 결과를 생각할 수 없지만, 인공지능은 결과를 예측할 수 있어야 하고, 인간이 제어할 수 있어야 한다.

앞으로 우리가 두려워 해야 하는 것은 AI로 인한 인간의 말살이나 인류의 종말, 사회적 문제에 대한 막연한 걱정이 아니다. AI에 대한 우리의 기대가 우리의 능력을 넘어서는 것이 진짜 문제다. 이미 우리가 사용하는 AI는 인간이 누구나 가진 상식조차 가지지 않았음에도 의존도는 점차 높아지고 있다. 막연한 AI가 가질 초지능에 대한 우려보다는 당장 생각 없이 AI가 주는 뉴스피드나 추천에 빠져 스스로 생각이나 선택을 못 할 우려가 있는 우리 현실을 걱정해야 한다. AI를 어떻게 활용해 내 삶을 내가 주도할 것인가에 더 집중할 때 AI는 더 이상 초월적 존재가 아닌 활용할 수 있는 도구가 될 수 있다.

국내에서 의결한 AI 윤리기준

과학기술정보통신부와 정보통신정책연구원에서는 인공지능 윤리기준을 3대 기본원칙과 10대 핵심요건으로 마련했다. AI가 우리 사회에 미치는 영향이 크기 때문에 개발 과정에서 사람 중심의 윤리기준을 제정한 것이다. 물론 법적으로 강제하거나 실현 여부를 검토하는 것은 아니지만 사회 전 구성원이 인공지능 기술의 개발과 활용 과정에서 이 같은 기준을 참고하도록 독려하고 있다.

3대 원칙은 인간 존엄성과 사회의 공공선 그리고 기술의 합목적성을 제시한다. 한마디로 인공지능 이전에 인간의 생명과 정신적, 신체적 건강에 해가 되지 않도록 인공지능을 개발해야 한다는 것이다. 또한 인공지능은 사회의 가능한 많은 사람의 안녕과 행복이라는 가치를 추구하며 소외되기 쉬운 약자와 취약 계층의 접근성을 보장해야 한다는 것이 명시화되어 있다. 마지막으로 기술의 합목적성은 궁극적으로 인공지능 개발의 방향은 인간에게 도움이 되고 인류의 삶과 번영을 위해 사용되도록 해야 한다는 것이다.

이 같은 기본원칙하에 10대 핵심요건을 정의했다. 인권 보장, 프라이버시 보호, 다양성 존중, 침해 금지, 공공성, 연대성, 데이터 관리, 책임성, 안정성, 투명성이다. 인공지능 개발 과정에서 이들 10가지의 요건을 갖추었는지를 살펴보며 개발하라는 것이다. 이 중 시사점이 있는 것은 다양성과 책임성 그리고 안정성이다. 다양성은 인공지능 개발 전 단계에서 사용자의 다양성을 고려해 인종, 지역, 연령, 장애, 종교 그리고 국가에 따른 편향과 차별을 최소화하고 공정하게 적용되어야 한다는 것이다. 한마디로 특정 집단에 혜택을 주어선 안 된다고 명시화했다. 책임성은 인공지능 개발 및 활용 과정에서 개발자, 서비스

> 제공자, 사용자 간의 책임소재를 명확히 해서 차후 발생하는 피해를 최소화하고 명확하게 구분할 수 있도록 했다. 마지막으로 안정성은 인공지능 사용 과정에서 명백한 오류나 침해가 발생할 때를 대비해 사용자가 그 작동을 제어할 수 있는 기능을 갖춰야 한다는 것이다. 인공지능의 개발자, 개발사 그리고 이를 활용하는 우리 사회의 모든 구성원은 이 같은 AI 윤리기준을 참고해 인공지능이 우리 사람과 사회를 이롭게 하는 데 활용될 수 있도록 늘 깨어있어야 한다.

스마트폰은
앞으로 어떤 기기를 더 삼킬까

2010년부터 보급되기 시작한 스마트폰으로 인해 사라진 것들이 많다. 우선 2000년대 패션 아이템이자 학생이나 직장인들에게 필수 기기였던 MP3 플레이어와 디지털카메라는 멜론, 유튜브 뮤직 그리고 스노우, 인스타그램 등의 스마트폰 앱으로 인해 사라진 지 오래다. 자동차 운전자에게 필수품이었던 내비게이션 역시 티맵, 카카오맵 등으로 제 역할을 못하고 있다. 2000년대만 해도 PMP라고 불리는 휴대용 비디오 플레이어를 들고 다니며 도서관이나 학교에서 교육 방송이나 영화 등을 시청하곤 했다. 하지만 그 역시 스마트폰의 유튜브, 넷플릭스가 대체했다. 공학 계산기, 시계, 보이스 레코더, 손전등 등 역시 스마트폰이 대신한다.

그렇게 스마트폰은 많은 기기를 삼켜버렸다. 이제는 점차 아날로그와 전통산업까지도 대체한다. 우선 지갑을 대신한다. 지갑에 있던 신분증, 현금, 카드 등 스마트폰이 디지털 지갑이 되고 있다. 실제 행정안전부에서는 모바일 신분증 앱을 스마트폰에서 이용하면 운전면허증을 대신할 수 있도록 한다. 이 앱을 이용하면 실제 운전면허증과 똑같이 관공서나 렌터카, 은행 등에서 사용 가능하다. 게다가 네이버페이나 토스, 카카오뱅크와 같은 핀테크 앱 덕분에 오프라인 상점나 노점에서도 더 이상 카드나 현금 없이도 간편결제, 송금 등을 통해서 즉시 계산할 수 있게 되었

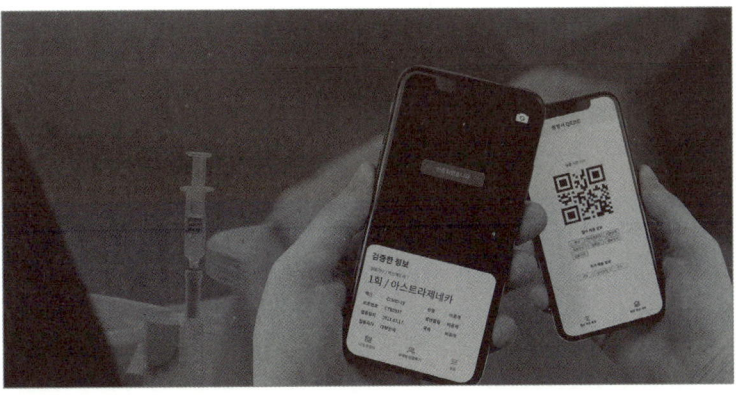

▲ QR코드를 활용해 경험한 코로나19 예방접종증명 (출처:질병관리청)

다. 또 코로나19로 인해 방역이 중요해지면서 전자출입기록을 위한 목적으로 스마트폰의 QR코드를 이용한 인증이 널리 이용되면서 수기 기록이나 신분증보다 편리하고 뛰어남을 체험하게 되었다. 스마트폰은 앞으로 또 어떤 것들을 삼킬까. 최근에는 여러 키를 삼키고 있다. 집 현관문 자물쇠를 여는 키와 회사 사무실 출입을 위한 사원증, 전기차를 운전할 때 필요한 스마트키 등을 대체하고 있다. 그렇다 보니 스마트폰 하나만 가지고 다니면 굳이 현금도, 카드도, 지갑도, 신분증도, 키도 필요 없다. 앞으로 또 어떤 기능이 스마트폰으로 들어가게 될까.

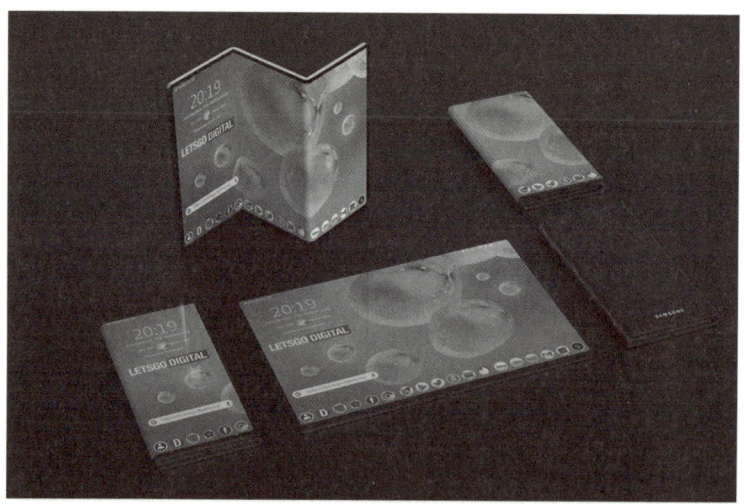

▲ 삼성의 폴더블폰 (출처:삼성전자)

더 이상 진화할 것이 없을 것 같던 스마트폰의 폼팩터가 바뀌고 있다. 더 크게 더 빠르게 발전하고 있다. 화면을 접고 포개서 들고 다닐 수 있는 크기임에도 필요할 때는 펼치고 늘려서 더 큰 화면으로 이용할 수 있다. 게다가 키보드나 마우스, 모니터를 연결해서 웬만한 컴퓨터 작업을 하거나 프레젠테이션을 할 수 있을 정도로 성능이 갈수록 좋아졌다. 그렇게 되면 컴퓨터, 노트북, 태블릿 이 모든 것을 대체할 수 있게 된다. 이중 삼중으로 여러 디지털 기기를 구입할 필요 없이 스마트폰 하나가 이 모든 것들을 대신할 수 있다. 또 디지털카메라를 대신할 만큼 카메라 성능이 좋아진 것처럼 최근에는 스피커 성능이 고도화되고 있다. 아이폰 13에는 오디오 앰프가 무려 3개나 들어가면서 더 입체감 있는 음향과 음질을 선사한다. 삼성전자와 샤오미 역시 오디오 앰프를 4개까지 탑재한 모델을 준비하고 있을 만큼 스피커 스펙을 강화하고 있다. 스마트폰으로 게임, 영상통화, 화상회의 등을 하면서 더 나은 음질의 필요가 높아져, 스피커 성능이 좋아지고 있다. 그렇게 되면 스마트폰을 블루투스 스피커로 연결해서 들을 필요 없이 스마트폰 그 자체를 고급 스피커처럼 사용할 수 있다.

삼성전자는 2010년부터 갤럭시 빔이라는 모델명으로 스마트폰에 프로젝터를 내장한 제품을 출시했고, 이후 2012년에도 갤럭시 빔2를 선보였다. 그 후에 MWC, CES에서는 여러 스타트업이 빔 프로젝터를 내장한 스마트폰을 선보여 왔다. 성능은 아직 미흡해 기존 프로젝터를 대신할 수준은 아니지만, 앞으로 기술의 비약적 발전과 함께 개선된다면 스마트폰의 최대 단점이던 작은 화면은 극복될 수 있을 것이다. 오히려 프로젝터나 대형 TV를 대신하고 대화면 디스플레이 시장 진출까지 가능하다.

> **스마트폰과 메타버스의 진화**
>
> AR, VR 시대가 본격 개막되는 메타버스 시대가 오면 모든 것을 가상으로 만들 수 있다. 컴퓨터도, 모니터도, TV도, 태블릿도, 스마트폰이나 스마트워치도 모두 가상으로 만들 수 있다. 그러면 굳이 이들 기기를 사용하지 않아도 가상으로 만든 디지털 오브젝트로 이들 기기를 이용할 수 있다. 성능 또한 클라우드나 에지 컴퓨팅(중앙 집중 서버가 모든 데이터를 처리하는 클라우드 컴퓨팅과 다르게 분산된 소형 서버를 통해 실시간으로 처리하는 기술)을 이용해 기존에 사용하던 물리적 기기보다 더 좋은 성능으로 구현할 수 있다. 굳이 사지 않아도 되고, 유지 운영 관리에 들어가는 비용도 없다. 게다가 AR, VR 고글만 끼면 불러들일 수 있으니 짐도 줄어든다. 극강의 자유가 생기는 것이다. 그렇게 궁극적인 미래의 메타버스는 VR, AR 기기를 통해서 기존의 디지털 디스플

레이와 각종 휴대용 기기들의 존재 가치를 없앨 수도 있을 것이다.

소프트웨어가
로봇을 만든다

만화나 영화 속에서나 있던 로봇은 사람처럼 두 발로 걸으며 사람과 비슷한 형체를 띤다. 하지만 현실 속 로봇은 아직 그렇게 진화하진 못했다. 주로 공장의 생산 라인에서 인간이 하기 힘든 일이나 반복적인 노동을 대신해준다. 그런 로봇들은 특정 작업에 최적화되어 사람의 형체와는 전혀 다른 모습을 띤다. 공장에나 있는 산업용 중장비였는데 점차 그 로봇이 우리 일상을 파고들고 있다. 커피숍이나 레스토랑에는 사람 대신 음료를 타고 음식을 배달하는 로봇도 있고, 아이들이 가지고 노는 장난감 중에는 소셜 로봇, 반려 로봇 등이 있다. 또 드론 역시 비록 사람이 조작하는 것이지만 자동 회피 기능과 자율주행 기능 등이 있어서 거의 반자동 로봇처럼 작동한다. 그렇게 우리 일상 속 깊숙하게 파고든 로봇들을 살펴보고 앞으로 로봇과 함께 살아갈 우리 사회를 전망해 본다.

▲ 배달의민족의 여러 배달 로봇 (출처:배달의민족)

배달의민족은 '딜리'라는 이름의 자율주행 배달 로봇 서비스를 2018년부터 개발해 오고 있다. 레스토랑 내에서 서빙을 하기도 하고, 캠퍼스와 아파트 단지에서 실외 배달 로봇 테스트를 하면서 부족한 라이더와 식당 내 인력을 보완하고 있다. 딜리가 꿈꾸는 것은 음식점이나 실외를 넘어 아파트 등의 현관문에서 엘리베이터를 타고 음식을 주문한 집 앞까지 배달을 완료하는 것이다. 그렇게 배달 로봇은 일상 속 다양한 곳에서 배달을 대신한다.

아마존의 물류센터에는 수십만 개가 넘는 드라이브 유닛$^{drive\ unit}$ 상단로봇이 근무하고 있다. 로봇청소기처럼 납작한 모양의 로봇은 최대 1.4톤이 넘는 물건을 들어올릴 수 있다. 넓은 물류 창고를 돌아다니며 물류 순환 속도와 공간 활용도를 향상시켰다. 드라이브 유닛이 등장하기 전에는 작업자가 선반 통로를 오르내리면서 물건을 찾아 포장 작업대로 찾아 가져와야 했지만, 이제는 적재 선반을 스스로 찾아 자동으로 필요한 물품을 찾아서 작업대로 가져온다. 게다가 로봇들은 위치추적이 되고 충돌방지 센서가 내장되어 빠르게 움직이면서도 부딪히지 않고, 어디로 어떤 경로로 움직이는지 모두 추적, 관리할 수 있다. 아마존은 2012년에 키바시스템즈KIVA Systems를 인수하고 2015년 아마존 로보틱스Amazon Robotics로 회사명을 변경한 후 드라이브 유닛 외에도 로보스토우RoboStow라는 무거운 화물을 운반하는 로봇 팔과 제품분류 로봇 페가수스Pegasus로 자동화했다.

아마존의 로봇 사랑은 물류센터뿐만 아니라 가정 내에서 사용할 수 있는 소셜 로봇까지 확대되고 있다. 가정용 로봇 아스트로Astro는 2021년 9월에 공개되어 현재 판매 중이다. 약 60cm 높이에 9kg의 이 로봇은 컴퓨터 비전 기술이 탑재되어 사람이 집에 없을 때 무슨 일이 일어나고 있는지 집 안 곳곳을 돌아다니면서 카메라로 촬영해 실시간으로 알려주고 녹화한다. 잠망경 카메라가 있어 집 안 구석구석을 촬영해서 보여준다. 음성 인식 알렉사가 탑재되어 음성명령으로 사람 말을 이해하며, 전화 통화부터 이동에 이르기까지 여러 명령 수행이 가능하다. 사람 얼굴을 인

▲ 아마존의 가정용 로봇 아스트로 (출처:아마존)

식하기도 하고, 집 안의 특정 장소로 이동해서 무슨 일이 벌어지고 있는지 보여주기도 한다.

    삼성전자 역시 2021년 초부터 로봇 사업화 TF 팀을 만들어 보행보조 로봇에 이어 서빙, 가정용 로봇을 출시할 계획이다. CES 2022에서는 서빙이나 설거지 등의 살림과 직접 집 안을 이동하며 가사를 보조하는 모습을 직접 시연해 로봇의 미래를 보여주었다. LG전자 역시 2017년에 LG 클로이 안내 로봇을 시범 운영하며 건물 내에서 사람들에게 정보와 안내하는 자율주행 로봇을 개발하고 있다. 또 바리스타봇, 셰프봇 등을 개발해 커피나 음식을 만드는 특정 작업체에 최적화된 로봇을 개발하고 있다.

소니는 에어피크Airpeak S1이라는 항공 촬영 드론을 선보여 방송 촬영, 측량과 건축, 시설 감시, 구조 재난 및 농업이나 공공 영역에서 다양한 용도로 사용할 수 있는 솔루션을 선보였다. 하늘을 나는 로봇과 마찬가지로 사람이 100% 조작하지 않아도 자동으로 주변 환경을 파악할 뿐 아니라 현재 위치와 목적지까지 이동 경로, 기압과 적외선 거리 정보 등을 측정해 자율주행을 한다. 특정 사물이나 사람을 고정해두고 촬영하면 장애물을 회피하면서 자동으로 촬영하기도 한다.

이미 DJI라는 드론 회사는 훨씬 전부터 공공안전, 항공측량과 공장, 농장 등에 있는 장비와 인프라를 안전하게 조사하고 관리,

▲ 소니의 에어피크 S1 (출처:소니)

유적지의 시설물을 보호하는 용도로 드론 기반의 솔루션을 제공하고 있다. 이 드론은 사람이 전혀 조작하지 않고도 자동으로 날아 특정 작업을 수행한 후 되돌아온다. 드론이 촬영한 영상 속 녹화물은 자동으로 분석되어 실시간으로 사건, 사고를 파악하고 알려준다. 이렇게 드론 역시 로봇처럼 진화하고 있다.

이렇게 특정 공간에만 머물며 생산, 제조 영역에서만 제한된 작업만 하던 로봇들이 이제는 스스로 움직이고 AI 기반으로 작동되어 사람 말을 이해하며 다양한 작업을 수행할 수 있도록 진화하고 있다. 한마디로 고정된 장소에서 정해진 일만 하는 것이 아니라 움직이면서 다양한 작업을 수행할 수 있도록 기능이 유연하게 확장된 것이다. 로봇과 함께 어우러져 일하고 도움을 받으며 편의를 얻는 일들이 앞으로 자연스러워질 것이다.

테슬라가 2022 AI 데이에서 소개한 휴머노이드 '옵티머스'는 사람의 형체를 한 로봇으로, 앞으로 3~5년 이내에 2천만 원가량에 개인에게도 보급될 것으로 전망했다. 로봇 부품을 간소화하고 모듈화해서 대량 생산 체계를 갖추었고, 테슬라 차량에 탑재된 자율주행 기술을 활용한 사물 인식 덕분에 로봇은 사람처럼 두 발로 걷고 열 손가락으로 물건을 쥐기도 하며 사람이 하는 작업을 수행할 수 있을 것으로 기대된다. 무엇보다 차량에 탑재된 M1

칩과 AI 슈퍼컴퓨터인 도조를 활용해 자동차 제조업체인 테슬라를 로봇 회사로 탈바꿈할 것으로 전망한다. 사람의 모습을 한 게 오히려 한계로 다가오고, 변수가 많은 일반 가정이나 여러 장소에 다양한 용도로 활용하는 것 자체가 문제라는 지적도 많다. 하지만 로봇이 점차 우리 일상에 널리 사용되면서 AI가 이제는 소프트웨어 기반의 인터넷 세상을 넘어 물리적 세계에도 실체를 가지고 적용되어갈 것이다.

미래의 가족, 로봇

지금까지 인공지능의 발전은 주로 지능의 감각 및 인지 기능에 집중되어 컴퓨터 비전이나 음성 인식 등에 맞춰졌다. 아직 동작이나 행동 지능의 측면에서는 미비한 상태다. 인간의 몸은 궁극의 3차원 프린터로 몸을 통해 감각을 느끼거나 고차원적 생각을 해 뇌가 명령을 내리면 근육, 힘줄, 피부와 뼈로 구성된 신체가 움직인다. 그렇게 인공지능도 뇌를 닮아가고 3차원 프린터로 형성된 행동하는 로봇에 적용되면 미래의 AI는 신체를 가지게 될 것이다. 그런 AI의 신체가 바로 로봇인데, 로봇의 형태는 3D 프린터 덕분에 다양해질 수 있다. 꼭 사람을 닮을 필요가 없으며 인형처럼, 동물처럼 혹은 우리가 좋아하는 캐릭터의 모습을 띨 수 있다. 그런 로봇에 똑똑한 AI가 탑재되면 우리는 그

> 로봇을 특정한 용도로만 사용하는 것이 아니라 감정을 위로받고, 친밀감을 느끼고, 감정을 나누는 용도로도 사용할 수 있을 것이다. 때로는 선생님으로 아이들에게 교육을 가르치고, 반려동물처럼 교감하고, 위로받는 등 다양한 용도의 AI에 맞는 로봇이 나올 것이다. 화면 저 너머의 AI보다는 로봇이라는 실체로서 현실 속에 눈으로 보고 만질 수 있다면 인공지능은 더욱 우리 곁에 친숙하게 다가올 것이다.

모빌리티 시장의 혁신과 한계

스마트폰이 가져온 모바일 혁신으로 손꼽는 것 중 하나가 바로 대중교통, 택시 관련 모빌리티 산업이다. 우리는 출퇴근, 통학, 관광 등 다양한 목적으로 자주 이동한다. 이때 교통수단이 필요하고, 장소와 시간, 목적에 맞게 사용할 수 있도록 서비스하는 것이 모빌리티다.

서울시가 발표한 '데이터가 담긴 서울교통 2021'을 보면 서울 하루 평균 교통수단별 이용 건수는 무려 930만 건이었고, 하루 평균 택시 탑승 건수는 3440건, 평균 택시 대기 시간은 33분이나 된다. 이렇게 시민의 발이나 다름없는 교통수단을 좀 더 쉽고 빠르게 이용하는 데 스마트폰이 크게 기여했다. 스마트폰 덕분에 실시간으로 빠른 길을 안내받을 수 있고, 버스가 어디쯤 오는지, 빈 택시가 주변 어디에 있는지 알 수 있다. 택시 또한 승객의 이동 수요를 실시간으로 확인할 수 있게 되었다. 게다가 손쉬운 모바일 결제 덕분에 이동수단의 결제도 편리하고 빨라졌다. 주변의 공유 킥보드나 자전거 위치를 확인하고 사용 후 즉각 이용료를 지불할 수 있게 된 것도 스마트폰 덕분이다.

물론 그 과정에서 모빌리티 사업 혁신을 주도한 것은 관련 사업자들, 특히 스타트업의 노력도 한몫했다. 세계적으로는 우버, 동남아시아에서는 그랩, 국내에서는 타다의 역할이 컸다. 렌터카 기반의 호출 서비스로 운영한 타다는 2018년 10월 서비스를 시작해 1년 만에 서울에서만 무려 170만 명의 회원을 확보하며 성장했다. 기존의 택시와 달리 승차 거부가 없고 스마트폰을 통해서 부르는 즉시 차량이 바로 내 앞까지 오는 데다 널찍한 좌석과 기사의 친절함, 택시 내 와이파이에 이르기까지 진정 승객 중심의 혁신 서비스를 선보이며 주목받았다. 하지만 2020년 4월 11일 일명 타다 금지법이 실행되면서 타다 베이직 서비스를 중단했다. 택시 운행과 관련된 규제와 법적 제약을 피해 사업을 운영했지만, 기존 택시 기사와 업체의 반발에 부딪혀 타다는 혁신을 지속하지 못하고 무릎을 꿇은 것이다(2022년 9월 법원은 타다의 전·현직 임원에게 불법 콜택시 영업 혐의 무죄를 선고함).

비슷한 시기에 타다와 달리 기존 택시 사업자와의 제휴 기반으로 모빌리티 시장에 뛰어든 카카오모빌리티가 있다. 카카오는 2015년 내비게이션 앱 '김기사'를 인수하며 모빌리티 사업에 나섰고, 이후 카카오T 앱을 통해 택시를 넘어 대리운전, 바이크, 렌터카, 주차까지 제공하며 이동의 미래라는 기치 아래 모빌리티 혁신의 주역이 되었다. 실제 카카오모빌리티의 2022년 매출은 4425억 원이며 흑자전환으로 영업이익은 98억 원, 기업가치는 8조 원이 넘는다. 명실상부 3천만 명의 회원을 보유한 국내 1위의 모빌리티 플랫폼이다. 그런데 2022년 7월 매각 사실을 공식화하며 논란에 휩싸였다. 뿔난 임직원들은 크게 동요하며 노동조합에 가입해 반대했고 매각은 철회되었다. 이렇게 카카오모빌리티가 매각을 고려할 수밖에 없었던 이유는 골목상권 침해와 독과점 논란이 커지면서 이후 성장성에 대한 우려와 사업 영역 확장에 대한 걱정에 기업공개(상장절차를 밟기 위해 기업의 외부 투자자들에 첫 주식공매를 하고 내역을 공개하는 것, IPO)가 불투명했기 때문이다.

인터넷 서비스의 성장은 인접 영역의 다양한 사업 기회를 포착하고 다각화하는 과정에서 비롯된다. 카카오모빌리티 역시 택시를 넘어 대리운전과 카풀, 렌터카 등 다양한 사업으로 확장하며 규모를 키워야 미래 성장성이 담보된다. 그런데 택시 시장은 늘 기존 집단의 눈치를 볼 수밖에 없다. 택시 업계와의 수수료 분쟁에서 자유로울 수 없고, 사업에 위해를 줄 수 있는 렌터카 사업이나 카풀 같은 모빌리티 혁신 서비스를 펼쳐가는 과정에서도 발목을 잡힐 수밖에 없다. 대리운전 역시 지난 5월 동반성장위원회에서 중소기업 적합업종으로 지정되면서 대기업의 시장 진입에 제약이 가해졌다. 당연히 카카오T를 통해 제공되는 대리운전 서비스도 현금성 프로모션이나 마케팅도 제한적일 수밖에 없다.

공유경제의 대표 아이콘인 우버는 2021년 기준으로 기업가치 910억 달러를 기록했고, 말레이시아의 그랩은 150억 달러를 기록해 대표적으로 성공한 글로벌 모빌리티 스타트업이다. 이 두 곳의 사업 모델은 비슷하다. 우선 모두 글로벌 모빌리티 서비스를 제공하고 있다. 우버는 한국에서도 서비스를 제공하고 있는데, 초기에는 우버코리아를 통해 독자적으로 제공하다가 지금은 SKT의 티맵 모빌리티와의 합작법인인 우티[UT]를 통해 서비스를 제공한다. 우버는 전 세계 900개 도시에서 모빌리티 서비스를 제공하고 있으며, 미국이나 유럽, 동남아시아 등에서는 한국과 달리 렌터카 기반이 아닌 차량을 소유한 운전자가 택시기사처럼 승객을 실어 나를 수 있는 승차 공유 서비스를 제공하고 있다. 그렇다 보니 사실 한국에서처럼 우버는 전 세계 택시기사에게 공공의 적인 것은 사실이다. 승객 입장에서는 기존 택시보다 더 나은 서비스를 제공하고 실제 교통시장에 편의를 제공하기 때문에 단칼에 이들 사업을 정부가 중단할 수는 없다. 그렇기에 법적 리스크와 기존 교통 사업자들의 반발 속에서도 꾸준히 사업이 성장하고 있다.

◀ 한국에서 서비스되는 UT

게다가 이들은 교통 중개를 넘어 한국의 배달의민족처럼 우버이츠와 그랩푸드를 통해 음식 배달 서비스까지 제공한다. 더 나아가 그랩의 경우에는 빅테크 플랫폼으로 발전 중이다. 카카오톡이 카카오페이를 통해 금융 혁신을 하는 것처럼 그랩페이라는 결제 서비스를 제공하며 핀테크 기업으로 서비스를 다각화하고 있다. 이들의 혁신에는 글로벌을 겨냥한 진정한 사용자 중심의 사업 정책을 고수할 수 있는 뚝심과 이를 가능하게 해준 미국, 말레이시아의 유연한 규제 잣대 덕분이다. 특히 다양한 사업 영역으로 확장할 수 있는 혁신의 기회와 가능성을 열어두었기에 세계적 기업으로 성장할 수 있었다. 우버는 30개 국가에 회사를 설립해서 운영하고 있으며, 자율주행 트럭인 우버 화물Uber Freight, 사업

▲ 우버의 음식배달 서비스 우버이츠 (출처:우버)

을 매각하긴 했지만 자회사 우버 엘리베이트Uber Elevate를 통해 하늘을 나는 자동차인 미래의 플라잉카 UAM Urban Air Mobility에 투자하기도 했다. 그랩은 태국, 싱가포르, 베트남, 인도네시아, 캄보디아 등 동남아시아의 대표 모빌리티로 자리 잡으며 차량 공유와 택시 중개, 오토바이와 소형 화물 배달에 이르기까지 다양한 영역으로 확장하고 있다.

기술 기반의 와해성 혁신 뒤에 레거시와의 충돌은 피치 못하게 발생하는 사회적 숙제다. 그렇다고 기존 사업자의 원성과 도태를 나 몰라라 할 수는 없다. 배달의민족 성장 과정에서 음식점 소상공인과 배달기사가 받을 불공정이나 과도한 수수료 등의 이슈를 묵과할 수 없는 것처럼, 모빌리티 혁신 과정에서 발생하는 후폭풍은 우리 사회가 균형감을 가지고 함께 극복해야 할 과제다. 단, 기존 사업자의 불이익만 고려할 것이 아니라 더 나은 공익과 시민의 편의, 행복도 균형감 있게 고려해야 한다. 더 나아가 현재의 한국시장을 넘어 미래 글로벌 산업 경쟁력을 대비하고 고려해야 할 것이다.

모빌리티 기업과 레거시가 균형감 있게 공존하려면

혁신하는 미디어 포털과 인터넷 방송이, 기존의 언론사와 방송국과 공존하는 것이 가능할까? 네이버나 카카오 뉴스에 기존 언론사의 뉴스가 제공되고 있으며, 아프리카TV는 기존의 방송국과 전혀 다른 영상 플랫폼으로 진화했고, 유튜브에는 방송국이 프로그램을 업로드해 돈을 벌고, 특정 프로그램을 마케팅하는 목적으로 이용된다. 그렇게 레거시와 혁신 미디어 서비스가 공생한다. 모빌리티 시장 역시 마찬가지다. 모빌리티 기업이 기존 레거시와 공존하기 위해서는 독점하며 모든 것을 A부터 Z까지 다 하려는 생각보다는 협력하며 공생할 방법을 찾아야 한다. 그 과정에서 소비자 혜택과 사용자 경험, 더 나은 가치를 최우선해야 한다. 서로의 타협이 자칫 기존보다 더 불편하고 불쾌한 사용자 경험이 되어선 안 된다.

스마트 오피스, 스마트 워크, 스마트 인간

스마트 오피스는 회사의 업무 환경을 스마트 워크와 디지털 근무, 원격 회의 등에 최적화해서 제공하는 것을 말한다. 이미 코로나19 이전부터 일부 기업과 공공기관에서 시행 중이다. 전 직원에게 노트북이나 태블릿을 제공하고, 휴대성이 높아진 만큼 고정 좌석이 아닌 자율좌석제로 운영한다. 더 나아가 회사가 아닌 커피숍이나 집 등에서 업무를 볼 수 있도록 인트라넷이나 사내 시스템에 쉽게 연결할 수 있도록 지원한다. 단지 근무공간과 휴대용 업무기기의 지원만 해서는 안 되고, 회사의 전반적인 운영 시스템 개선과 원격으로 업무를 보다 편리하게 사용할 수 있도록 사내 인터넷 시스템의 보완이 요구된다. 회사가 아닌 외부에서 데스크탑 뿐만 아니라 노트북, 태블릿, 스마트폰 등의 여러 디바이스를 통해 회사 시스템에 연결하려면 보안이 중요하다. 또 여러 디바이스와 호환할 수 있게 유연한 시스템을 갖춰야 한다.

이렇게 서로 다른 장소에서 다른 시간에 원격으로 회의, 문서 작업 등을 하려면 서로 동일한 문서를 보면서 변경된 내용을 업데이트하고 관리해야 한다. 그러려면 클라우드를 기반으로 가상 컴퓨팅 시스템도 갖춰야 한다. 이처럼 단지 사무실 환경이나 컴퓨터 등 기기만 바꾸는 데서 그칠 것이 아니라, 보안과 일관된 사용자 경험을 제공하기 위한 클라우드 시스템이 반드시 지원되어야 한다. VDI Virtual Desktop Infrastructure는 PC, 모바일 등 다양한 디바이스로 접속해 언제 어디서나 업무 가능한 가상 PC 환경을 구축하는 서비스를 뜻한다. 기존의 데스크톱뿐만 아니라 다양한 종류의 컴퓨터, 모바일 기기를 지원해 동일한 경험의 스마트 업무를 할 수 있도록 해준다. 또 시스템의 자원 증설과 신규 PC 등을 세팅하는 데도 큰 도움을 준다.

더 나은 업무 환경을 지원하려면 매년 컴퓨터 성능을 업그레이드해야 한다. 그때마다 실제 하드웨어를 교체하려면 시간도 비용도 낭비지만 VDI는 신속한 자원 증설이 가능하다. 중앙 서버 시스템만 구축하면 즉시 VDI에 연결된 사용자의 컴퓨터 성능이 좋아진다. 게다가 VDI는 유지 보수 운영과 장애 발생 시 즉각 대처할 수 있다. 물론 새로운 소프트웨어 설치나 관리 역시 중앙 서버에서 하기에 연결된 사용자가 개별적으로 수행해야 하는 작업이 필요치 않아 편리하다. VDI를 적용할 경우 컴퓨팅 자원 증설 소요 시간을 거의 10분의 1로 줄여주며, 신규 PC를 세팅해서 보급하는 데 걸리는 시간도 대폭 줄어든다. 또 구성원의 개별 컴퓨터에서 발생하는 보안, 바이러스, 해킹 등의 문제와 비인가자의 접속과 중요 데이터 유출 등 기업에서 고민하는 다양한 보안 이슈를 효과적으로 해결할 수 있다.

스마트 오피스 구현은 사무 공간과 구성원들이 사용하는 기기에서 시작하지만, 그 완성은 결국 소프트웨어와 컴퓨터, 인터넷 사용 경험이다. 그것을 완성해 주는 것이 결국 VDI다. PC 가상화를 통해 개인은 물론 기업 전체의 업무 생산성은 더욱 개선되고 그것이 스마트 워크를 가능하게 해주는 밑알이 될 것이다. 또 스마트폰을 사용하다가 사진을 멋지게 편집해 주는 앱이나 자동으로 일어나 프랑스어, 중국어 등을 번역해 주는 앱을 이용하면 신세계를 만날 수 있는 것처럼, 업무 효율성을 도와주는 다양한 소프트웨어를 활용하면 좋은 하드웨어를 이용하는 것보다 더 값진 가치를 얻을 수 있다. 하드웨어보다 소프트웨어의 구매비용이 훨씬 저렴하고 워낙 다양한 종류가 있어, 아주 손쉽게 업무 효율성을 극대화할 수 있다.

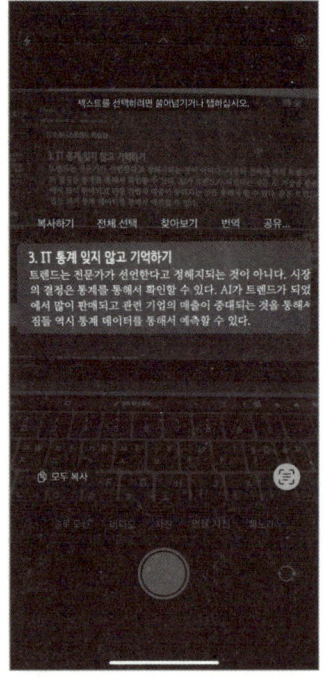

◀ 애플의 iOS16 기반의 아이폰 카메라로 영상을 찍으면 라이브 텍스트 기능이 자동으로 텍스트를 인식한다.

업무용 소프트웨어로서 가장 먼저 고려할 수 있는 것이 메일과 일정, 할 일 등을 관리하는 프로그램이다. 업무 시 MS의 아웃룩이나 메신저는 카카오톡, 화상회의는 줌을 이용하는 것이 일반적이다. 하지만 업무에 최적화된 비즈니스용 메신저나 영상회의 시스템을 도입하면 의외의 편리함을 얻을 수 있다. 메신저로는 구글 행아웃, 디스코드, 브리티 메신저Brity Messenger 등이 학교, 게임, 기업 업무에 최적화되어 있다. 화상회의 서비스인 줌, 웹엑스Webex 외에 SKT의 미더스Meetus, 브리티 미팅Brity Meeting 등도 있어 다양한 용도에 맞게 쓸 수 있다. 이러한 서비스들은 기업의 업무 용도에 맞게 보안이나 원격제어, 판서, 예약 발송 등의 다양한 기능이 제공되어 기존에 익숙한 메신저, 화상회의 서비스보다 더 나은 편의성을 보여주기도 한다.

각종 문서 파일을 쉽게 공유할 수 있도록 해주는 클라우드 스토리지 서비스도 아이클라우드iCloud, 구글 드라이브Google Drive, 드롭박스Dropbox에 이르기까지 다양하다. 그런데 회사 업무 목적을 위해 사용되는 클라우드 스토리지는 잘못 사용할 경우 보안 문제로 심각한 자료 유출 등의 우려가 있다. 그래서 업무용에 특화된 클라우드 스토리지를 이용하는 것이 바람직하다. 브리티 드라이브Brity Drive는 문서 보안 기능에 특화되어 있어 특정 문서 공유 기간을 설정해서 공유 기간을 제한할 수도 있고, 인가받지 않은 사용자는 파일에 접근하지 못하도록 권한을 설정하는 것도 가능하다. 또 문서 파일 내에 수록된 단어 검색도 가능해 쉽게 필요한 문서를 찾도록 도와주기도 한다.

회사 내의 암묵지를 공유하고 업무에 도움을 주는 협업 툴도 있다. 슬랙Slack, 잔디JANDI, 노션Notion, 트렐로Trello, MS의 팀즈Teams 등은 팀 간, 조직 간 회사 전체의 업무 관련 정보와 협의를 도와주는 협업 툴이다. 이런 소프트웨어는 구성원의 업무 관련 커뮤니케이션을 돕고 개인별로 쌓이는 지식, 암묵지를 구성원 전체가 함께 공유할 수 있도록 해 회사의 업무 역량을 높인다. 사실 무슨 하드웨어를 사용하느냐보다 어떤 소프트웨어를 활용하느냐에 따라 업무 효율성은 크게 달라진다.

회사의 업무 효율이란 개인의 역량이나 의지만으로 결정되지 않는다. 회사의 일하는 문화가 뒷받침되지 않으면 개인이 제아무리 좋은 하드웨어와 훌륭한 소프트웨어를 이용해도 업무 효율이 나아질 수 없다. 특히 IT 개발 업무를 담당하는 개발자, 디자이너, 기획자는 업무 효율을 위해 팀 특성에 맞는 프로젝트 관리 툴이나 협업 툴을 이용한다. 그러나 팀이나 회사가 소프트웨어를 적극적으로 이용하고 수용하도록 장려하지 않으면 개인이 소프트웨어를 도입하고 바꾸는 것은 쉽지 않다. 회사가 업무 효율에 도

▲ 최적의 컴퓨터 시스템으로 업무 환경이 구축된 사무실 모습

움이 되는 각종 하드웨어 장비에 대한 투자를 게을리 하지 않고, 더 나아가 새로운 소프트웨어에 대한 탐험이나 도전을 적극 장려해야 한다. 이 같은 노력은 비용과 시간, 기존과 다른 툴 사용으로 인해 조직원에게 부담을 주는 것이 사실이지만, 잘 안착하면 상당한 업무 효율화를 꾀할 수 있다. 그렇기에 그런 도전이 전방위에서 일어날 수 있도록 지원해야 한다.

소프트웨어의 도입 이후 실질적으로 업무 효율화를 거두기 위해 가장 중요한 것은 리더의 솔선수범이다. 팀장과 경영진이 솔선수범해서 툴을 적극적으로 사용하며 조직 전체에 적용되도록 모범을 보여야 한다. 직원에게만 사용을 강제하고 정작 리더는 사용하지 않을 경우, 오히려 업무 효율이 전보다 더 나빠질 수 있다. 시너지가 나지 않는 것은 물론이거니와 오히려 더 복잡하고 분산되기 때문이다. 그렇기에 경영진이 업무 효율화를 위한 하드웨어, 소프트웨어를 직접 사용하면서 일선에서 사용을 독려해야만 실질적인 성과로 이어질 수 있다.

스마트 오피스를 위한 협업 툴보다 더욱 중요한 것은

새로운 툴을 사용한다는 것은 제한된 인원이 정해진 시간과 장소에 만나서 이들끼리만 업무 보고와 지시를 받던 방식에서 벗어나 업무의 상당 부분을 수시로 공개하고 자주 피드백을 해야 한다. 이는 평소의 업무 방식을 바꾸는 것이기에 그리 만만한 일이 아니다. 전사 차원에서 스마트 워크가 제대로 작동하려면 부서의 특징, 팀장의 성향에 따라 툴의 사용 여부와 방식이 들쑥날쑥해선 안 된다. 업무 보고와 지시, 보고서 작성과 회의 방식, 자료 공유를 위한 툴은 모든 부서가 일관되게 사용해야 한다. 이를 위해서 기업의 일하는 문화가 유연하고 개방적으로 바뀌어야 한다. 폐쇄적으로 정보를 차단하는 것이 아니라 사내의 여러 부서와 공개적으로 커뮤니케이션하고 공유해야 한다.

경영진을 포함한 리더는 수시로 업무 진행 내역을 들여다보며 의견을 주고 점검을 해야 하는 만큼 현장과 실무 중심으로 업무를 처리할 수 있어야 한다. 일주일에 한두 번 만나서 구두 보고를 받고 지시 내리는 형태가 아니라 온라인을 통해 수시로 업무 진단과 과제 점검을 하고 피드백을 줄 수 있어야 한다. 온라인을 통해 수시로 늘 업무, 과제 내역을 파악하고 진단하고 있는 만큼, 대면보고에서는 단위 과제가 아닌 장기적 관점의 팀, 회사의 전략과 목표 및 과제 간의 시너지 창출을 위한 입체적인 업무 논의가 이루어져야 한다.

아무리 좋은 툴과 제도가 있어도 리더가 이를 수용하지 않으면 온라인과 오프라인 따로 두 번 작업해야 하는 이중고가 된다. 스마트 워크 하려다 오히려 하드 워크가 되는 셈이다. 누구에게나, 어떤 팀이든, 무슨 상황에서든 늘 같은 방법으로 업무 커뮤니케이션을 하는 문화가 뒷받침되어야 스마트 워크는 성공한다.

> 디지털 트랜스포메이션과 미래

5년 전 산업계의 뜨거운 화두는 4차 산업혁명과 디지털 트랜스포메이션이었다. 디지털 기술 기반으로 산업구조가 바뀌고 생존을 위해서는 기업이 이 기술을 활용해 혁신해야만 한다는 것이 이 2가지 키워드의 핵심이고 여전히 산업계의 혁신을 주도하고 있다. 물론 기업 종사자나 창업자 역시 디지털 기술을 이해하기 위한 디지털 리터러시, 즉 디지털 문해력을 키우고 디지털 역량을 기반으로 혁신하기 위한 노력을 지속적으로 하고 있다. 이 과정에서 알아야 할 기술 기반의 혁신에 대한 몇 가지 시사점을 알아본다.

엑스테크의 등장,
혁신을 말하다

핀테크Fintech는 디지털 기술 기반으로 금융업을 혁신하는 것을 뜻한다. 프롭테크Proptech는 부동산 산업에서의 기술 혁신을 뜻하며, 바이오테크Biotech는 의료산업에서의 디지털 혁신을 뜻한다. 그 외에도 푸드테크Foodtech, 애드테크Adtech, 에드테크Edtech, 리테일테크Retailtech, 헬스테크Healthtech, 인슈어테크Insurtech, 레그테크Regtech 등 여러 산업 분야에서 기술 혁신이 확산되고 있다. 이제 테크 앞에 'x'가 붙지 않는 영역이 없을 정도다. 그렇게 전개되는 기술 혁신의 산업구조를 어떻게 바꾸고 있을까. 크게 3가지로 요약된다.

첫째, 밸류체인의 와해다. 대개의 유통업은 물건을 제조하는 브랜드나 도소매업자와 제휴를 맺어 이들을 입점시켜 소비자에게 상품을 판매한다. 이 과정에서 유통업체의 역할은 더 많은 소비자를 확보해 더 많은 상품이 팔릴 수 있도록 매장을 잘 구성하고 시기적절한 이벤트, 마케팅을 전개한다. 입점한 업체의 상품이 소비자에게 전달되는 과정(물류창고와 택배)에 유통업체가 직접 책임질 수 없는 비효율과 단절이 발생하기 때문에 이는 고스란히 고객의 불편으로 이어진다. 반면 쿠팡은 잘 팔릴 물건을 창고에 대량 직매입해서 값싸게 판매하며, 직접 로켓배송으로 빠르게 고객의 집까지 배달한다. 기존에 여러 단계로 복잡한 이해관계자로 구성된 밸류체인이 수직통합화가 된 것이다. 엑스테크xTech 혁신은 그렇게 기존의 밸류체인을 와해시켜 효율을 극대화한다.

둘째, 커진 이해관계자의 편익이다. 10년 전만 해도 야식으로 치킨이나 피자를 시켜 먹으려면 전화를 걸어 주문했다. 그렇게 주문하다 보면 맛없는 음식점이 걸리기도 한다. 게다가 언제 도착할지 모를 배달을 하염없이 기다리며 음식점에 전화하면 금방 도착한다고 하는 의례적인 말을 들으며 위안을 삼아야 한다. 심지어 배달 음식을 받으며 결제를 하는 것은 얼마나 불편한지, 카드가 되지 않아 어쩔 수 없이 주머니에서 현금을 뒤적거리기도 했다. 하지만 배달 앱은 이런 불편함을 모두 해결했다. 내 주거 지역 주변의 음식점이 이웃들의 친절한 리뷰와 함께 소개되어 실패 없이 음식점을 고를 수도 있을 뿐 아니라 자세한 메뉴 소개와 가격이 안내되어 있다. 음식 주문 시 일회용품 포함 여부와 음식 조리에 대한 여러 요구를 곁들일 수 있다. 심지어 배달 위치 확인은 물론 스마트폰으로 즉시 결제까지 가능하다. 이렇게 기술 기반의 서비스 혁신은 고스란히 사용자에게 편익으로 돌아간다.

셋째, 플랫폼 기업의 지배력 확대다. 카카오T는 택시를 호출하고 시외버스와 기차를 예약할 수 있으며 내 차량의 주차비 지급,

바이크 대여 등의 다양한 교통 관련 통합 서비스를 제공하는 모빌리티 서비스다. 카카오맵과 내비게이션 기능을 통해 전 국민의 지도 서비스를 제공하며 확보한 사용자 저변과 트래픽을 기반으로 모빌리티와 관련된 다양한 서비스를 제공하는 사업으로 자리를 잡아 우리가 타고 다니는 모든 것에 대한 전후방의 서비스를 제공한다. 이렇게 기술 기반 혁신의 특징은 통합된 플랫폼을 통해 관련된 이해관계자를 더 많이 참여시켜 사업 영역을 확장하는 특징을 갖는다. 그렇다 보니 카카오톡도 메신저에서 시작해서 선물하기, 구독 서비스 중개, 쇼핑과 예약에 이르기까지 일상 속에 자주 이용하는 여러 종류의 서비스를 확장하며 사업 외형을 확대하고 있다.

이렇게 엑스테크는 기존 산업의 비효율과 밸류체인을 와해하며 새로운 사업 구도를 만들어 기존의 사업에 참여하는 이해관계자들의 구성을 바꾸어 놓는다. 사업의 미들맨(중간 중개자)을 사라지게 하고 이해관계자를 최소화하기도 한다. 또 줄어들거나 재편성된 이해관계자들이 기존보다 더 편리하게 더 나은 고객경험과 가치를 제공하기도 한다. 물론 그렇게 시장 재편이 되면서 이렇게 사업과 시장을 주도하는 플랫폼 기업의 비즈니스는 계속 확장되면서 더 많은 사업 혁신을 만들어낸다. 그것이 모든 엑스테크의 공통된 특징이다.

하지만 엑스테크가 늘 환영받는 것만은 아니다. 기존의 밸류 체인을 와해하는 과정에서 기득권과 작은 중개자의 역할을 축소하거나 사라지게 만든다. 플랫폼 기업의 영향력이 확대되면서 너무 많은 권력과 사업 주도권이 독점적으로 주어져 통제할 수 없는 시장 지배력을 행사할 수 있는 우려도 발생한다. 전 산업영역에서 기술 기반으로 서비스와 사업 혁신이 되어가는 과정에서 더 나은 가치와 편리만 만들어지는 것이 아니라 누군가는 도태되고 외면당할 수 있으며 독점적 지위로 인한 공정거래의 이슈 문제가 터질 수 있다. 사회는 더 나은 혁신으로 사회 모두에게 이로움이 커질 수 있는 것과 동시에 이해 상충의 이슈까지 고려해 적절한 제도와 규제가 양날의 검처럼 작동되어야 할 것이다.

2022년 10월 15일, 카카오가 제공하는 서비스에 장애가 발생했다. 한 기업의 서비스가 우리 일상에 얼마나 깊게 침투해 있는지, 개인의 불편을 넘어 사회 전체가 멈추고, 급기야는 금전적 피해까지 발생할 만큼 독점적 플랫폼이 갖는 영향력을 새삼 깨닫게 해주었다. SK C&C의 판교 IDC에 화재가 발생하면서 여기에 입주한 카카오의 서비스들이 멈추게 되었는데, 그로 인해 카카오톡은 물론 카카오T와 카카오페이, 카카오맵에 이르기까지, 카카오와 연계된 다양한 서비스가 중단되었다. 문자 메시지를 대체한 카카오톡의 먹통으로 학교나 공기업은 공지사항을 전달할 수 없었고, 대기업과 중소기업의 상품 판매와 고객센터가 중지되었다. 기업뿐만 아니라 개인은 약속을 정하고 만나기 위해 보내는 메시지를 보낼 수 없어 불편을 겪었다. 카카오T까지 멈춰 택시도 부를 수도, 운전기사는 호출 승객과 통화를 할 수 없었고, 지도에도 문제가 생겨 승객이 기다리는 장소까지 갈 수 없게 되었다. 심지어 카카오T로 연결된 주차장은 차량의 입차 시각을 알 수 없게 되어 정상적으로 요금 징수도 어려웠고, 무인 출차 시스템도 중단으로 사람이 일일이 결제를 해야 하는 불편을 야기했다. 카카오맵의 중단은 목적지까지 이동할 때 내비게이션을 사용할 수 없었으며, 카카오페이로 송금도 할 수 없는 등 불편이 컸다. 이렇게 독과점의 인터넷 서비스가 멈추면 정전보다 더 심각한 문제가 연쇄적으로 발생한다. 독점적 지위의 서비스, 플랫폼에 대한 사회적 책임과 보안, 장애를 최소화하고 문제 발생 시 대체할 방안에 대해 기업을 넘어 사회적으로 고민해야 한다.

프롭테크 뒤의 기술, 혁신의 집약체

같은 맛의 커피라도 어떤 공간에서 즐기느냐에 따라 맛과 분위기가 달라진다. 같은 영화를 보더라도 3백 석이 넘는 아이맥스 영화관에서 보는 것과 집 거실, 자동차 극장에서 보는 것이 다르다. 비단 커피잔이나 화면의 크기, 함께 하는 사람이 달라서라기보다 그 공간이 주는 힘 때문이다. 공간이 어떤 장소에 어떤 건물 내에 어떻게 구성되었느냐에 따라 공간이 주는 경험은 다르다. 같은 평수의 똑같이 분양된 수십 개의 아파트라도 각각의 집을 가보면 서로 다른 분위기와 느낌을 주는 것처럼, 공간은 온라인이 줄 수 없는 오프라인만의 차별화된 가치다. 이제 오프라인 공간도 기술과 만나 새로운 경험을 만들어주고 있으며, 그것을 프롭테크라고 한다.

부동산 매매는 지역별 부동산을 통해 개별 거점 중심으로 이루어져 정보의 비대칭이 존재했다. 임대인은 적어도 동네 서너 곳의 부동산에 매물을 올려두어야 여러 예비 임차인을 만날 수 있고, 임차인은 발품을 팔아 여러 부동산을 돌아다니며 매물 정보를 확인해야 맘에 드는 물건을 발견할 수 있다. 그렇다고 계약에 성공하는 것은 아니다. 가격 협상이 마지막 관건이고 그 과정에 임대인, 임차인 모두 부동산에 의존할 수밖에 없다. 부동산 중개인별로 협상 과정에서 가격이 고무줄처럼 늘고 줄 수 있다. 정보의 비대칭에서 발생하는 문제다.

웹에서의 부동산114나 다음과 네이버의 부동산 서비스, 다방,

직방 등이 매물 정보를 한 곳에서 확인할 수 있도록 해주는 중개 플랫폼이다. 아무래도 모든 매매 정보가 공개되어 있다 보니 가격을 속이거나 부족한 정보, 정보의 비대칭에 대한 우려를 최소화할 수 있다. 국내 부동산 법상 공인중개사를 거치지 않은 매매 계약은 불가능하기 때문에 여전히 최종 매매 시에는 부동산을 거쳐야 하지만, 중개사의 역할도 보다 표준화되고 기계화되면 거래와 정보의 균형과 권익이 개선될 것이다.

빈집, 빈방을 대여하는 에어비앤비나 사무실 임대를 공유 오피스라는 서비스로 혁신한 위워크, 패스트파이브 같은 기업 역시 임대인에게 혁신적인 공간 경험을 할 수 있도록 디지털 기술을 이용한 프롭테크를 선보이고 있다. 에어비앤비의 성공 뒤에는 서비스 질을 높이기 위한 머신러닝, AI 등의 기술이 있다. 모든 예약과 검색 최적화, 게스트에게 어울리는 숙소 추천, 호스트를 위한 예약 확률을 높이는 숙박료 책정 가이드 등은 모두 에어비앤비 내부에서 개발한 머신러닝 기술 덕분이다. 특히 안전한 숙박을 위해 문제될 호스트와 게스트를 감지하기 위한 목적으로도 이 같은 기술이 이용된다. 위워크 같은 공유 오피스 역시 대표적인 프롭테크로 기존 사무실과 달리 업무 전용 공간이 아닌 회의실, 라운지와 같은 활용도가 낮은 공용공간과 사무공간을 다른 임차인들과 나누고, 다양한 규모와 형태로 구성해서 원하는 기간에만 임대할 수 있도록 한다. 역시 머신러닝 기술을 통해 사무실 내 사람들의 이동 동선과 공간별 체류 시간 등을 분석해서 가구, 회의실과 업무 공간 등을 디자인하고 조명과 공기청정, 음향 등을 발전시킨다. 공유 오피스 이용객과 방문객이 편하게 회의실, 공유 공간 등을 이용할 수 있도록 앱 등을 통해 서비스를 편리하게 제공한다. 이렇게 기존의 사무실 임대와는 다른 경험을 제공하기 위해 다양한 기술을 이용한다.

프롭테크는 앞서 살펴본 숙박이나 공유 오피스 영역을 넘어 주차장, 공공시설 등을 공유하는 공유경제에 적용되는 것 외에도 건설과 주거 영역에 적용될 수도 있다. 건설에 적용되는 프롭테크를 가리켜 컨테크 Construction Tech라고 부르는데, 건설공정의 자동화를 통해 생산성을 높이는 것은 물론 설계, 건축, 토공, 제조, 관리 등의 다양한 건설 프로세스에 적용되는 기술 혁신을 일컫는다. 건설업이야말로 여러 단계를 오랜 기간 거치며 프로젝트가 진행되기 때문에 효과적으로 관리하고 건설 전 공정을 통합적으로 운영하는 도구가 절실하다. 또한 건물을 디자인하고 시뮬레이션하는 과정도 입체적이고, 정밀하고, 자동화된 디자인 툴이 필요하다. 이 지점에서 콘테크의 기회가 커지고 있으며 관련된 스타트업과 전문 솔루션이 늘어가고 있다.

주거 공간에 적용되는 프롭테크인 홈테크Hometech는 앞으로의 성장 가능성이 가장 높은 영역이다. 집에서 편리한 생활을 가능하게 해주는 주거 환경을 만드는 홈테크 기술에 빠질 수 없는 것이 스마트홈 플랫폼이다. 집 안의 가전기기와 조명, 전자기기를 인터넷에 연결해서 보안, 안전, 편의를 도모하는 것을 말한다. 집에서 원격으로 의료 서비스를 받고 건강을 진단할 수 있는 가정용 헬스케어 서비스도 홈테크 영역에 속한다. 세탁기나 식기세척기처럼 가사 노동을 돕는 로봇이나 요리 로봇, 방역 로봇, 반려로봇 등도 홈테크 적용 영역이다.

차세대 ICT 플랫폼으로 주목받는 메타버스는 오프라인처럼 공간의 개념이 들어간 인터넷이다. 메타의 마크 저커버그는 메타버스를 체화된 인터넷Embodied internet이라고 일컬었는데, 그만큼 내 육체를 인터넷에 풍덩 뛰어들어 온몸으로 느낄 수 있는 인터넷이라는 뜻이다. 그런 공간 인터넷은 현실 속의 공간처럼 건물과 인테리어, 각 공간의 구분과 배치가 중요해질 것이다. 프롭테크가 현실이 아닌 메타버스에도 적용되어 디지털 공간, 즉 메타버스 공간에서의 서비스, 비즈니스 혁신의 기회가 커질 것으로 기대된다. 그런 공간의 디자인과 활용의 아이디어는 아무래도 ICT 기업보다는 기존의 부동산, 건축, 건설, 인테리어 등을 하던 사업자의 인사이트가 더 필요할 것이다.

> **홈테크 영역의 확장**
>
> 홈테크는 메타버스와 연동되어 새로운 시각에서 스마트홈을 구현할 수 있을 것이다. 기존의 스마트홈이 사물 인터넷과 AI로 구현되는 것을 꿈꿨다면, 홈테크는 메타버스를 기반으로 한다. 굳이 사물을 인터넷에 연결하지 않고도 그 공간과 공간 속 사물을 AR, VR을 통해 구현된 메타버스 서비스를 통해서 재해석해 새로운 경험을 제공할 수 있다. 실제 가정 내의 가구와 액자, 조명기구 등이 메타버스에 연동되어 새로운 경험을 가능하게 해주는 것이 제2의 홈테크다.

하이퍼로컬 서비스의 등장이 바꾼 것은?

코로나19로 인해 반사이익을 본 기업은 어딜까. 배달의민족, 당근마켓, 마켓컬리, 쿠팡 등일 것이다. 그중에서도 특히 두드러진 성과를 보인 곳은 배달의민족과 당근마켓이다. 두 서비스의 특징은 모두 지역 밀착형이라는 점이다. 즉, 생활반경 2~3킬로미터 이내를 대상으로 한 지역 상권 중심의 서비스다. 코로나19로 재택근무가 늘었고, 사회적 거리두기 해제 이후에도 태풍이나 지역별 이슈가 생길 때마다 재택수업을 하면서 거주 지역 주변에서 소비하고 활동하다 보니 이들 서비스가 주목받는 것이다. 이것을 하이퍼로컬이라고 부른다.

코로나19 전만 해도 휴가 시즌이면 동해안, 남해, 제주 혹은 해외에 이르기까지 거주지와 생활반경을 넘어 멀리 여행을 떠났다. 또 하루 24시간 중 잠자는 시간 6~7시간을 제외하고 18시간 중 9시부터 6시까지 약 50% 정도를 차지하는 9시간은 학교나 회사 등 거주 지역에서 떨어진 곳으로 이동해서 주로 활동했다. 이동하는 데 걸리는 1~2시간을 제외하면 실제 집에 있는 시간은 7시간 안팎에 불과하다. 그렇게 동네 주변은 소비활동의 주공간은 아니었다. 대형 마트나 백화점도 대개 집에서 떨어진 곳에 있어 이동해야 하는 경우가 일반적이다. 그런데 집에서 머무는 시간이 늘어나면서 걸어서 이동 가능한 동네 주변에서 물건을 사고 음식을 주문하며 생활 편의 서비스를 즐기는 것이 일상이 되었다. 그렇다고 전처럼 동네 한 바퀴 산책하듯이 돌아다니며 서비스를 이용할 수 있는 것이 아니다. 이를 보다 편리하게 사용할 수 있도록 해주는 온라인 서비스, 즉 여러 앱이 기회를 얻고 있다. 음식 배달과 슈퍼마켓, 편의점 배달 그리고 동네 심부름, 강아지 산책, 급한 아르바이트 구하기, 집 고치기 등 다양한 서비스들을 중개하는 앱이 주목받고 있다. 바야흐로 로컬 플랫폼의 성장시대다.

덕분에 특정 버티컬 로컬 서비스를 넘어 지역 기반의 다양한 서비스를 중개하는 거대 플랫폼의 기회가 커지고 있는데, 바로 당근마켓이다. 당근마켓에 들어가면 동네 이웃들이 올린 중고 상품이 즐비하다. 마치 벼룩시장에 가서 쇼핑하는 것처럼 한 번 사 볼까 하는 제품도 있고, 나와 생활 수준이나 경험이 비슷한 이웃이 어떤 제품들을 사용했는지 들여다보는 재미도 쏠쏠하다. 무엇보다 제품을 내놓은 저마다의 이유와 추억을 읽다 보면 시간 가는 줄 모른다. 새 제품을 백화점에서 쇼핑해서 사는 것과는 전혀 다른 쇼핑의 즐거움, 즉 스토리텔링이 담겨 있다. 그렇다 보니 당근마켓의 판매자가 되어 제품에 담긴 추억을 소환하는 것에 기꺼

▲ 로컬서비스 플랫폼의 선두주자 당근마켓

이 동참하게 된다. 그런 당근마켓은 그저 개인 간 중고거래에 그치지 않고 동네 주민들의 커뮤니티, 커뮤니케이션 서비스를 담으며 동네 사랑방이 되고 있다. 중고물품 때문이 아니라 동네 소식, 동네 이야기를 들으러 들어오면서 더 많이, 더 자주, 더 오래 앱을 실행하다 보면 다양한 비즈니스의 가능성을 얻게 될 것이다.

당근마켓은 GS25와 제휴를 맺어 동네 GS편의점의 떨이 상품 판매 소식을 알려준다. 음식물 등 폐기해야 하는 식품들의 판매 정보를 실시간으로 알려줘 버려야 하는 식품을 판매할 수 있고, 지역 주민은 저렴한 가격에 구매 가능하니 일석이조다. 과거에는 그런 정보를 GS25 앱을 통해서 얻을 수 있었겠지만, 사용자 수가 적으니 기대효과가 크지 못했다. 당근마켓은 메가 트래픽을 기반으로 동네 세탁, 청소, 돌봄 등의 다양한 서비스와 제휴해 비즈니스의 기회를 확장하고 있다. 그런 기대감으로 당근마켓은 3조 원의 기업가치를 인정받으며 꾸준히 투자유치를 하고 있다. 또 주간 사용자 수가 1천만 명이 넘으며 중고거래 앱 중에서는 당근마켓이 압도적 1위로 국내 대표적인 수퍼 앱으로 자리매김하고 있다.

동네 기반의 서비스가 주목받으면서 소상공인이나 오프라인 상점들은 이들 서비스를 이용한 고객 마케팅과 영업 전략에 대한 고려가 필수다. 배달의민족 앱의 사용법이나 서비스, 비즈니스를 제대로 이해하지 못하면 효율적인 마케팅도, 고객 관리도 힘들어져 사업 운영이 어려운 것은 당연하다. 마차가지로 동네 가게는 물론 사업 운영에 있어 하이퍼로컬이라는 거대한 비즈니스 트렌드를 인식하지 못하면 사업 혁신의 기회를 놓칠 수 있다. 하이퍼로컬과 함께 뜨고 있는 이런 온라인 서비스들을 어떻게 활용하고 마케팅의 기회를 가져갈 것인지를 고민해야 할 때다.

미국의 안내 광고 웹 사이트 크레이그리스트craigslist는 무려 1995년에 사업을 시작해 전 세계 50개 국가에서 20년 넘게 운영했다. 주로 개인 광고나 채용 정보, 부동산 등의 지역 기반의 광고 서비스를 제공하고 있는 온라인 벼룩시장의 산 역사나 다름없다. 크레이그리스트는 코로나19로 인한 하이퍼로컬 서비스의 최대 수혜주가 되어야 하는데 현실은 그렇지 않다. 국내도 라이코스, 싸이월드, 프리챌, 다모임 등 소비자의 다양한 요구를 담은 서비스들이 네이버, 인스타그램 등의 서비스로 대체된 것처럼 오랜 역사의 크레이그리스트도 미국판 당근마켓 포시마크Poshmark, 넥스트도어Nextdoor 등에 위협받고 있다. 포시마크는 2021년 1월에 나스닥에 상장해 시가총액 약 32억만 달러, 우리 돈으로 3조 원이 넘는 평가를 받았고, 넥스트도어 역시 상장 후 후한 기업 가치를 인정받았다. 크레이그리스트가 그간 살인, 강도, 강간, 매춘, 스토킹 같은 범죄에 엄중하게 대응하지 못하고 사용자 인터페이스에도 큰 변화를 주지 못하는 동안, 경쟁자에게 기회를 준 것이다.

온라인 서비스는 빠른 인터넷 시장의 변화에 발맞춰 혁신하지 않으면 도태되기 십상이다. 특히 웹, 모바일과 컴퓨터, 스마트폰처럼 새로운 플랫폼과 기기의 등장과 함께 이용자의 인터넷 사용 경험과 디바이스가 바뀔 때 변화의 물결은 더 커진다. 이때 새로운 변화에 맞게 혁신하지 못하면 생존하지 못한다. 당근마켓의 성장이 눈부신 이유는 20~30대의 중고거래에 멈추지 않고, 40~50대로 이용자 저변이 확대되고 중고거래 외에도 다양한 동네 상권 서비스로 외형을 확장하면서 서비스의 규모와 비즈니스의 종류가 다양화되었기 때문이다. 마찬가지로 이제 메타버스에서 VR, AR 등의 기기를 활용한 지역, 공간 서비스는 또 어떻게 변화할 것인지에 대해 상상하고 그 시장을 준비하는 것도 새로운 사업의 가능성이 될 것이다. 특히 AR은 오프라인의 공간 속 건물, 가게, 사물 등과 결합해 새로운 공간 서비스 경험을 제공할 수 있어 하이퍼로컬과 맞닿아 있다.

늘 새로운 ICT 플랫폼이 등장하는 시기에는 큰 비즈니스의 기회가 왔다. 웹에서 다음, 네이버 그리고 지마켓과 싸이월드, 네이트온처럼 모바일에서는 카카오, 쿠팡, 배달의민족, 카카오뱅크, 페이스북, 인스타그램 등이 있었던 것처럼 메타버스에는 또 다른 기회가 올 것이다. 하이퍼로컬이 사용자 경험 속 변화 트렌드라면 메타버스는 기술 트렌드이며, 그 과정에서 새로운 서비스와 비즈니스의 기회가 만들어질 것이다. 그 변화를 미리 포착해 준비하는 개인과 기업에게는 큰 가능성이 만들어질 것이다.

하이퍼로컬 서비스 활용하기

하이퍼로컬에 지역 주민 간 중고거래나 동네 상권 정보만 있는 것은 아니다. 우리 이웃에는 수많은 전문성을 가진 사람들이 살고 있다. 그들의 재능, 인력이 모두 거래 대상이 될 수 있다. 물론 숨고나 청소연구소, 배민라이더스 등을 이용해 인력 중개를 할 수 있는데 왜 굳이 이런 하이퍼로컬 서비스를 이용해야 할까. 그것은 즉시성과 효용성 덕분이다. 전문 면허가 있는 택시 기사가 운전하는 택시를 이용하는 것과 우버처럼 운전할 수 있는 누구나 교통 서비스를 제공할 수 있는 것이 다른 것처럼 하이퍼로컬 서비스는 이웃의 도움을 즉시 믿음으로 받을 수 있다. 주변에 사는 이웃이 주는 믿음은 이웃사촌이라는 단어에서도 찾을 수 있다. 같은 동네에 사는 이웃이 법률 상담이나 심리 상담 혹은 반려동물 산책, 집수리 등의 다양한 전문성을 갖추고 용역을 제공할 수 있다면 굳이 플랫폼 서비스를 믿고 전문가를 소개받을 필요가 없어진다. 그렇게 지역 기반의 서비스가 주는 장점이 바로 하이퍼로컬이다.

IoT와 모빌리티가 주도하는
배터리 산업 ─────────

  기름 먹는 하마인 자동차가 화석 에너지가 아닌 전기 에너지로 대체되면서 엔진 메커니즘만 바뀌는 것이 아니라 주유통이 사라지고 배터리로 차량 구조가 바뀌고 있다. 전기차의 배터리는 핵심 부품으로 차량에서 차지하는 원가 비중만 20%에 육박하고, 전기차 운전자의 불편함 1순위는 배터리 충전과 관련된 사항일 만큼 중요하다. 배터리의 중요성이 대두되면서 자동차 기업과 기존의 에너지 관련 기업의 배터리 사업에 관한 관심과 투자가 본격화되고 있다.

  포문을 연 것은 GM이다. 2021년 10월 GM의 CEO 메리 바라 Mary T. Barra는 GM기술센터에서 열린 투자자 행사에서 가솔린 자동차 제조에서 전기차로 방향을 틀면서 이익률을 높이고 2030년까지 매출을 2배로 늘리겠다고 선언했다. 그러면서 전기차 핵심 부품인 배터리를 직접 생산하기 위해 LG에너지솔루션과 합작법인 얼티엄셀즈Ultium Cells를 설립한다고 밝혔다. 이미 2018년부터 GM은 얼티엄이라는 전기차 배터리 브랜드를 시작으로 산업에 직접 뛰어들었다. 세계 1위의 자동차 기업인 도요타 역시 비슷한 시기에 4조 원을 투자해 배터리 공장을 미국에 건설하겠다고 발표했다. 세계 4위의 자동차 회사인 유럽 스텔란티스^{Stellantis}도 GM처럼 LG에너지솔루션과 합작법인을 미국에 설립해 배터리를 직접 생산하겠다고 밝혔다. 이렇게 자동차 기업이 나서서 배터리에 투자하는 것은 그만큼 전기차의 핵심 부품으로 향후 원가 경쟁이나 전기차의 차별화 요소로 중요하기 때문이다. 테슬라 역시 여러 배터리 기업들을 통해 전기차 배터리를 납품받고 있다. 파나소닉, CATL, LG에너지솔루션 등이 배터리를 공급하고 있다. 심지어 테슬라는 배터리 내재화를 추진하고 있으며 매년 열리는 배터리데이를 통해 자체 배터리 생산 계획을 밝히기도 했다. 한마디로 기존의 배터리 기업을 통해 완제품을 공급받는 데서 탈피해 독자적으로 배터리 모듈과 배터리 팩을 만들어 전기차 배터리를 생산하겠다는 것이다. 배터리에 필요한 신소재와 배터리 셀을 배터리 기업이나 소재 기업을 통해 공급받는 방식으로 혁신을 추진한다는 것이다. 이처럼 전기차 배터리를 둘러싼 자동차 기업과 배터리 기업 간의 이해관계가 복잡해지고 있다. 특히 기존의 에너지 화학 전통기업은 미래가 암울한 화석 에너지 사업을 벗어나 배터리 사업으로 혁신하기 위해 기존 사업에서 배터리 부문만 분사하고 있다. 그렇게 탄생한 것이 2020년 12월 LG화학에서 분할한 LG에너지솔루션, 2021년 10월 SK이노베이션의 배터리 사업 자회사 SK온이다.

배터리 산업 혁신의 핵심은 신소재 개발이나 생산 공정상 혁신이 아니라 디지털 트랜스포메이션에서 찾아야 한다. 배터리의 성능이나 안정성은 전기차의 만족도와 품질을 결정하는 중요한 요소이기 때문에 배터리를 보다 최적화하고 효율화하는 것이 중요한 과제다. 같은 배터리라도 더 오래 쓰고, 빨리 충전하며, 방전될 시간을 예측해서 사전에 충전 여부와 근처 충전소를 안내해 주는 등의 서비스를 효율적으로 제공해야 한다. 배터리의 물리적인 성능 개선보다 전기차 운행의 지리적, 기후 특성과 용도, 운전 습관 등을 고려해 배터리 상태를 최적화하는 기술이 필요하다. 그런 기술은 화학이나 제조, 공정 기술보다 소프트웨어 기술 역량이 더 필요하다. 배터리의 충·방전 이력과 차량의 현황, 상태 정보를 기반으로 최적의 배터리 관리 방안을 찾는 최적의 알고리즘을 발굴해야 한다. 사실 기존의 배터리는 이 같은 배터리 최적 관리 기능이 BMS라고 하는 프로그램으로 배터리 팩에 통합 구성되어 있었다. 하지만 이러한 방식으로는 개별 자동차별 맞춤 최적화가 불가능하고, 스마트폰의 OS가 업데이트되며 성능이 개선되는 것처럼 BMS가 개선되기가 어렵다.

따라서 배터리를 관리하는 소프트웨어를 클라우드 기반으로 운영해 개별 전기차 배터리를 맞춤으로 최적화하고 BMS를 최신 버전으로 운용할 수 있어야 한다. 한마디로 클라우드 BMS가 필요한 것이다. 테슬라는 이미 배터리를 최적으로 관리하고 있으며 자동차 제조사들과 배터리 솔루션 회사들도 클라우드 기반으로 BMS를 운영하려는 배터리 디지털 트랜스포메이션을 추진하고 있다. 대표적으로 보쉬를 비롯해, 캐나다의 이온에너지Ion Energy와 국내의 스타트업 베터와이Better-Why, 독일의 어크루ACCURE 등이 이러한 클라우드 기반의 배터리 솔루션을 개발하고 있다. 향후 배터리 산업을 둘러싼 클라우드 기반의 디지털 트랜스포메이션이 가속할 것이며, 기존 전통기업은 새로운 클라우드, 빅데이터, AI 등의 디지털 기술 혁신이 필요하다.

자동차 산업과 디지털의 결합, 결국은 보안이 생명

중국에서는 테슬라 차량이 국가 행사 장소에 접근하지 못하도록 하기도 한다. 자동차에 탑재된 카메라를 통해서 촬영되는 영상이 미국 테슬라 서버에 전송되어 혹시나 보안의 문제가 생길까 우려하기 때문이다. 차량이 인터넷에 연결되면 수많은 데이터가 수집된다. 스마트폰의 데이터는 개인정보지만 전기차의 데이터는 개인정보 외에 그 차량 주변의 모든 것들을 포함한다. 출근하는 30분간 도로에서 마주친 주변의 자동차와 버스, 사람 모두가 카메라에 노출된다. 블랙박스에도 역시나 모든 것이 녹화된다. 그렇게 녹화된 영상 속의 차량 번

> 호, 사람 얼굴은 AI로 인식되어 실시간 추적도 가능할 것이다. 게다가 AI가 차량의 모든 것을 제어하게 될 때 누군가 의도적으로 AI를 조작, 차량사고로 위장해 행인이나 다른 차량의 운전자에 위해를 가할 수도 있을 것이다. PC나 스마트폰 등의 디지털 기기와 달리 차량은 심각한 위해를 가할 수 있기에 보안에 허점이 생길 경우에 발생할 수 있는 파급력이 클 수 있다.

3세대 CPU 시장의 전쟁

코로나19 이후 집에 있는 시간이 늘고 업무와 학업을 해야 하다 보니 스마트폰보다 컴퓨터 사용 시간이 늘어날 수밖에 없게 되었다. 전처럼 활발하게 영화관이나 콘서트장에 가지 못하고 집에서 엔터테인먼트를 즐겨야 하는 것도 고성능 컴퓨터에 대한 수요를 불러왔다. 2010년대 스마트폰과 태블릿의 본격적인 보급과 함께 상대적으로 주춤했던 컴퓨터 시장이 코로나19와 함께 호황을 겪고 있는데, 여기서 최대 수혜주는 CPU다. 더 빠른 컴퓨터를 구동하기 위해서 컴퓨터의 핵심 부품인 CPU의 중요성이 부각되고 있기 때문이다.

CPU 시장은 인텔의 독주 아래 AMD가 꾸준한 도전자로 호시탐탐 1위 자리를 노리고 있었는데, 코로나19라는 큰 변곡점을 맞이하며 본격적으로 AMD가 노트북용 CPU인 라이젠^{Ryzen} 5000 시리즈와 차세대 데스크톱 CPU인 라이젠 7000 시리즈로 성능 경쟁에 불을 지폈다. 2020년 이전만 해도 인텔은 서버, 노트북, PC 시장 모두에서 점유율 90%의 압도적인 시장 주도 기업이었다. 그런데 AMD가 고성능 프로세서 개발과 공급에 투자를 강화하면서 점유율의 균열이 가기 시작해 2021년 지나면서 AMD의 성장이 눈에 띄게 분기별로 달라지고 있다. 특히 인텔이 압도적으로 경쟁력을 갖추던 서버 시장에서도 팬데믹으로 인한 인터넷 서비스의 성장 속에 데이터 센터, 클라우드 시장의 수요가 커지면서 이 공백을 AMD가 채우고 있다. 한 자리 숫자에 불과하던 AMD의 점유율이 이제는 10%를 넘어서기 시작하고 있다.

　그 와중에 전통적으로 윈텔^{Wintel}이라 부를 만큼 인텔과 가까운 MS가 CES 2021에서 AMD의 키노트에 등장해 AMD-MS의 전방위 협력 관계를 과시하고 여러 파트너사와 긴밀한 제휴를 구축할 만큼 AMD의 공세가 날로 커지고 있다. 그런 노력 덕분에 가정용 컴퓨터 시장에서 AMD의 점유율은 50%에 육박할 만큼 인텔과 견줄 만한 상황까지 성장했다. 무엇보다 애플의 M1과 엔비디아, ARM, 퀄컴^{Qualcomm}과 MS에 이르기까지 자체 독자적인 CPU

를 개발하고 있어 CPU 시장은 앞으로 더욱 혼전을 거듭할 것으로 전망된다. 특히 그래픽 칩셋 시장에서 독보적이었던 엔비디아가 노트북용 GPU인 지포스 RTX 3080Ti를 발표하며 그래픽 카드의 CPU인 GPU 시장에서 인텔의 외장 GPU와 맞대응하고 있다. 또 스마트폰 프로세서의 강자인 퀄컴도 컴퓨터용 CPU와 메타버스 시장을 겨냥한 XR 프로세서에 뛰어들어 제품군을 다양화하고 있어서 CPU 칩셋 시장은 한마디로 이렇게 요약할 수 있다. "인텔의 독주에 제동 건 AMD, 저력의 엔비디아, 고개 드는 퀄컴."

팬데믹이라는 유례없는 변수 때문에 갑작스럽게 데스크톱, 노트북, 서버 시장 모두에 고성능 프로세서 수요가 커졌다. 그러면서 인텔의 공급만으로는 시장의 수요를 충당할 수 없고, 3개로 나뉜 영역에서 고객사의 수요가 다양해지면서 그간 호시탐탐 기회를 노리던 AMD에 큰 기회가 오게 된 것이다. 사실 AMD는 2016년까지만 해도 적자에서 헤어나오지 못해 파산 직전으로 몰렸던 적도 있었지만, 2017년부터 드라마틱하게 성장해 지난 7년의 시가총액은 거의 60배 이상으로 늘 만큼 명실상부한 2인자의 자리를 차지할 수 있었다. 게다가 CPU는 컴퓨터나 노트북, 서버를 넘어 스마트폰과 태블릿, 자동차에 이르기까지 점차 더 많은 디지털화되는 기기들에 꼭 필요하다 보니 앞으로도 CPU 수요는 갈수록 커질 것이다. 그렇기에 제2의 AMD나 새로운 1위의 인텔을 꿈꾸며 퀄컴, 엔비디아에 이르기까지 여러 칩셋 제조업체들의 도전이 이 시장을 뜨겁게 달굴 것이다. 이 같은 칩셋이 필요한 기업, 즉 스마트폰이나 노트북, PC에 사용할 CPU가 필요한 삼성전자, 애플 등에서 독자적으로 프로세서를 개발하고 있다. 삼성전자는 엑시노스Exynos라는 모바일 프로세서를 만들었고, 애플은 실리콘Silicon이라는 전용 칩셋을 개발했다. 클라우드 시스템 운영이나 AI 등의 특별한 목적으로 사용하기 위한 전용 칩셋 개발도 아마존, MS, 구글, 메타, 테슬라 등에서 추진하고 있어 앞으로 CPU를 포함한 다양한 비메모리 반도체 시장의 경쟁도 뜨거워질 전망이다.

우리 주변의 사물이 인터넷에 연결되어 디지털화되고, 앞으로 보다 많은 서비스와 사업들이 온라인화되면서 반도체 칩셋에 대한 수요는 갈수록 커질 것이다. 그런 반도체 시장 속에서 CPU, GPU, AI 등의 다양한 용도별 최적화된 칩셋에 대한 니즈도 커질 것이기에 이 시장을 둘러싼 경쟁과 협력 관계가 더욱 복잡해질 것이다.

팬데믹으로 전환된 엑스테크, 엔터테인먼트를 바꾸다

코로나19가 가져온 우리 일상 속 온라인 서비스 사용량의 증가는 그 전에는 사용하지 않던 고령층의 사용 저변 확대와 기존에 사용하던 층이 더 자주, 더 많이 사용한 까닭이다. 더 많은 영역에서 온라인 서비스를 이용하면서 관련 산업의 디지털화도 가속하고 있다. 그렇게 산업 영역에서 디지털 혁신을 하는 것을 엑스테크라고 부른다. 배달 산업은 최첨단의 기술과 플랫폼 비즈니스가 적용되어 거대한 시장 규모로 커졌고, 게임 산업도 메타버스와 3D 렌더링, AR, VR 등과 결합해 제3의 영역으로 나아가고 있다.

엔터테인먼트 산업 영역도 마찬가지다. 팬데믹 전처럼 콘서트를 열 수 없다 보니 화상회의나 웨비나처럼 인터넷으로 즐기게 되었다. 하지만 온라인 콘서트는 오프라인이 주던 입체감과 몰입감을 주기 어렵다. 회의나 수업은 정보와 지식을 전달하는 것이니 양해할 수 있지만, 감동과 느낌을 전달하는 콘서트는 온라인으로는 한계가 있다. 이 문제를 해결해 주기 위해 방탄소년단의 소속사 하이브는 커뮤니티형 소셜 서비스 위버스Weverse를 운영 중이다. 위버스는 유튜브와 달리 글로벌로 라이브 콘서트를 보다 감각적으로 느낄 수 있도록 만드는데, 이를 위해 라이브 스트리밍 솔루션인 키스위Kiswe를 이용해 6대의 카메라로 촬영 중인 영상을 끊김없이 볼 수 있도록 한다. 그런 과정에서 더 많은 반도체와 CPU 및 센서 등이 필요할 것이다. 오프라인 현실

> 속 산업의 디지털화에 속도가 붙으면서 더 많은 반도체 시장이 형성될 것이다.

재생에너지가 대세, 수소에너지와 수소경제

2000년대 자동차 산업의 터닝 포인트이자 지구 온난화 대응을 위해 수소경제가 대두되었지만, 경제성 확보의 어려움과 전기차의 빠른 발전으로 인해 전 세계적으로 관심이 저하되었다. 하지만 2015년 파리기후변화협약 이후 수소의 역할은 재조명되고 있다. 특히 전기 대체가 어려운 수송 분야 등에서는 화석연료의 대체재로 수소연료, 수소경제가 재주목받고 있다. 국내에서는 국가 차원의 수소경제 부활을 주도하면서 일찍이 SK, 현대자동차, 포스코 등의 기업이 수소발전 사업에 투자했고, 수소 발전소와 수소차 설비, 수소기술 개발 등에 주력 중이다. 이를 통해 한국은 특히 수소전기차와 연료전지발전 분야에서 경쟁력이 높다. 그런데 전기차만큼 수소경제는 우리 일상에 스며들지 못한 상황이며 일반인의 인식 수준도 높지 않다.

수소경제는 수소를 에너지원으로 활용하기 위해 필요한 산업과 시장을 의미하는데, 크게 생산, 저장, 운송, 활용으로 구분해서 해석한다. 특히 활용 과정에서 유해물질인 온실가스나 미세먼지를 발생시키지 않는다는 점이 기존 화석에너지와 비교해 신재생에너지Renewable Energy로 평가받는 이유다. 전기를 만들 때 필요한 화석 연료보다 재생에너지를 이용하는 것이 환경에 더 좋은 것은 당연하다. 전기를 저장해서 사용하는 것보다 전기로 전환하지 않고 수소 연료를 저장해 에너지원으로 사용하는 것이 더 깨끗한 공기를 담보하기 때문이다.

태양광, 풍력 같은 자연에너지와 함께 수소를 이용한 에너지 생산이 탄소중립 사회Net Zero Society가 온실가스 해결을 위한 대안으로 주목받고 있다. 세계적으로 탄소중립 정책이 화두로 떠오르기 때문인데, 태양광 발전 등만으로는 안정적인 전력망을 유지하는 데 한계가 있다. 재생에너지의 경우 계절과 밤낮을 구분해서 볼 때 공급과 수요가 일치하지 않기 때문에 균형 있는 에너지 공급을 위해서는 수소에너지가 필요하다. 특히 재생에너지를 통해 확보된 전력을 ESS 배터리에 저장할 경우, 저장용량이나 기간이 적어서 대규모로 필요한 전력 소모에는 적합하지 않다. 따라서 이에 대한 대안으로 수소에 대한 필요성이 대두되는 것이다.

수소 발전은 재생에너지와 연계해서 활용될 수 있다. 기존의 에너지 시스템이 이용되는 분야는 크게 발전, 난방, 수송 등으로 구분되고 영역별로 서로 다른 에너지가 이용된다. 발전은 전기, 난방은 열, 수송은 석유로 구분되는데, 이 에너지들을 수소로 저장하면 사용 영역별로 자유로운 이동이 가능해지니 에너지를 운송할 때 훨씬 효율성을 발휘할 수 있다.

수소 생산과 이를 저장하는 연료전지는 꾸준히 기술이 발전해서 생산성이 향상되었고, 대량 양산을 시작하면 규모의 경제로 다른 에너지 기술과 비교해 더 저렴한 가격에 생산이 가능할 것으로 기대된다. 이 때문에 각 국가에서는 수소경제를 국가 주요 핵심 전략으로 육성하려는 움직임을 보인다. 한국은 수소 생산과 저장 관련 기술 분야에서는 선도국에 비해 상대적으로 뒤떨어지지만, 수소용 연료전지나 이를 이동하고 사용하는 영역에서는 선두 역할에 서 있다. 수소의 생산과 저장 관련 영역은 미국, 독일, 영국, 중국 등이 공격적으로 투자하고 있다. 수소 생산 방식은 화석 연료를 이용해 수소를 추출하는 '블루 수소' 방식과 태양광, 풍력, 수력 등의 재생에너지를 이용해 생산하는 '그린 수소' 방식으로 구분한다. 언뜻 보면 그린 수소가 친환경적이지만, 비용 효율성 측면에서 블루 수소가 더 낫다. 수소경제의 탄생배경도 친환경이 목적인 만큼 장기적으로는 그린 수소로 수소 생산이 이루어질 것이기에, 경제성을 높이기 위한 기술 발전이 현재 활발하게 이루어지고 있다.

특히 수소경제의 강점이기도 한 에너지 저장과 수송 측면에서, 에너지 밀도를 높여 장거리 운송과 장시간 보관을 실현해 줄 수 있는 연구가 집중되고 있다. 수소를 이용하는 장치가 그간 자동차나 트럭, 선박 같은 운송 장치를 비롯해 건물과 공장 등 다양한 장소에까지 확대되면서, 수소에너지를 운송하고 저장할 수 있는 인프라에 대한 수요도 급증할 것이다. 이를 위해 수소 생산과 발전 이외에도 운송과 저장 등과 관련된 비즈니스의 기회도 늘어날 전망이기에 이와 관련된 연구와 투자 역시 급증하고 있다.

전기든 수소든 그것을 만드는 에너지원이 화석에너지인지, 자연에서 끌어온 재생에너지인지 중요한 시기다. 화석에너지는 지구를 지속 가능하게 만들지 않는다. 그래서 첫째는 무엇으로 에너지를 만드는지, 그것이 청정에너지인지 여부가 중요하다. 둘째는 전기로 저장해서 활용하는 것만으로는 산업 발전에 따른 전기 수요를 충당할 수 없다 보니 수소를 에너지원으로 고려하게 된 것이다. 전기는 오래도록 저장하기 어렵고 먼 곳으로 운송하기 어려운 반면, 수소 연료 형태로 저장하면 수송과 축적이 쉬워진다. 사용자는 수소든 전기든, 안정적이고 깨끗한 에너지면 된다. 그런 면에서 수소에 대한 기대가 커지고 있다. 커피 한 잔을 마셔도 머그잔에, 가능하다면 개인 컵을 들고 다니며 지구 환경을 생각해야 하는 시대에 살고 있다. 이제 우리가 사용하는 에너지원이 어떻게 만들어졌는지, 그 에너지는 청정에너지인지 따져봐야 할 시기가 온 것이다. 에너지의 출처를 마치 식재료 원산지 추적하듯 정확하게 따져야 하고, 청정에너지를 선택해서 사용하고, 그에 따르는 차등 요금을 지불하는 시기가 도래할 것이다. 이처럼 관련 기술이 어떤 것이 필요할지 생각해 본다면, 비즈니스의 기회를 그 누구보다 앞서 포착할 수 있을 것이다.

수소경제 활성, 정부 역할이 중요하다

통신, 금융, 에너지 등의 산업 분야는 기업이 아무리 노력을 하더라도 정부의 산업 육성책과 규제 완화 등의 지원이 있어야 활성화할 수 있다. 특히 에너지 분야는 전 세계적으로 지구 환경 보호를 위해 탄소 감축 노력을 하고 있고, 연간 배출하는 탄소가스의 총량을 제한하고 있으며 이에 따라 글로벌 기업은 RE100(기업이 사용하는 전력 100%를 재생에너지로 충당하겠다는 캠페인으로, 2014년 영국 런던의 다국적 비영리 기구 '더 클라이밋 그룹'에서 발족했다)을 선언하고 있다. RE100이란 기업이 필요한 전력을 2050년까지 전량 재생에너지 전력으로 조달하겠다는 자발적 캠페인이다. 국내에서는 SK 계열사와 아모레퍼시픽, KB금융그룹, 수자원공사 등 10여 개가 넘는 기업이 참여하고 있다. RE100의 실현은 사회적 책임을 다하기 위한 기업들의 의지 표명이며 ESG 경영의 일환이다. 기업이 이렇게 구체적인 목표까지 정하면서 RE100에 동참하는 것은 그만큼 탄소중립이 전 세계 주요 국가의 의지가 담긴 정책으로 의무화했기 때문이다. 이렇게 이용되는 재생에너지에는 석유화석연료를 대체하는 태양열, 바이오, 풍력, 수력, 지열 등을 이용해 발생하는 에너지를 말한다. 전기를 만드는 데 이용되는 에너지원이 이와 같은 재생에너지여야만 RE100을 실현할 수 있다. 수소에너지 역시 전기에너지를 만드는 과정에 사용되는 전환 에너지며, 그 수소를 만드는 과정 역시 탄소 배출이 되지 않아야 재생에너지라고 말할 수 있다. 그러므로 수소에너지와 전기에너지 그 무엇이든 정부의 적극적인 지원과 장기적인 규제 완화, 연구 개발에 대한 국가적 차원의 투자가 있어야만 활성화될 수 있다.

에필로그

웹3가 바꾸는 세상을 기대하며

　본문에서 다룬 주요 키워드들을 나열하면, 웹3-프로토콜 비즈니스-NFT-토큰-DAO-메타버스-가상경제-창작자 경제-AI 윤리 등으로 요약된다. 기존의 인터넷 트렌드에서 다루던 키워드와는 다르다. 지난 10년간의 키워드를 정리하면, 웹2.0, 모바일, 클라우드, 디지털 트랜스포메이션, 데이터, IoT, 플랫폼 비즈니스, 공유경제, 구독경제 등이다. IT 시장 전반적으로 새로운 변화의 바람이 불고 있다. 이 변화는 왜 만들어지는 것일까.

　작용과 반작용 때문이다. 그간 한 방향으로 작용이 강하게 불어 플랫폼 비즈니스 기반으로 빅테크 기업이 성장했고, 그 과정에서 부작용이 나타났다. 이를 경계하며 반작용으로 기존과 다른 게임의 법칙으로 혁신하는 스타트업이 등장하고 있다. 그렇다고 그 반작용이 기존의 모든 것을 부정하며 성장할 수는 없다. 역사는 늘 정반합으로 발전한 것처럼 지난 20년간의 웹과 앱 기반의 플랫폼의 효율성과 성장성은 취하고, 독점과 불공정의 폐단은 줄일 수 있는 대안이 모색되고 있다. 그 과정에서 웹3에 대한 기대가 커지고 있고, 이를 가능하게 해주는 블록체인 기술이 발전하며 더욱 가속하고 있다.

하지만 그렇게 웹3가 뜨거운 감자가 되는 작용의 과정에도 역시 반작용은 있다. 웹3 서비스의 기반이 되는 토큰 이코노미의 취지는 훌륭하지만, 작동 과정에 있어 한계도 명확하다. 무엇보다 웹3 서비스의 이해관계자들에게 공정과 신뢰를 주기 위해 발행된 토큰이 오히려 서비스 성장에 방해가 될 수 있기 때문이다. 첫째, 토큰이 실질적으로 서비스 생태계의 확장과 분배로 사용되려면 서비스의 장기적 비전과 성장을 믿고 토큰을 오래 보유하고, 서비스 내에서도 토큰의 사용을 활성화시키기 위한 꾸준한 노력이 필요하다. 하지만 토큰이 탐욕과 사기의 수단으로 오용되면 토큰 경제는 금세 무너진다. 둘째, 웹3의 개별 서비스 토큰은 전체 블록체인의 암호화폐 코인 그리고 다른 토큰과도 상호 연계되어 동작하기 때문에 암호화폐 전반에 대한 주목에 따라 가치의 변동 폭이 크게 움직인다. 즉 외부 토큰 시장의 변화에 영향을 많이 받는다. 코로나19로 암호화폐를 포함해 모든 자산 시장이 큰 폭으로 상승했는데, 엔데믹 시대를 맞이하면서 자본이 썰물처럼 빠져나갔다. 그 와중에 암호화폐의 악재로 루나라는 스테이블 코인Stable coin(가격 변동성을 최소화하도록 설계된 암호 화폐로, 보통 1코인이 1달러의 가치를 갖도록 설계됨)에 대한 가치 하락과 거품 낀 NFT에 대한 외면이 암호화폐 시장을 더욱 힘들게 만들었다. 이러한 악재는 웹3의 개별 토큰에 대한 급격한 가치 하락을 부추기게 된다. 이 2가지가 웹3의 토큰 이코노미가 갖는 한계다.

웹3가 주목받게 된 배경에서 그 지향점의 '정'은 웹3의 미숙한 한계로서의 '반'이 극복되면서 '합'으로 만들어질 때 완성될 것이다. 그런 면에서 토큰 이코노미의 근간인 암호화폐와 개별 토큰들이 실제 웹3 생태계를 유지하는 안정적인 기본 자산으로 사용되는 범위가 확대되어야 한다. 한마디로 코인과 토큰들이 상호 연동되면서 웹3 서비스 간의 가치 거래에 사용되어야 하고, 사용자들 역시 웹3 서비스에서 활동하며 토큰으로 보상받기만 하는 것을 넘어, 토큰으로 서비스 사용에 대한 대가를 지불해야 한다. 토큰의 발행과 사용처가 동시에 늘어나야 하고, 토큰 간에 상호 연계되며 웹3 전체적인 생태계에 토큰을 통한 서비스 연결과 통합이 활성화되어야만 한다.

물론 웹3 생태계 내에서만 똘똘 뭉치면 갈라파고스 군도처럼 고립되어 지속 성장하기 어렵다. 결국 웹3도 기존의 웹, 앱과 상호 호환되어야 한다. 한마디로 기존 플랫폼 기반의 빅테크 기업들의 서비스와 전통산업의 오프라인 사업과도 연계되어야 한다. 기존과 연계 없이 독자적인 웹3 시장은 제한적일 수밖에 없다. 신문과 TV 뉴스 영상, 오프라인에 있던 유통업과 배달시장, SMS와 교통 서비스가 웹과 앱으로 구현되어 사용자에게 편의를 제공하고 우리 사회의 공익에도 이바지한 것처럼, 웹3 역시 기존의 서비스, 사업과도 연계되며 기존보다 더 나은 사회적 가치와 사용자 경험을 제공할 것이다. 웹3가 그렇게 서비스가 동작하려면 기존 플랫폼 기업은 이들 웹3 서비스와 열린 제휴, 서비스 연동을 적극적으로 모색하며 동반 성장을 꾀해야 한다. 웹3의 취지 자체가 기존 플랫폼의 반작용으로 나오긴 했지만, 그렇다고 플랫폼 서비스와 대척점에서 서비스가 개발되면 니치 마켓에 머무를 수밖에 없다. 그렇기에 플랫폼 서비스는 웹3를 포용해 인터넷 생태계 전체의 성장을 꾀해야 하며, 메타버스나 가상경제와 같은 기존의 웹이나 앱이 아닌 제3의 생태계에 있어서 웹3의 지향점으로 신규 서비스에 도전해야 할 것이다.

그리고 우리 사회가 앞으로 고민해야 할 사항은 바로 AI 윤리다. 웹3를 실현하기 가장 적합한 메타버스에서는 사람이 아닌 AI가 만든 NPC가 가상세계 속에 돌아다닐 것이고 사람과 소통하게 될 것이다. 이때 이 NPC를 사람이 아닌 AI로 인지해야 하는데 그렇질 못하거나, 자칫 AI로 조작되는 NPC로 인해 사회적 문제가 발생할 수 있기 때문이다. 버추얼 인플루언서 로지는 인스타그램에서 14만 명이 넘는 팔로워를 보유하며, 각종 시상식과 전국의 맛집, 랜드마크에 돌아다니며 활동한 사진을 뽐낸다. 게시물마다 수천 명이 댓글과 좋아요로 응답할 만큼 팬덤이 형성되어, 기업 광고에도 출연하고 있다. 그렇게 활동하는 버추얼 인플루언서는 이마, 릴미켈라, 루이 등 다양하다. 가상 인간이 SNS와 TV 등에서 갑자기 등장한 이유는 무엇일까. 사실 가상 인간은 이미 1998년에도 있었다. 국내 1호 사이버 가수 아담이 바로 그 주인공이다. '세상엔 없는 사랑'이 담긴 1집 앨범은 20만 장이나 판매되었을 정도로 인기 가수였다. 당시의 기술 수준에서 볼 때 방송출연까지 한 것은 대단한 사건이었다. 그렇게 주목받았던 아담은 갑작스레 사라졌다. 이유는 당시 개발 수준으로 3D 그래픽으로 아담을 재현해 방송하는 데 상당한 비용이 들어가다 보니 유지비를 감당할 수 없었던 것이다. 하지만 이제 AI 덕분에 가상 인간을 운영하는 비용이 줄어들었고 활동할 수 있는 영역도 다양해졌다. 버추얼 인플루언서로, 광고 모델로, 가수로 다양한 영역을 넘나들며 활동할 수 있다 보니 적은 비용으로 다양한 비즈니스 기회를 가질 수 있게 되었다. AI 기술은 그간 B2B 기업 솔루션으로 활용되었다. 콜센터 상담원을 대신하고 챗봇을 활용한 고객 요청을 처리하는 등에 이용되었다. HR에 적용된 AI 솔루션은 사람 대신

지원자의 이력서를 검토해서 합격자를 추천하고, 투자와 금융 등에 적용된 AI는 투자 대상 기업과 부실 채권, 대출 심사 등을 대신한다.

드러내지 않고 활동했던 AI가 2018년 발표된 구글의 듀플렉스 Duplex를 통해 사람 대신 미용실에 전화를 걸어 내 캘린더의 빈 시간대에 예약을 해주는 기능을 발표하면서 점차 일반 사용자가 사용할 수 있는 서비스로 거듭났다. AI가 사람처럼 동작한 것이다. 삼성전자가 CES 2020에서 발표한 네온 프로젝트는 사람과 구분되지 않을 정도로 진짜 같은 인공인간이 앵커, 요가 강사, 교사, 아나운서, 쇼호스트가 되어 사람과 대화하며 전문가로서 활동하기도 한다. 자세히 봐도 이게 사람인지 인공지능으로 구현된 AI 인간인지 구분되지 않을 정도로 정교하다. AI가 기계적 답변을 하는 것을 넘어, 사람의 실체를 하고 진짜 사람의 목소리로 대화를 할 수 있게 된 것이다.

그렇게 기술은 진화했다. 게다가 그 기술은 앞으로도 계속 발전할 것이다. 물리적인 현실 세상에 등장만 하지 않았을 뿐 디지털 디스플레이를 통해 보는 AI 인간은 진짜처럼 보인다. 기존의 AI 기술로 구현된 서비스와 차원이 달라진 것이다. 기존 AI는 명확히 기술로 구현된 것임을 인지할 수 있었지만, 화면 저 너머에 사람처럼 구현된 AI 인간은 기술로 보이는 것이 아니라 진짜 사람처럼 여겨지는 것이다. 게다가 메타버스 속에서 구현된 AI 인간은 진짜 사람인지 아닌지 구분하기가 모호해질 것이다.

이 과정에서 우리 사회가 고민해야 할 숙제는 3가지다. 첫째, 이 기술이 의도적으로 악용되는 것이다. 메타버스에서 보여지는 AI가 가짜 인간임을 명시하지 않고 진짜로 인식되도록 속이는 것이다. 그렇지 않아도 기술의 발전 속에 디지털을 이용한 사기 행각과 범죄는 갈수록 고도화되고 있다. 개인정보 데이터를 활용해 보이스 피싱, 스미싱, 메신저 피싱 등으로 선량한 사람을 속이는 일이 허다한데, 이제 진짜 사람처럼 보이는 AI가 사람을 속인다면 피해는 더욱 커질 것이다. 더 나아가, 딥페이크도 큰 사회적 문제를 가져올 수 있다. AI가 사람이 하지 않은 일을 진짜처럼 만들어내는 것이다. 그 사람을 사회에 매장시키고 혼란을 불러일으킬 수 있다. 특히 정치인이나 연예인처럼 대중의 인식으로 사회활동을 하는 사람에게는 딥페이크로 인한 피해와 그 영상이나 음성이 진짜인지 가짜인지 판별하는 과정에서 사회 혼돈이 가중될 수 있다.

둘째, 기술에 대한 신뢰다. 메타는 최근 AI 알고리즘에 의해 계약직 직원 60명을 해고했고, 한 대학 연구에 따르면 AI 대출 심사에 소수인종이나 여성이 승인율이나 이자율의 차이가 나는 것은 이들에 대한 신용이력 데이터의 부족과 사회적 편향성에 기인한 것이라고 밝혔다. 만일 사람이 개입했다면 해고 대상자나 대출심사 결정이 달라졌을 것이다. 사람이 할 일을 AI가 하면서 더 정의롭고 올바른 것이라고 말할 수 있을까. AI가 선택하고 판단하는 세상은 사회를 더 이롭고 정의롭게 할 수 있을까. 모든 것을 AI에 맡겨가면 우리 인간은 어떤 의사결정을 할 수 있을까. 이에 대한 답을 찾을 수 있어야 한다.

셋째, 인간의 설자리다. AI는 알고리즘으로 동작되는 뒷단과 눈으로 귀로 보고 들을 수 있는 앞단으로 구분할 수 있다. 이중 뒷단에 대한 이야기가 위 기술에 대한 신뢰이며, 앞단의 이야기가 바로 AI 인간에 대한 이슈이다. AI 인간이 디지털로 구현된 세상에서 더 많이 다양하게 활동하면서 인간의 일은 줄어들 것이다. 인간이 아닌 AI로 채워진 화면 속 세상에서 우리를 웃고 울리는 세상의 이야기의 주인공은 디지털, AI가 차지하고 우리는 그저 그것을 보고 듣기만 하는 무대의 관객이 되는 것이다. 이것은 단지 일자리 문제만이 아니라 우리 삶의 주체에 대한 이슈다.

3가지 측면에서 우리는 AI가 모든 것을 대신하고 대체할 수 없고 AI는 믿음의 대상이 아닌 언제든 교체 가능한 도구라는 사실을 인지해야 한다. 그 인식의 전환이 AI를 보다 공정하고 안전하며 지속 가능한 사회로 만드는 데 도움을 줄 것이다.

유례없는 팬데믹은 인터넷 서비스의 필요성과 영향력을 확대시켰다. 3년의 코로나19 기간 동안 모든 인터넷 서비스는 5년 넘게 걸릴 성장을 단숨에 이루어냈다. 그 과정에서 원래 인터넷 서비스에 능숙하던 사람을 더 오랜 시간 체류하게 만들었고, 인터넷을 덜 사용하던 소외층은 이번 팬데믹을 계기로 그 편의성을 체험하며 새로운 가입자로 끌어들이는 계기가 되었다. 하지만 그 과정에서 반대로 지금의 웹이나 앱이 갖는 한계를 느끼기도 했다. 아무래도 대면 회의보다 온라인 회의가 몰입도가 떨어지고, 영화관에 가는 것보다 OTT로 보는 것은 웅장함이 떨어진다. 마트나 백화점에 가서 쇼핑하며 물건을 고르는 것보다 인터넷 쇼핑몰의 체험은 입체감이 떨어진다. 팬데믹의 인터넷 사용량 증가는 오히려 몰입감과 입체감을 가진 새로운 인터넷 경험에 대한 필요성을 각인시켰다. 그래서 웹과 앱에 이은 메타버스라는 새로운 인터넷 경험에 대한 시장의 요구가 커지는 계기가 되었다. 앞으로 웹3를 실현하는 데 가장 적합한 차세대 플랫폼인 메타버스는 사용자, 기업 그리고 산업 관점에서 단기, 중기, 장기적으로 도입해 성장과 안정기를 거치며 자리 잡아갈 것으로 전망한다.

IT 트렌드 2023

제1판 1쇄 발행 2022년 11월 17일
제1판 2쇄 발행 2022년 12월 22일

지은이 김지현
펴낸이 나영광
펴낸곳 크레타
출판등록 제2020-000064호
책임편집 김영미
편집 정고은
영업기획 박미애
디자인 강수진

주소 서울시 서대문구 홍제천로6길 32 2층
전자우편 creta0521@naver.com
전화 02-338-1849
팩스 02-6280-1849
포스트 post.naver.com/creta0521
인스타그램 @creta0521
ISBN 979-11-92742-00-7 03320

책값은 뒤표지에 있습니다.
잘못 만들어진 책은 구입하신 서점에서 바꿔드립니다.